史记译注

（西汉）司马迁 著
纪丹阳 译注

北京联合出版公司
Beijing United Publishing Co.,Ltd.

目录

前　　言

《史记》，原名《太史公书》，至汉魏之际被称为《史记》，沿用至今。《史记》是我国历史上第一部纪传体通史，作者司马迁。它记载了上自传说中的黄帝，下至汉武帝太初年间约三千年的历史。全书包括十二本纪、十表、八书、三十世家、七十列传，共一百三十篇，五十二万余字。《史记》位列“二十四史”之首，被誉为“史家之绝唱，无韵之《离骚》”。

《史记》作者司马迁，字子长，西汉左冯翊夏阳（今陕西韩城）人，生于公元前145年（或说公元前135年），约卒于公元前90年。司马迁出生于史官世家，其先世原是周朝的史官，父亲司马谈曾是汉武帝的太史令，专门掌管国家图书档案和天文历法，因此，他深谙历史，学问渊博，这样的家学渊源对司马迁后来的治学之路产生了深刻的影响。司马迁十岁开始诵读《左传》《国语》《世本》等古籍，后又向古文大师学习《尚书》，随经学大师董仲舒学习《春秋》公羊学，掌握了丰富的历史资料和先秦诸子的思想精髓。

二十岁开始远行，到全国各地进行漫游和考察，这些都使他开阔了视野，增长了阅历，也使他有机会接触到广大下层群众，了解风土人情，为《史记》的撰述提供了重要的材料。司马谈于元封元年（公元前110年）病逝，临终前，他将自己要撰写一部史书的志向嘱托给司马迁。司马迁决心继承父亲的遗愿。元封三年,司马迁被任为太史令。其后，他遍读皇家藏书，按照父亲的遗训编著史书，并参与制定了《太初历》。《太初历》是我国历史上第一部比较完整的历法。天汉三年（公元前98年），司马迁因替与匈奴激战兵败而投降匈奴的李陵辩护，触怒了汉武帝，受腐刑，这件事对司马迁的打击很大。天汉五年，司马迁出狱，为中书令，发愤著书，忍辱负重，经过十多年的努力，终于完成了《史记》这一历史巨著。

《史记》开创了纪传体通史的先例，确立了本纪、表、书、世家、列传五种体例，具体来说包括五个部分：第一部分是本纪十二篇，分别为五帝、夏、殷、周、秦、始皇、项羽、高祖、吕后、孝文、孝景、孝武，以帝王的事业为纲，按照时间顺序载其大事，是全书表述历史进程的总纲，旨在“原始察终，见盛观衰”。第二部分是表十篇，有三代世表一篇，十二诸侯及六国年表各一篇，秦汉之际月表一篇，汉兴以来各种年表六篇，以表格的形式，概括了各个历史时期的大事，排列条理清晰，旨在解决“并时异世，年差不明”的问题。第三部分是书八篇，分别为礼、乐、律、历、天官、河渠、封禅、平准，内容涉及礼乐、天文、历法、水利、经济、文化等，主要是记典章制度，旨在明其“损益”“改易”之迹，“承弊通变”之状。第四部分是世家三十篇，记述了各时代“辅拂股肱之臣”的“忠信行道，以奉主上”的史事，以及先秦以来主要王侯外戚世族的兴衰史。第五部分是列传七十篇，多为人物传记，有单传、二人合传和类传，多是能够“扶义俶傥，不令己失时，立功名于天下”的人物，此外，还首创了民族史列传，记当时疆域内外的少数民族活动。列传的最后一篇是《太史公自序》，是司马迁的自传，叙述了自己家族世系和家学渊源，阐明了撰写《史记》的目的，并作《史记》一百三十篇的各篇小序，是各篇的提要，也是全书的纲领。

司马迁所创立的这五种体例，是在借鉴前人已有成就的基础上，加以发展而成的。先秦典籍中已有《禹本纪》《世家言》《春秋历谱牒》等书目，是本纪、世家、表的来源；《诗经》中的《生民》《公刘》等篇，是歌颂英雄传说的史诗，有传记体的意味；《尚书》中的《禹贡》《洪范》及其他有关礼制的记载，则是创设书志体的依据。司马迁参照、吸收了上述前人著述的体裁上的成就，把它们综合起来，加以完善和发展，成为一个互相配合的整体，形成了对后世史书编纂有重大影响的纪传体。

司马迁撰写《史记》，是有明确的历史思想作为指导的。在《报任安书》中，他明确概括了自己的指导思想，这就是：“网罗天下放失旧闻，考之行事，稽其成败兴坏之理，凡百三十篇，亦欲以究天人之际，通古今之变，成一家之言。”其中“网罗天下放失旧闻”说明了《史记》资料的来源，“究天人之际，通古今之变”是司马迁历史哲学的精髓。

对天人关系的探讨，是中国古代思想家、政治家、史学家及最高统治者都普遍重视的问题。汉武帝时期，国家日益强盛，汉武帝为了神化皇权统治，着力提倡“天人感应”，经学大师董仲舒更是加以推衍和宣扬。司马迁不可避免地也受到了“天人感应说”的影响，但他能够摒弃一些荒诞不经之说，纵观《史记》一书，司马迁通过对天人关系的探究，表现了明显的重人事的思想，同时由于时代和学术渊源的关系，也体现了一定的天命王权思想。

“通古今之变”是司马迁的历史思想。他以贯通的、变化的观点，对整个历史直至他所生活的时代的历史演进过程提出了比较完整的看法；对时势的变化，尤其是推动社会前进的历史变革有独到的见解，客观地评价历史事件和历史人物。例如对陈胜、吴广及其领导的农民起义战争，给予了高度评价，陈胜未为王侯，但司马迁却敢于为其立传，并破格将其事迹列入“世家”，即表明了他对陈胜及其所领导起义的历史地位和作用的重视和肯定。司马迁从曲折复杂的历史进程中总结出“承弊通变”和“见盛观衰”两种变化法则，体现了其历史进化的进步观点。

“成一家之言”是司马迁撰述《史记》的旨趣。这里的“家”指的是史家。司马迁“成一家之言”，是在史学领域里第一次提出了“家”的概念，体现了司马迁远大的人生抱负。他继承其父司马谈吸收各家之长而自成一家的理想，把著史这一家学跟作为独立学派的道家、儒家、法家等统一起来；兼容百家学术，尊重各民族文化；揭露、谴责封建统治的弊政；关注社会下层劳动人民，赞扬他们的品质；重视生产活动，主张发展工商业；创立五种体例的纪传体，是其在史书体裁形式上“成一家之言”的表现。

《史记》选材广泛，内容充实，文献史料详确，除了遍集历代文献古籍，还把自己实地考察的所见所闻熔铸到《史记》当中，翔实可信。语言通俗流畅，文字生动优美，善于描写人物，刻画人物形象。列传部分是其中突出的代表，为传记文学开辟了天地。《史记》不仅是优秀的史学作品，也是优秀的文学作品。

司马迁死后，他的外孙杨恽于汉宣帝时将《史记》公布于世。根据《汉书·司马迁传》的记载，到东汉时已缺十篇，后世所传的一百三十篇，有的是后人续作，但全书绝大部分是司马迁的原作。

后世历代研究注释《史记》的很多。关于《史记》的注本，最有名的是“三家注”，即刘宋裴骃的《史记集解》、唐代司马贞的《史记索隐》和唐代张守节的《史记正义》。唐代以后，研究《史记》蔚然成风。清代学者梁玉绳的《史记志疑》、崔适的《史记探源》、今人陈直的《史记新证》、张大可《史记研究》、日本学人泷川资言的《史记汇注考证》、水泽利忠的《史记会注考证校补》等都是从事《史记》研究不可或缺的参考书。

《史记》版本较多，其中南宋黄善夫的家塾刻本享有善本的声誉，商务印书馆的百衲本就是根据这个善本影印的。现在较为流行的版本有明嘉靖、万历年间南北监《二十一史》刻本、明末毛晋汲古阁的《十七史》刻本、清乾隆年间武英殿的《二十四史》刻本以及1959年中华书局的点校本。

本书是《史记》的选译本，所选篇目皆为广大读者所熟知的名篇，为了保证文章的完整性，所选篇目皆全文录入，以便读者能够全方面、多角度地了解历史事件和历史人物。本书以中华书局1959年出版的点校本为底本，同时吸收商务印书馆的百衲本等版本的长处，并综合古今学者的校勘和注释成果，以尽可能准确、简练、生动的语言表达原文的主旨和感情，供广大读者阅读、学习。由于译注者水平有限，缺点和错误在所难免，希望专家和读者批评指正。

纪丹阳

2013年9月

五帝本纪

题解

《五帝本纪》是“十二本纪”的第一篇，也是《史记》全书的开篇，记载了黄帝、颛顼、帝喾、尧、舜五个远古传说中相继为帝的部落首领的事迹，这五位帝王在德行、治国等方面都堪称楷模。其内容包括民族传承、帝位继任、部落战争、治国方略等多个方面，为研究中国远古时期历史、中国古代文明起源及早期国家形成提供了重要的文献资料。

本篇内容主要取材于《世本》《大戴礼记·五帝德》和《尚书》，通篇结构清晰，重点突出，行文流畅，具有很高的文学价值。

黄帝者，少典之子①，姓公孙，名曰轩辕。生而神灵，弱而能言②，幼而徇齐③，长而敦敏④，成而聪明⑤。

注释

①少典：远古部族名称。子：子嗣，后代。

②弱：这里指出生不久。

③幼：不满十岁谓之幼。徇齐：指恭谨守礼。

④敦：敦厚，诚实。敏：敏捷，勤勉。

⑤成：指成年，古代二十而冠，即为成年。聪明：本义指耳聪目明，这里指见闻广，明辨能力强。

译文

黄帝，是少典部族的后代，姓公孙，名叫轩辕。他刚生下来就很有灵性，出生不久就会说话，幼年时温顺恭俭，长大后诚实勤勉，成年以后见闻广博，辨识能力强。

轩辕之时，神农氏世衰①。诸侯相侵伐，暴虐百姓②，而神农氏弗能征③。于是轩辕乃习用干戈④，以征不享⑤，诸侯咸来宾从⑥。而蚩尤最为暴⑦，莫能伐。炎帝欲侵陵诸侯，诸侯咸归轩辕。轩辕乃修德振兵⑧，治五气⑨，蓺五种⑩，抚万民⑪，度四方⑫，教熊罴貔貅貙虎⑬，以与炎帝战于阪泉之野⑭。三战，然后得其志⑮。蚩尤作乱，不用帝命⑯。于是黄帝乃征师诸侯，与蚩尤战于涿鹿之野，遂禽杀蚩尤。而诸侯咸尊轩辕为天子，代神农氏，是为黄帝。天下有不顺者，黄帝从而征之，平者去之⑰，披山通道⑱，未尝宁居。

注释

①神农：相传即为炎帝，其母感神龙而生，因能教民耕种，故称神农。世：后嗣，后代。

②暴虐：侵害，残害。百姓：指贵族，而非今天所谓的普通老百姓。百姓在战国以前是对贵族的总

称，这里指势力衰弱的贵族。

③弗：不。

④干戈：古代兵器，此处代指战争。

⑤不享：指不来朝贡的诸侯。

⑥咸：全，都。宾从：服从，归顺。

⑦蚩尤：黄帝时的一个部落首领，暴虐好战。黄帝联合各诸侯，与之战于涿鹿，蚩尤大败。

⑧振兵：整顿军队。

⑨治：研究，调理。五气：指金、木、水、火、土五行之气，一说指晴、雨、热、冷、风五种天气。

⑩蓺：种植。五种：指黍、稷、菽、麦、稻五谷。

⑪抚万民：安抚万方的人民。

⑫度四方：规划四方疆土。

⑬熊、罴、貔、貅、貙、虎：都是猛兽名，可训练使之作战。这里指分别以这些猛兽为图腾的氏族部落。

⑭阪泉：古地名，在今河北省涿鹿县东南。

⑮得其志：达到目的。

⑯用：顺从，听从。

⑰平者：顺服者。

⑱披山通道：开辟山阻，开通道路。

译文

轩辕时代，神农氏的后代已经衰弱，各诸侯之间互相攻伐，残害百姓，而神农氏无力征讨他们。于是轩辕发动战争，去征讨那些不来朝贡的诸侯，各诸侯都来服从。而蚩尤最为凶暴，没有人能够去征伐他。炎帝想要控制征服其他诸侯，因此诸侯都来归顺轩辕。于是轩辕修行仁德，整顿军队，研究调和阴阳五行，种植五谷，安抚民众，规划四方疆土，训练熊、罴、貔、貅、貙、虎等猛兽，跟炎帝交战于阪泉的郊野。经过几次交战，才打败了炎帝。蚩尤发动叛乱，不听从轩辕的指挥。于是轩辕征调诸侯的军队，与蚩尤交战于涿鹿郊野，终于擒获蚩尤并杀死了他。于是诸侯都尊奉轩辕为天子，代替了神农氏，这就是黄帝。此后，天下有不归顺的，黄帝就去征讨，顺服之后就离去，到处劈山开路，从来没有在哪儿安宁地居住过。

东至于海，登丸山①，及岱宗②。西至于空桐③，登鸡头④。南至于江⑤，登熊、湘⑥。北逐荤粥⑦，合符釜山⑧，而邑于涿鹿之阿⑨。迁徙往来无常处，以师兵为营卫。官名皆以云命⑩，为云师。置左右大监，监于万国。万国和，而鬼神山川封禅与为多焉⑪。获宝鼎，迎日推策⑫。举风后、力牧、常先、大鸿以治民⑬。顺天地之纪⑭，幽明之占⑮，死生之说，存亡之难⑯。时播百谷草木，淳化鸟兽虫蛾⑰，旁罗日月星辰水波土石金玉⑱，劳勤心力耳目，节用水火材物。有土德之瑞⑲，故号黄帝。

注释

①丸山：山名，在今山东省潍坊市临朐县。

②岱宗：即东岳泰山，在山东省中部。

③空桐：也作“崆峒”，山名，在今甘肃省平凉市境内。

④鸡头：山名，又叫“笄头山”，在今甘肃省平凉市西。

⑤江：指长江。

⑥熊、湘：皆为山名。熊山即今熊耳山，在今湖南省益阳市西。湘山又名洞庭山，在湖南省岳阳县洞庭湖中。

⑦荤粥 xūnyù：即匈奴。

⑧合符釜山：大会诸侯于釜山。合符，会诸侯时合符验证身份。釜山：在今河北省怀来县北。

⑨邑：修建城邑。阿：山脚下的平地。

⑩云命：用云来命名。

⑪封禅：古代帝王祭祀天地山川而举行的典礼。

⑫迎日推策：用蓍草推算来预知未来的节气日辰。

⑬举：任用。

⑭天地之纪：指天地阴阳四时变化的规律。

⑮幽明：指阴阳。

⑯难：论说，理论。

⑰淳化：驯化，指人工繁殖。虫蛾：指蚕之类。

⑱旁罗：广泛地观察。

⑲土德之瑞：古人认为帝王兴起，上天先呈现某种征兆，显示给下人。相传黄帝在位时有黄龙地螾出现，被认为有“土德之瑞”。瑞，吉祥的征兆。

译文

黄帝往东到达过东海，登上了丸山和泰山。往西到达过空桐，登上了鸡头山。往南到达过长江，登上了熊耳山、湘山。往北驱逐了匈奴，在釜山与诸侯们会合并合验了符契，在涿鹿山山脚下的平地修建了都邑。黄帝到处迁徙，没有固定的地方，带兵走到哪里，就在哪里设置军营，进行守卫。黄帝所封官职都用云来命名，军队称为云师。他设置了左右大监，用来监督各诸侯国。当时各诸侯国友好相处，而黄帝祭祀天地山川的活动也最繁多。黄帝获得宝鼎，他观测太阳的运行，用蓍草推算历法，来预知未来的节气日辰。他任用风后、力牧、常先、大鸿四人来治理民众。黄帝遵循天地四时变化的规律，推测阴阳的变化，讲解生死的道理，论说存亡的理论。按照季节播种谷物，种植草木，驯养鸟兽蚕虫，广泛地研究日月星辰，利用水源和土石金玉等，教导人们要勤于动自己的身心耳目，有节度地使用水、火、木材等各种自然物。黄帝在位的时候，有黄龙地螾出现，人们认为这是吉祥的征兆，所以称之为黄帝。

黄帝二十五子，其得姓者十四人。

黄帝居轩辕之丘，而娶于西陵之女，是为嫘祖。嫘祖为黄帝正妃，生二子，其后皆有天下：其一曰玄嚣，是为青阳，青阳降居江水[①]；其二曰昌意，降居若水[②]。昌意娶蜀山氏女，曰昌仆，生高阳，高阳有圣德焉。黄帝崩[3]，葬桥山[4]。其孙昌意之子高阳立，是为帝颛顼也。

注释

①降居：下降为，此指被封于。江水：指古江国，在今河南省安阳地区。

②若水：古水名，在今四川省西部。

③崩：古代帝王死称“崩”。

④桥山：在今陕西省黄陵县。

译文

黄帝有二十五个儿子，其中得到自己姓氏的有十四人。

黄帝居住在轩辕山，娶了西陵国的女子为妻，这就是嫘祖。嫘祖是黄帝的正妃，生了两个儿子，他们的后代都拥有过天下：一个叫玄嚣，也就是青阳，青阳被封在江水；另一个叫昌意，被封在若水。昌意娶了蜀山氏的女儿，名叫昌仆，生了儿子高阳，高阳有圣人的品德。黄帝死后，安葬在桥山。他的孙子，也就是昌意的儿子高阳继位，这就是帝颛顼。

帝颛顼高阳者，黄帝之孙而昌意之子也。静渊以有谋[1]，疏通而知事[2]；养材以任地[3]，载时以象天，依鬼神以制义[4]，治气以教化[5]，絜诚以祭祀[6]。

北至于幽陵[7]，南至于交阯[8]，西至于流沙[9]，东至于蟠木[10]。动静之物[11]，大小之神[12]，日月所照，莫不砥属。

帝颛顼生子曰穷蝉。颛顼崩，而玄嚣之孙高辛立，是为帝喾。

注释

①静渊：文静而深沉。

②疏通：通达。

③任地：开发土地。

④依鬼神以制义：依从鬼神的启示来规范人生行为。

⑤治：陶冶。气：气质。

⑥絜 jié：同“洁”，指身心清洁。古人祭祀之前要斋戒沐浴，诚心敬意。

⑦幽陵：古幽州之地。

⑧交阯：又作“交趾”，即交州，泛指五岭以南地区。

⑨流沙：在今甘肃省张掖市境内。

⑩蟠木：传说中东海之中的山名。又有“扶桑”之说。

⑪动静之物：指天地间所有万物。

⑫大小之神：大神指五岳和四渎（江、河、淮、济）之神，小神指小山丘陵之神。

译文

帝颛顼高阳，是黄帝的孙子，昌意的儿子。他文静深沉而有谋略，通达事理。他能因地制宜地开发土地来种植作物，观察天象变化来推算四时节令，依从鬼神的启示来规范人生行为，用教化来陶冶人民的气质，静心诚意地祭祀天地鬼神。统治的范围北到幽陵，南到交阯，西到流沙，东到蟠木。天地间的万物、大神小神，凡是日月能照到的地方，没有不臣服归顺的。

帝颛顼生的儿子叫穷蝉。颛顼死后，玄嚣的孙子高辛继位，这就是帝喾。

帝喾高辛者，黄帝之曾孙也。高辛父曰蟜极，蟜极父曰玄嚣，玄嚣父曰黄帝。自玄嚣与蟜极皆不得在位，至高辛即帝位。高辛于颛顼为族子①。

高辛生而神灵，自言其名。普施利物，不于其身。聪以知远，明以察微。顺天之义，知民之急。仁而威，惠而信，修身而天下服。取地之财而节用之，抚教万民而利诲之，历日月而迎送之②，明鬼神而敬事之。其色郁郁③，其德嶷嶷④。其动也时⑤，其服也士⑥。帝喾溉执中而遍天下⑦，日月所照，风雨所至，莫不从服。

帝喾娶陈锋氏女，生放勋。娶娵訾氏女，生挚。帝喾崩，而挚代立。帝挚立，不善，而弟放勋立，是为帝尧。

注释

①族子：侄子。

②历：观察推算。

③色：神态，仪表。郁郁：严肃的样子。

④嶷 nì 嶷：高耸的样子，指品德高尚。

⑤动：举止。时：适时，合于时宜。

⑥服：服用，指衣服、宫室、车马、器物等。

⑦执中：公正无私，不偏不倚。

译文

帝喾高辛，是黄帝的曾孙。高辛的父亲叫蟜极，蟜极的父亲叫玄嚣，玄嚣的父亲就是黄帝。玄嚣和蟜极都没有继承帝位，到了高辛时才即帝位。高辛是颛顼的侄子。

高辛生来就很有灵气，能说出自己的名字。他普遍施恩惠于万物，却不顾及自身。他耳聪目明，能够了解远处的情况，洞察细微的事理。他顺应上天的旨意，了解民众的需要。仁爱而又威严，施恩惠而又守信义，完善自身而使天下归服。他收取土地的物产而有节制地使用，抚爱教导万民，把各种有益的事教给他们，观察推算日月的运行以制定历法，明识鬼神而恭敬地侍奉他们。他神态严肃，品德高尚。他举止合乎时宜，服用与士人相同。帝喾治理天下就像雨水灌溉农田那样公正无私，不偏不倚，遍及天下，凡是日月能照到的地方，风雨能到的地方，没有不臣服归顺的。

帝喾娶陈锋氏的女儿，生了放勋。娶娵訾氏的女儿，生了挚。帝喾死后，挚继任帝位。帝挚在位的时候，其政治衰微，于是弟弟放勋即帝位。这就是帝尧。

帝尧者，放勋。其仁如天，其知如神[①]。就之如日[②]，望之如云。富而不骄，贵而不舒[③]。黄收纯衣[④]，彤车乘白马。能明驯德，以亲九族[⑤]。九族既睦，便章百姓[⑥]。百姓昭明，合和万国。

乃命羲、和，敬顺昊天，数法日月星辰[⑦]，敬授民时。分命羲仲，居郁夷，曰旸谷。敬道日出[⑧]，便程东作[⑨]。日中[⑩]，星鸟[⑪]，以殷中春[⑫]。其民析[⑬]，鸟兽字微[⑭]。申命羲叔[⑮]，居南交。便程南为，敬致[⑯]。日永[⑰]，星火[⑱]，以正中夏。其民因，鸟兽希革[⑲]。申命和仲，居西土，曰昧谷[⑳]。敬道日入，便程西成。夜中[㉑]，星虚[㉒]，以正中秋。其民夷易[㉓]，鸟兽毛毨[㉔]。申命和叔，居北方，曰幽都。便在伏物[㉕]。日短[㉖]，星昴[㉗]，以正中冬。其民燠[㉘]，鸟兽氄毛[㉙]。岁三百六十六日，以闰月正四时[㉚]。信饬百官[㉛]，众功皆兴。

注释

①知：同“智”，智慧。

②就：接近。

③舒：放纵。

④收：古代的一种帽子。纯：当作“纣”，读“缁”，黑色。

⑤九族：指同族九代，从自身算起，上推四族至高祖，

下推四族至玄孙。

⑥便：通“辨”，辨别。

⑦数法：推算历法。

⑧道：迎接。

⑨东作：指春天的农事。下文的“南为”和“西成”与此类同，分别指夏季和秋季的农事。

⑩日中：指春分，这一天昼夜等长。

⑪星鸟：指星宿黄昏时出现在正南方，这一天就是春分。星宿是南方朱雀七宿的第四宿,所以称星鸟。

⑫殷：正，确定，判断。中 zhòng 春：即仲春，春季的第二个月。下文中的“中夏”“中秋”和“中冬”与此同。

⑬析：分散。

⑭字：生子，生育。微：通“尾”，交尾。

⑮申：重复。

⑯敬：恭勤，恭敬。

⑰日永：指夏至，这一天白昼最长。

⑱星火：指心宿黄昏时出现在正南方，这一天就是夏至。心宿是东方苍龙七宿中的第五宿,又叫大火。

⑲希革：指夏季炎热，鸟兽皮上毛羽稀少。

⑳昧谷：传说中太阳下落的地方。

㉑夜中：指秋分，这一天昼夜平分。

㉒星虚：指虚宿黄昏时出现在正南方，这一天就是秋分。虚宿是北方玄武七宿的第四宿。

㉓夷易：欢乐。

㉔毛毨 xiǎn：指秋季鸟兽长出了新毛羽。毨，光泽。

㉕伏物：收藏过冬的各种物资。伏，藏。

㉖日短：指冬至，这一天白昼最短。中冬：即仲冬，冬天的第二个月，就是阴历十一月。

㉗星昴：指昴宿黄昏时出现在正南方，这一天就是冬至。昴宿是西方白虎七宿的第四宿。

㉘燠 yù：暖，热，这里指取暖。

㉙氄 rǒng：鸟兽长出的用于御寒的细软茂密的绒毛。

㉚以闰月正四时：用置闰月的办法来调节四季时令的误差。

㉛信：发布命令。饬：整饬，整顿。

译文

帝尧，就是放勋。他的仁德如天，智慧如神。接近他，像太阳一样温暖；仰望他，如云霞一般灿烂。他富有却不骄奢，尊贵却不放纵。他戴的是黄色的帽子，穿的是黑色的衣服，乘坐红色的车子驾着白马。他能倡明和顺的美德，使九族亲善。九族和睦亲善后，就辨别彰明百官。百官职责分明而又政绩昭著，各方诸侯就能融洽和睦。

帝尧任命羲氏、和氏掌天文历法，恭敬地顺应上天，根据日月星辰的运行，制定历法，教导百姓耕种收割的节令。命令羲仲住在郁夷，那地方叫旸谷。他虔诚地迎接日出，辨别时节，告知人们按时春耕。春分这一天，昼夜等长，南方朱雀七宿中的星宿黄昏时出现在正南方，据此来确定仲春。这时，民众分散在外劳作，鸟兽生育交尾。命令羲叔住在南方的交阯，辨别节令，告知人们按时节安排夏季的农作，恭谨地做好农事。夏至这一天，白昼最长，东方苍龙七宿中的心宿黄昏时出现在正南方，据此来确定仲夏。这时，人们仍然在田间耕作，鸟兽毛羽变得稀疏。命令和仲居住在西土，地名叫作昧谷，恭敬地送太阳下山，辨别节令安排秋收工作。秋分这一天，昼夜等长，北方玄武七宿中的虚宿黄昏时出现在正南方，据此来确定仲秋。这时，民众欢愉，鸟兽长出有光泽的新羽毛。命令和叔居住在北方，地名叫作幽都，辨别节令管理好冬季的收藏事务。冬至这一天，白昼最短，西方白虎七宿中的昴宿黄昏时出现在正南方，据此来确定仲冬。这时，民众们入室取暖，鸟兽长满了细软的绒毛。一年有三百六十六天，用置闰月的办法来调节四季时令的误差。帝尧发布命令，整饬百官，各种事业都欣欣向荣。

尧曰：“谁可顺此事[①]？”放齐曰：“嗣子丹朱开明。”尧曰：“吁[②]！顽凶，不用。”尧又曰：“谁可者？”讙兜曰：“共工旁聚布功[③]，可用。”尧曰：“共工善言，其用僻[④]，似恭漫天[⑤]，不可。”尧又曰：“嗟，四岳[⑥]，汤汤洪水滔天[⑦]，浩浩怀山襄陵[⑧]，下民其忧，有能使治者？”皆曰鲧可[⑨]。尧曰：“鲧负命毁族[⑩]，不可。”岳曰：“异哉，试不可用而已[⑪]。”尧于是听岳用鲧。九岁，功用不成。

注释

①顺：继承。

②吁：呀，叹词，表示惊讶和不满。

③旁聚布功：广泛聚集民众，功绩显著。旁，广泛。布，显示。

④用僻：用心邪僻。

⑤漫：欺瞒，欺骗。

⑥四岳：四方诸侯首领。

⑦汤 shāng 汤：水急流的样子。

⑧怀：包围。襄：淹没。

⑨鲧 gǔn：大禹的父亲。

⑩负命：违背天命。

⑪已：停止，指免职。

译文

尧说："谁可以继承我的事业？"放齐说："您的儿子丹朱开明通达。"尧说："呀！丹朱顽劣凶恶，不可任用。"尧又问："谁是可以继承的人呢？"讙兜说："共工广泛地聚集民众，功绩显著，可以任用。"尧说："共工善于花言巧语，用心不正，貌似恭敬却欺瞒上天，不能任用。"尧又问："唉，四方诸侯首领，如今洪水滔天，浩浩荡荡，包围了高山，淹没了丘陵，民众非常忧愁，谁可以去治理水患呢？"大家都说鲧可以。尧说："鲧违背天命，毁败同族，不能用。”诸侯们都说：“不是这样吧，就让他试试吧，不行再把他免职撤掉。”尧于是听从了诸侯们的建议，任用了鲧。鲧治水九年，没有取得成功。

尧曰：“嗟！四岳：朕在位七十载，汝能庸命①，践朕位②？”岳应曰：“鄙德忝帝位③。”尧曰：“悉举贵戚及疏远隐匿者。”众皆言于尧曰：“有矜在民间④，曰虞舜。”尧曰：“然，朕闻之。其何如？”岳曰：“盲者子。父顽，母嚚⑤，弟傲，能和以孝，烝烝治⑥，不至奸⑦。”尧曰：“吾其试哉⑧。”于是尧妻之二女，观其德于二女。舜饬下二女于妫汭⑨，如妇礼⑩。尧善之，乃使舜慎和五典⑪，五典能从。乃遍入百官，百官时序。宾于四门⑫，四门穆穆⑬，诸侯远方宾客皆敬。尧使舜入山林川泽，暴风雷雨，舜行不迷。尧以为圣，召舜曰：“女谋事至而言可绩⑭，三年矣。女登帝位。”舜让于德不怿⑮。正月上日⑯，舜受终于文祖。文祖者，尧大祖也。

注释

①庸：用，顺承。

②践朕位：继承我的帝位。

③忝 tiǎn：辱没，玷污。

④矜 guān：通“鳏”，成年男子无妻谓之鳏。

⑤嚚 yín：愚昧无信。

⑥烝烝：厚美的样子。

⑦奸：干邪恶的事情。

⑧其：将要。

⑨饬：让，安排。妫汭 guīruì：妫水边上。妫水，中国山西省西南部的一条小河，注入黄河。汭，河流汇合的地方或河流弯曲的地方。

⑩如：遵行，遵循。

⑪五典：即五常之教，指父义、母慈、兄友、弟恭、子孝五种伦理道德。

⑫宾：指迎接诸侯和远方宾客。门：指天子朝会诸侯的明堂之门。

⑬穆穆：严肃和睦的样子。

⑭女 rǔ：同“汝”，你。至：周到。

⑮怿：悦，悦服。

⑯上日：朔日，初一。

译文

尧说：“啊！四方诸侯，我在位已经七十年了，你们当中有谁能够顺应天命，接任我的帝位？”诸侯们回答说：“我们德行鄙陋，不敢辱没帝位。”尧说：“那就把同姓贵族和疏远及隐藏着的有德才的人都推举上来。”大家都对尧说：“有一个还没有妻子的单身汉在民间，叫作虞舜。”尧说：“对，我听说过这个人，他怎么样？”

诸侯们回答说："他是个盲人的儿子。他的父亲不讲德义，母亲愚昧无信，弟弟傲慢，而舜却能以孝悌之道与他们和睦相处，使他们能以厚道治身，不发展到作恶的程度。"尧说："那我就试试他吧。"于是尧把自己的两个女儿嫁给了他，通过这两个女儿来观察他的德行。舜让她们迁居到妫水边，遵行为妇之道。尧认为舜做得非常好，就让舜谨慎地宣扬父义、母慈、兄友、弟恭、子孝这五种伦理道德，人民都能遵从。尧又让他广泛参与百官事务，百官事务都办理得有条不紊。尧让他在明堂四门接待来朝的诸侯和宾客，四门接待都严肃和睦，诸侯和从远方来的宾客都很恭敬。尧又派舜进入山林川泽，遇上暴风雷雨，舜也没有迷失方向。尧认为舜十分贤明，把他召来说："你谋划事情详尽周到，说过的话都有成效，已经三年了。你可以登上天子之位了。"舜谦让说自己的德行还不能使人悦服，因而不愿接受帝位。正月初一，舜在文祖庙接受了尧的禅让。文祖，就是尧的始祖。

于是帝尧老，命舜摄行天子之政，以观天命。舜乃在璇玑玉衡[①]，以齐七政[②]。遂类于上帝[③]，禋于六宗[④]，望于山川[⑤]，辩于群神[⑥]。揖五瑞[⑦]，择吉月日，见四岳诸牧，班瑞[⑧]。岁二月，东巡狩，至于岱宗，祡[⑨]，望秩于山川。遂见东方君长，合时月正日，同律度量衡，修五礼五玉三帛二生一死为挚[⑩]，如五器[⑪]，卒乃复。五月，南巡狩；八月，西巡狩；

十一月，北巡狩：皆如初。归，至于祖祢庙[12]，用特牛礼。五岁一巡狩，群后四朝[13]。遍告以言，明试以功，车服以庸。肇十有二州[14]，决川。象以典刑[15]，流宥五刑[16]，鞭作官刑，扑作教刑[17]，金作赎刑[18]。眚灾过[19]，赦；怙终贼[20]，刑。钦哉[21]，钦哉，惟刑之静哉[22]。

注释

①在：观察，观测。璇玑：用美玉制作的观天仪器。

②齐七政：测定日月及金木水火土五星的运行是否正常，用以判断政事之得失。七政，指日月及金木水火土五星。古人认为天象变化影响人事，七政运行正常，表明舜受禅符合天意。

③类：古代祭祀名。

④禋 yīn：古代祭祀名。把祭品放在柴上烧，使香味随烟上达。六宗：指星、辰、司中（文昌第五星）、司命（文昌第四星）、风师和雨师六神。

⑤望：祭祀山川的一种，遥望而祭山川。

⑥辩：通“遍”，普遍地祭祀。

⑦揖：通“辑”，集聚。五瑞：公、侯、伯、子、男五等爵位的诸侯所执的玉器，用作符信。据《周礼·典瑞》记载：“公执桓圭，九寸；侯执信圭，七寸；伯执躬圭，五寸；子执谷璧，男执蒲璧，皆五寸。”

⑧班瑞：分赐瑞玉。班，同“颁”，分赐，颁发。

⑨祡：同“柴”。古代祭祀名，烧柴祭天。

⑩五礼：指吉（祭天地人神）、凶（哀悯吊唁之礼）、宾（迎宾）、军（征伐）、嘉（嫁娶）五种礼仪。五玉：即“五瑞”。三帛：指红、黑、白三种颜色的缯帛，诸侯用于朝见的礼品。二生：指羔羊和雁，卿大夫用于朝见的礼品。一死：指雉，即野鸡，士用于朝见的礼品。挚：通“贽”，见面礼。

⑪如：至于。五器：即五瑞。

⑫祖祢 nǐ 庙：祖庙和父庙。父死入庙称祢。

⑬群后：指各个诸侯。

⑭肇：开始，起始。十又二州：即天下始分的冀、兖、青、徐、荆、扬、豫、梁、雍、并、幽、营。

⑮象：依法。典刑：常刑，即下句所言“五刑”。

⑯流宥五刑：用流放的办法宽大处理应当受五刑的人。流，流放。宥，宽赦。五刑，指墨（脸上刺字涂墨）、劓（割鼻子）、刖（断足）、宫（破坏生殖器）、大辟（死刑）五种刑罚。

⑰扑作教刑：学校管理用扑刑。扑，打学生的戒尺。

⑱金作赎刑：可以出钱赎罪。金，黄铜。

⑲眚 shěng 灾过：因过失而无意造成灾害。眚，灾难。

⑳怙 hù 终贼：屡犯不改做坏事。怙，依仗。

㉑钦：谨慎。

㉒静：审慎，慎重。

译文

从此帝尧告老退位，让舜代行天子的政事，以此来观察上天对这个决定的反应。舜于是用玉制作的观天仪器进行观测，来考察日月及金木水火土五星的运行是否正常。接着举行类祭来祭祀上帝，举行禋祭来祭祀星辰风雨，举行望祭来祭祀名山大川，普遍地祭祀丘陵水陆川泽等诸神。他收集公侯伯子男五等侯爵所持五种玉制符信，选择吉日，召见四方诸侯，又把瑞玉颁发给他们。同年二月，舜去东方巡视，到达泰山时，举行柴祭，按照等级依次望祭东方的名山大川。接着，他会见东方各诸侯，协调他们的历法，校正四时和节气，统一音律和度量衡，制定吉、凶、宾、军、嘉五种礼仪，规定五等诸侯觐见时所执的五种瑞玉、三种彩缯，卿和大夫用羊羔和大雁，士用死野鸡作为朝见时的礼物，至于五种诸侯所执的五种瑞玉，朝见典礼完毕后仍归还给诸侯。五月，到南方巡视；八月，到西方巡视；十一月，到北方巡视，这三次巡视的礼仪和去东方巡视时一样。巡视回来后，到祖庙和父庙去祭祀，用一头公牛作祭品。天子每五年巡视一次，其间的四年中，四方诸侯来京师朝见。舜向诸侯们陈述治国之道，公开考察他们的政绩，根据功劳赏赐车马服饰。舜开始把天下划分为十二个州，疏浚江河。根据正常的刑罚来执法，用流放的方法宽赦应当受墨、劓、剕、宫、大辟五种刑罚的人，官府治事用鞭刑，学校教育用戒尺来作为刑罚，可以用黄铜来赎罪。因过失而无意造成灾害的人，予以赦免；

对屡犯不改做坏事的人，要施以严刑。谨慎啊，谨慎啊，施行刑罚一定要慎重啊！

谨兜进言共工[①]，尧曰不可而试之工师，共工果淫辟[②]。四岳举鲧治鸿水，尧以为不可，岳强请试之，试之而无功，故百姓不便[③]。三苗在江淮、荆州数为乱[④]。于是舜归而言于帝，请流共工于幽陵，以变北狄[⑤]；放讙兜于崇山，以变南蛮；迁三苗于三危[⑥]，以变西戎；殛鲧于羽山[⑦]，以变东夷：四罪而天下咸服。

注释

①进言：推荐。

②淫辟：放纵邪僻。

③便：适宜。

④三苗：我国古代部族名，散居在长江中游以南地区。荆州：今两湖地区。

⑤北狄：对北方少数民族的泛称。下文中的“南蛮”“西戎”“东夷”分别指南方、西方、东方的少数民族。

⑥迁：迁徙。三危：山名，在今甘肃省敦煌市东。

⑦殛：流放。羽山：山名，在今山东省郯城东北。

译文

谨兜曾经举荐过共工，尧说“不行”，而让他试着担任工师之职，共工果然放纵邪僻。四方诸侯曾推举鲧治理洪水，尧说“不行”，而各诸侯极力请求尧试试看，结果没有成效，所以百官都感到不适宜。三苗在江淮、荆州一带多次作乱。于是舜巡视回到京师向尧建议，请求把共工流放到幽陵，来改变北狄的风俗；把谨兜流放到崇山，来改变南蛮的风俗；把三苗迁徙到三危山，来改变西戎的风俗；把鲧流放到羽山，来改变东夷的风俗：惩罚了这四个罪人，天下人都心悦诚服了。

尧立七十年得舜，二十年而老，令舜摄行天子之政，荐之于天。尧辟位凡二十八年而崩[①]。百姓悲哀，如丧父母。三年，四方莫举乐，以思尧。尧知子丹朱之不肖[②]，不足授天下，于是乃权授舜[③]，授舜，则天下得其利而丹朱病[④]；授丹朱，则天下病而丹朱得其利。尧曰“终不以天下之病而利一人”，而卒授舜以天下。尧崩，三年之丧毕，舜让辟丹朱于南河之南。诸侯朝觐者不之丹朱而之舜，狱讼者不之丹朱而之舜，讴歌者不讴歌丹朱而讴歌舜。舜曰“天也”，夫而后之中国践天子位焉[⑤]，是为帝舜。

注释

①辟位：退位。

②不肖：不贤。

③权：姑且，权宜之计。

④病：受害，遭殃。

⑤中国：国都，京师。

译文

尧在位七十年得到舜，二十年后因年老而告退，让舜代行天子之政，把舜推荐给上天来考察。尧禅让帝位二十八年后逝世。百姓非常悲伤哀痛，如同死了自己的父母一般。三年内，天下四方各地不演奏音乐，以此来悼念帝尧。尧知道自己的儿子丹朱不贤，不能把天下传给他，因此才姑且试着把帝位让给舜。让给舜，则天下人都得到好处，只有丹朱一人受到损害；传给丹朱，则天下人受到损害，只有丹朱一人得到好处。尧说“终究不能使天下人受害而让一人得利”，最终还是把天下传给舜。尧去世后，三年服丧结束，舜把帝位让给了丹朱，自己躲到了南河的南边。前来朝觐的诸侯不到丹朱那里，却到舜这里来；打官司的人也不去找丹朱，却来找舜；歌颂功德的人不歌颂丹朱，却歌颂舜。舜说：“这是上天的旨意呀！”然后才到了京师，登上天子之位，这就是舜帝。

虞舜者，名曰重华。重华父曰瞽叟，瞽叟父曰桥牛，桥牛父曰句望，句望父曰敬康，敬康父曰穷蝉，穷蝉父曰帝颛顼，颛顼父曰昌意：以至舜七世矣。自从穷蝉以至帝舜，皆微为庶人[①]。

舜父瞽叟盲，而舜母死，瞽叟更娶妻而生象，象傲。瞽叟爱后妻子，常欲杀舜，舜避逃；及有小过，则受罪。顺事父及后母与弟[②]，日以笃谨[③]，匪有解[④]。

舜，冀州之人也。舜耕历山，渔雷泽，陶河滨，作什器于寿丘[⑤]，就时于负夏[⑥]。舜父瞽叟顽，母嚚，弟象傲，皆欲杀舜。舜顺适不失子道，兄弟孝慈。欲杀，不可得；即求，尝在侧[⑦]。

注释

①微：卑微，低贱。庶人：平民。

②顺事：恭顺地侍奉。

③笃谨：恭敬谨慎。

④匪：没有，不。解：通“懈”，懈怠。

⑤什器：各种家用器物。什，多种。

⑥就时：指乘时逐利，即经商，做买卖。

⑦尝：通“常”，总是，经常。

译文

虞舜，名叫重华。重华的父亲叫瞽叟，瞽叟的父亲叫桥牛，桥牛的父亲叫句望，句望的父亲叫敬康，敬康的父亲叫穷蝉，穷蝉的父亲是帝颛顼，颛顼的父亲叫昌意：从昌意到舜已经七代了。从穷蝉到舜，已经衰落为地位低微的平民。

舜的父亲瞽叟是个盲人。舜的母亲死后，瞽叟又娶了一个妻子，生下了象，象生性傲慢不驯。瞽叟偏爱后妻所生的儿子，常常想杀掉舜，舜都躲过去了；赶上有点儿小过失，就会遭到重罚。舜恭顺地侍奉父亲、后母和后母所生的弟弟，天天都忠敬谨慎，没有丝毫懈怠。

舜，是冀州人。舜在历山耕种，在雷泽捕鱼，在黄河岸边做陶器，在寿丘制作各种家用器物，在负夏做生意。舜的父亲瞽叟不讲德义，母亲愚昧无信，弟弟傲慢，他们都想杀掉舜。舜却顺从他们，一点儿也不违背为子之道，友爱兄弟，孝顺父母。他们想杀掉舜的时候，就找不到他；有事要找他的时候，他又总是在他们的身边。

舜年二十以孝闻。三十而帝尧问可用者，四岳咸荐虞舜，曰可。于是尧乃以二女妻舜以观其内①，使九男与处以观其外②。舜居妫汭，内行弥谨。尧二女不敢以贵骄事舜亲戚③，甚有妇道。尧九男皆益笃。舜耕历山，历山之人皆让畔④；渔雷泽，雷泽上人皆让居；陶河滨，河滨器皆不苦窳⑤。一年而所居成聚⑥，二年成邑⑦，三年成都⑧。尧乃赐舜絺衣与琴⑨，为筑仓廪，予牛羊。瞽叟尚复欲杀之，使舜上涂廪⑩，瞽叟从下纵火焚廪。舜乃以两笠自扞而下⑪，去，得不死。后瞽叟又使舜穿井，舜穿井为匿空旁出⑫。舜既入深，瞽叟与象共下土实井，舜从匿空出，去。瞽叟、象喜，以舜为已死。象曰："本谋者象。”象与其父母分，于是曰：“舜妻尧二女，与琴，象取之。牛羊仓廪予父母。”象乃止舜宫居[13]，鼓其琴。舜往见之。象鄂不怿[14]，曰：“我思舜正郁陶[15]！”舜曰：“然，尔其庶矣[16]！”舜复事瞽叟爱弟弥谨[17]。于是尧乃试舜五典百官，皆治。

注释

①内：指治家才能。

②外：处理社会事务的能力。

③亲戚：指夫家父母兄弟。

④畔：田界。

⑤苦窳 gǔyǔ：粗劣。苦，通“盬”。

⑥聚：村落。

⑦邑：小城镇。

⑧都：大都市。

⑨绨 chī 衣：细葛布做的衣服。

⑩上涂廪：上粮仓屋顶涂泥。

⑪扞 hàn：保护。

⑫匿空：暗道。

⑬宫：房屋。

⑭鄂：通“愕”，惊愕。怿：愉快。

⑮郁陶：忧伤的样子。

⑯庶：差不多。

⑰弥：更加。

译文

舜二十岁的时候就因为孝顺而出名。三十岁的时候，尧帝询问谁是可以治理天下的人，四方诸侯都推荐舜，说他可以。于是尧就把两个女儿嫁给舜，来观察他治家的能力，让自己的九个儿子和舜相处，来观察他处理社会事务的能力。舜居住在妫水岸边，他在家里做事更加谨慎。尧的两个女儿不敢因为自己的身份高贵就傲慢地对待舜的亲人，很讲究为妇之道。尧的九个儿子也更加笃诚忠实。舜在历山耕作，历山的人都互相推让田界；在雷泽捕鱼，雷泽的人都互相谦让捕鱼的地方；在黄河岸边制作陶器，那里出产的陶器都不粗劣了。一年的时间，他所居住的地方就成为一个村落，两年就成为一个小城镇，三年就成为一个大都市。尧于是赐给舜一套细葛布做的衣服和一把琴，为他建造仓库，赐给他牛羊。瞽叟仍然想杀他，让舜上粮仓的屋顶涂泥，瞽叟从下面放火焚烧粮仓。舜用两顶斗笠保护着自己，像张开两翼一样跳下来，逃走了，才得以不死。后来瞽叟又让舜挖井，舜挖井的时候，在井壁上挖了一条暗道可以通向外边。舜已经挖了很深，瞽叟和象一起往井里填土，舜从旁边的暗道出去，又逃走了。瞽叟和象很高兴，以为舜已经死了。象说："最初出这个主意的是我。"象和他的父母一起瓜分舜的财产，说："舜娶的尧的两个女儿和赐给他的琴，我都要了。牛羊和粮仓都归父母吧。"象于是住进了舜的房屋，弹着舜的琴。舜回来后去见象。象非常惊愕，不高兴地说："我正在想念你，想得好忧伤呢！”舜说：“是啊，你我的兄弟情谊差不多啊！”舜重新侍奉父亲，对待弟弟更加恭谨。于是，尧就试着让舜去推行五种伦理道德和参与百官的事，都治理得非常好。

昔高阳氏有才子八人，世得其利，谓之“八恺”①。高辛氏有才子八人，世谓之“八元”②。此十六族者，世济其美③，不陨其名④。至于尧，尧未能举。舜举八恺⑤，使主后土⑥，以揆百事⑦，莫不时序。举八元，使布五教于四方⑧，父义，母慈，兄友，弟恭，子孝，内平外成⑨。

注释

①八恺：即苍舒、隤敳 tuíái、梼戭 yǎn、大临、龙 máng 降、庭坚、仲容、叔达八个氏族。恺，和乐，和悦。

②八元：即伯奋、仲堪、叔献、季仲、伯虎、仲熊、叔豹、季狸八个氏族。元，善。

③济：保全。

④陨：损害，毁坏。

⑤举八恺：指舜所举八恺中的禹。

⑥后土：掌管农业的官。

⑦揆：规划，主持。

⑧布：传布，传播。

⑨内平外成：家庭和睦，邻里融洽。

译文

从前高阳氏有八个才德兼备的人，世人得到他们的好处，称他们为“八恺”。高辛氏有八个才德兼备的人，世人称他们为“八元”。这十六个家族的人，世世代代保持着他们的美德，没有损害他们的名声。到尧当政的时候，尧没有任用他们。舜任用了八恺的后代，让他们掌管农业，规划各项事务，都办得井井有条。舜又任用了八元的后代，让他们向四方传播五教，使得天下做父亲的有道义，做母亲的慈爱，做兄长的友善，做弟弟的恭谨，做儿子的孝顺，家庭和睦，邻里融洽。

昔帝鸿氏有不才子，掩义隐贼①，好行凶慝②，天下谓之浑沌③。少皞氏有不才子，毁信恶忠，崇饰恶言，天下谓之穷奇④。颛顼氏有不才子，不可教训，不知话言，天下谓之梼杌⑤。此三族世忧之。至于尧，尧未能去。缙云有不才子，贪于饮食，冒于货贿⑥，天下谓之饕餮⑦。天下恶之，比之三凶。舜宾于四门，乃流四凶族，迁于四裔⑧，以御螭魅⑨，于是四门辟，言毋凶人也⑩。

注释

①掩义：毁弃道义。隐贼：阴险狠毒。

②凶慝 tè：邪恶。
③浑沌：恶兽名，这里比喻其顽冥不化、野蛮无知。
④穷奇：恶兽名，这里比喻其行为怪僻。
⑤梼杌：恶兽名，这里比喻其顽固不驯。
⑥冒：贪图。货贿：财货。
⑦饕餮 tāotiè：恶兽名，这里比喻其贪得无厌。
⑧四裔：四方边远之地。
⑨螭魅：传说中山林中的妖怪。这里比喻恶人。
⑩毋：同“无”，没有。

译文

从前帝鸿氏有个不成材的后代，毁弃道义，阴险狠毒，好行凶作恶，天下人称他为浑沌。少皞氏也有个不成材的后代，毁坏信义，憎恶忠直，喜欢邪恶的言语，天下人称他为穷奇。颛顼氏有个不成材的后代，没有办法教训，不懂得话语的好坏，天下人称他为梼杌。这三个家族，世人都非常忧虑。到尧的时代，尧没能把他们除掉。缙云氏有个不成材的后代，贪恋饮食，贪图财货，天下人称之为饕餮。天下人憎恨他，把他和上面所说的三凶并称在一起。舜在四门接待四方宾客时，就流放了这四个凶恶的家族，把他们迁到了四方的边远地区，用来抵御邪恶的坏人，从此之后，四门开放，说明没有恶人了。

舜入于大麓[1]，烈风雷雨不迷，尧乃知舜之足授天下。尧老，使舜摄行天子政，巡狩。舜得举用事二十年，而尧使摄政。摄政八年而尧崩。三年丧毕，让丹朱，天下归舜。而禹、皋陶、契、后稷、伯夷、夔、龙、倕、益、彭祖自尧时而皆举用，未有分职[2]。于是舜乃至于文祖，谋于四岳，辟四门，明通四方耳目，命十二牧论帝德，行厚德，远佞人[3]，则蛮夷率服。舜谓四岳曰："有能奋庸美尧之事者[4]，使居官相事[5]？"皆曰："伯禹为司空，可美帝功。"舜曰："嗟，然，禹，汝平水土，维是勉哉。"禹拜稽首，让于稷、契与皋陶。舜曰："然，往矣。"舜曰："弃，黎民始饥，汝后稷播时百谷[6]。"舜曰："契，百姓不亲，五品不驯[7]，汝为司徒[8]，而敬敷五教[9]，在宽。"舜曰："皋陶，蛮夷猾夏[10]，寇贼奸轨，汝作士[11]，五刑有服[12]，五服三就[13]；五流有度[14]，五度三居[15]：维明能信。"舜曰："谁能驯予工[16]？"皆曰垂可。于是以垂为共工。舜曰："谁能驯予上下草木鸟兽[17]？"皆曰益可。于是以益为朕虞[18]。益拜稽首，让于诸臣朱虎、熊罴。舜曰："往矣，汝谐[19]。"遂以朱虎、熊罴为佐。舜曰："嗟！四岳，有能典朕三礼[20]？"皆曰伯夷可。舜曰："嗟！伯夷，以汝为秩宗，夙夜维敬，直哉维静絜[21]。"伯夷让夔、龙。舜曰："然。以夔为典乐，教稚子[22]，直而温，宽而栗[23]，刚而毋虐[24]，简而毋傲；诗言意，歌长言，声依永，律和声[25]，八音能谐[26]，毋相夺伦，神人以和。”夔曰：“於！予击石拊石[27]，百兽率舞。”舜曰：“龙，朕畏忌谗说殄伪[28]，振惊朕众，命汝为纳言，夙夜出入朕命，惟信。”舜曰：“嗟！女二十有二人[29]，敬哉，惟时相天事。”三岁一考功，三考绌陟[30]，远近众功咸兴。分北三苗[31]。

注释

①大麓：大山林。麓，山脚，此指山林。

②分职：名分，职务。

③佞人：巧言善媚的人。

④庸：建功。美：使动用法，使……美，指发扬光大。

⑤相：辅佐。

⑥播时：播种。时，通“莳”，种植。

⑦五品：即五伦，指君臣、父子、夫妇、兄弟、朋友之间的五种伦理道德。驯：和顺。

⑧司徒：掌管教化的官员。

⑨敬敷：谨慎认真地实施。敷，实施。

⑩猾：扰乱。

⑪士：掌管司法的官员。

⑫五刑有服：五刑要使用适度。

⑬三就：在三处地方施刑，大罪在原野，次罪在市朝，公族人在甸师氏（掌田事和处置公族犯人的机构）。

⑭五流有度：对流放者，依据其罪行的轻重来确定流放的远近。

⑮五度三居：流放的远近分为三等，大罪流四裔之地，次罪流九州之外，小罪流王畿之外。

⑯驯：管理。工：指各种工匠。

⑰上下：上指山林，下指川泽。

⑱虞：掌管山泽的官名。

⑲谐：合适。

⑳三礼：指祭祀天、地、宗庙的礼仪。

㉑静絜：肃穆洁净。

㉒稚子：王公贵族子弟。

㉓栗：通“慄”，严厉。

㉔虐：暴虐，凶暴。

㉕律：指六律六吕。声：指宫商角徵羽五声。泛指乐声。

㉖八音：泛指各类乐器。我国古代乐器分为金、石、土、革、丝、木、匏、竹八类，故称八音。

㉗拊：敲击。

㉘殄伪：残暴虚伪。

㉙二十有二人：指十二牧、四岳及禹、垂、益、伯夷、夔、龙六人，共二十二人。

㉚绌：通“黜”，降职。陟：提拔，升职。

㉛分北：分离，分化。北，通“背”，离。

译文

舜进入大山林，遇到强烈的暴风雷雨也不迷路，尧于是就知道了舜是可以传授天下的。尧告老退位，让舜代行天子之政，到全国各地巡视。舜被任用掌管政事二十年后，尧让他代行天子的政事。代行政事八年，尧去世了。三年服丧完毕，舜把帝位让给丹朱，可是天下人都来归服舜。禹、皋陶、契、后稷、伯夷、夔、龙、垂、益、彭祖，从尧帝的时代就被任用，但一直没有给他们具体的名分、职务。于是舜就到文祖庙，与四方诸侯商量，开放四方之门，听取了解四方的意见。他命令十二州的长官讨论尧帝的功德，推行厚重的恩德，远离巧言善媚的人，这样，四方的蛮夷就会来归服。舜对四方诸侯说："有谁能奋发功业，光大帝尧的事业，让他担任辅相的重任？"诸侯们都说："让伯禹做司空，可以光大帝尧的功业。"舜说："嗯，是的！禹，你去负责平定洪水，一定要努力啊！"禹跪地叩头拜谢，推让给稷、契和皋陶。舜说："好了，你去上任吧！"舜说："弃，老百姓正在挨饥受饿，你去主管农业，负责播种百谷吧。"舜说："契，百官之间不亲和，五常伦理不和顺，你去担任司徒，谨慎地实施五常教育，关键在于要宽厚。"舜又说："皋陶，蛮夷扰乱中原，抢劫杀人，你去担任法官，五刑要使用得当，根据罪行轻重，在三处地方执行；五刑宽减为流放的，要依据罪行轻重分为五等，五种不同程度的流放要流放到三处不同的地方。只有执法公正严明，才能使人信服。"舜问："谁能管理我的各种工匠？"大家都说垂可以。于是任命垂为掌管工匠的共工。舜又问："谁能管理我山林川泽中的草木鸟兽？"大家都说益可以。于是任命益为主管山泽的朕虞。益跪拜叩头，推让给朱虎、熊罴。舜说："去吧，你们一起去吧。"于是就让朱虎、熊罴做益的助手。舜说："啊！四方诸侯，有谁能主持祭祀天、地、宗庙的礼仪？"大家都说伯夷可以。舜说："啊！伯夷，我任命你去担任主管祭祀的秩宗，早晚都要虔敬，要正直，要肃穆洁净。"伯夷推让给夔、龙。舜说："那好吧，任命夔为典乐官，教导王公贵族子弟，要正直而温和，宽厚而严厉，刚正而不暴虐，简朴而不傲慢；诗是表达人的情感的，歌是延长言辞的音节来咏唱诗的，乐声的高低要按照歌辞的内容，用标准的音律来使乐声和谐。各种乐器的声音要协调一致，不要互相干扰，人与神之间就能够通过音乐达到和谐的境界。"夔说："嗯，我敲起石磬，各种禽兽就会跟着跳起舞来。"舜说："龙，我非常畏惧厌恶谗言和残暴虚伪的行为，惊扰我的臣民，我任命你为纲言官，早晚传达我的旨意，一定要诚实。"舜说："啊！你们二十二个人，要恭谨地履行自己的职责，顺应天时天命来行事。"舜每三年考核一次功绩，三次考核之后，按照功绩决定官员的升降，于是不论远近，各种事情都兴盛起来了。又根据是否归顺，分解了三苗部族。

此二十二人咸成厥功[①]：皋陶为大理[②]，平，民各伏得其实；伯夷主礼，上下咸让；垂主工师，百工致功；益主虞，山泽辟；弃主稷，百谷时茂；契主司徒，百姓亲和；龙主宾客，远人至；十二牧行而九州莫敢辟违[③]；唯禹之功为大，披九山，通九泽，决九河，定九州，各以其职来贡，不失厥宜。方五千里。至于荒服④。南抚交阯、北发，西戎、析枝、渠廋、氐、羌，北山戎、发、息慎，东长、鸟夷，四海之内咸戴帝舜之功。于时禹乃兴《九招》之乐，致异物⑤，凤皇来翔。天下明德皆自虞帝始。

注释

①厥：他们的。

②大理：掌管司法的人。

③辟违：邪僻违法。

④荒服：极其边远的地方。

⑤致异物：招致祥瑞之物。

译文

这二十二人都成就了各自的功业：皋陶担任掌管刑法的大理，执法公正，人们都佩服他判决据实准确；伯夷主管礼仪，上下都能够礼让；垂担任主管百工的工师，百工都能够做好自己的工作；益担任虞，山林川泽都得到开发；弃担任主管农业的稷，各种谷物都按照天时茂盛成长；契担任主管教化的司徒，百官都亲善和睦；龙主管接待宾客，远方的宾客都来朝贡；十二州的长官推行政令，九州内的民众没有行邪僻违法之事的。其中禹的功劳最大，他开通了多座大山，治理了多处湖泽，疏浚了多条河流，划定了九州的边界，各地都按照应缴纳的贡物前来进贡，没有不妥当的。国土方圆五千里，直到极其边远的地方。南方安抚到交阯、北发，西方安抚到戎、析枝、渠廋、氐、羌，北方安抚到山戎、发、息慎，东方安抚到长、鸟夷，四海之内都称颂帝舜的功德。于是禹创作了《九招》这首乐曲来歌颂舜的功德，招来了祥瑞之物，凤凰也飞来，随乐声盘旋起舞。天下清明的德政都是从虞舜帝开始的。

舜年二十以孝闻，年三十尧举之，年五十摄行天子事，年五十八尧崩，年六十一代尧践帝位。践帝位三十九年，南巡狩，崩于苍梧之野①。葬于江南九疑，是为零陵。舜之践帝位，载天子旗，往朝父瞽叟，夔夔唯谨②，如子道。封弟象为诸侯。舜子商均亦不肖，舜乃豫荐禹于天③。十七年而崩。三年丧毕，禹亦乃让舜子，如舜让尧子。诸侯归之，然后禹践天子位。尧子丹朱，舜子商均，皆有疆土，以奉先祀④。服其服，礼乐如之。以客见天子，天子弗臣⑤，示不敢专也。

注释

①苍梧：山名，又名九嶷山，在今湖南省宁远县境。

②夔夔：恭敬和顺的样子。

③豫：通“预”，预先，事先。

④奉先祀：供奉祖先的祭祀。

⑤弗臣：不以为臣，不把他们当臣下看待。

译文

舜二十岁时因孝顺而闻名天下，三十岁时被尧举用，五十岁时代行天子政务，五十八岁时尧去世，六十一岁时接替尧登帝位。继帝位三十九年，到南方巡视，在苍梧的郊野逝世。安葬在长江南岸的九嶷山，就是零陵。舜登帝位之后，乘着有天子旗帜的车子去拜见父亲瞽叟，恭敬孝顺，仍像儿子一样遵循孝道。封弟弟象为诸侯。舜的儿子商均不成材，舜就事先把禹推荐给了上帝。十七年后舜去世。三年服丧完毕，禹也把帝位让给舜的儿子，就跟之前舜让给尧的儿子时一样。诸侯们都归服禹，此后，禹就登上了帝位。尧的儿子丹朱，舜的儿子商均都有封地，来供奉祖先的祭祀。禹让他们仍穿自己家族的服饰，用自己家族的礼乐。他们以宾客的身份来朝见天子，天子也不把他们当臣下对待，以表示自己不敢专享天下。

自黄帝至舜、禹，皆同姓而异其国号[①]，以章明德[②]。故黄帝为有熊、帝颛顼为高阳，帝喾为高辛，帝尧为陶唐，帝舜为有虞。帝禹为夏后而别氏[③]，姓姒氏。契为商，姓子氏。弃为周，姓姬氏。

注释

①国号：指封为诸侯时有各自不同的名号。

②章：通“彰”，彰显，彰明。

③别氏：另为一氏。氏是部族的分支。

译文

从黄帝到舜、禹，都是同姓，但立国号不同，以此来彰明各自的道德功业。所以，黄帝的号为有熊，帝颛顼的号为高阳，帝喾的号为高辛，帝尧的号为陶唐，帝舜的号为有虞。帝禹的号为夏后，却另有姓氏，姓姒氏。契是商的始祖，姓子氏。弃是周的始祖，姓姬氏。

太史公曰：学者多称五帝，尚矣①。然《尚书》独载尧以来②；而百家言黄帝，其文不雅驯③，荐绅先生难言之④。孔子所传《宰予问五帝德》及《帝系姓》⑤，儒者或不传。余尝西至空桐，北过涿鹿，东渐于海⑥，南浮江、淮矣，至长老皆各往往称黄帝、尧、舜之处，风教固殊焉，总之不离古文者近是⑦。予观《春秋》《国语》，其发明《五帝德》《帝系姓》章矣，顾弟弗深考⑧，其所表见皆不虚。《书》缺有间矣，其轶乃时时见于他说。非好学深思，心知其意，固难为浅见寡闻道也。余并论次⑨，择其言尤雅者，故著为本纪书首。

注释

①尚：通“上”，上古，久远。

②《尚书》：我国现存最早的史书，是我国上古历史文献和部分追述上古事迹著作的汇编。《尚书》的第一篇是《尧典》，也就是说《尚书》记载古史是从尧开始的，没有尧以前的历史记载。

③雅驯：典范可信。

④荐绅先生：指读书人。

⑤《宰予问五帝德》及《帝系姓》：《大戴礼记》中的两篇书名。

⑥渐：到达。

⑦古文：指《春秋》《国语》《五帝德》《帝系姓》《尚书》等古文经籍。

⑧顾弟：不过，只是。弗：没有。

⑨论次：评议编次。

译文

太史公说：学者们大多都称述五帝，五帝的年代已经很久远了。然而《尚书》只记载尧以来的史事；但是各家叙说黄帝，文字不典范可信，士大夫们也很难说清楚。孔子传授下来的《宰予问五帝德》和《帝系姓》，儒生们有的也不传习。我曾经向西到过空桐山，向北经过涿鹿，向东到达过大海，向南渡过长江、淮河，所到过的地方，当地的长老们都常常谈到他们各自所听说的黄帝、尧、舜的事迹，那些地方的风俗教化都有所不同，总体来说没有违背古文经籍的记载，比较接近事实。我阅读了《春秋》《国语》，它们对《五帝德》《帝系姓》中的一些地方的阐发都很明了，只是人们没有深入考察研究，其实它们的记述都不虚妄。《尚书》的残缺已经很久远了，但它散佚的内容常常可以从其他记述中找到。如果不是好学深思，心中领会了它们的意思，当然很难向那些学识浅薄、见闻不广的人说明白。我把这些材料进行评议编次，选择了那些记述的言辞特别雅正的，编成这篇本纪作为全书的首篇。

殷本纪

题解

《殷本纪》记述了殷商自上古始祖契到被周所灭的长达六百年的历史，是以殷朝帝王为纲领的有关殷商王朝的编年史。商始祖契因辅佐大禹治水有功而被封于商，至成汤时兴起，中经盘庚、武丁中兴，几经盛衰，至商纣王时灭亡，整篇文章可谓是商王朝的兴衰史。文中赞颂了成汤、盘庚、武丁等贤君敬天保民，修行德政的事迹，对武乙、纣等暴虐之君则进行了贬斥。

文章结构详略得当，人物刻画生动、形象，例如对武丁与傅说相遇的过程娓娓道来，把贤君求贤若渴、心系黎民的形象表现得淋漓尽致；对纣王荒淫暴虐、饰非拒谏、滥杀无辜的描写，刻画出一个千古暴君的典型形象。文中还记载了许多神话和灵异现象，例如简狄吞卵而生契、桑榖共生于朝、武丁梦傅说等，这些都从侧面表现了殷商崇尚鬼神的文化。

殷契[①]，母曰简狄，有娀氏之女，为帝喾次妃。三人行浴，见玄鸟堕其卵[②]，简狄取吞之，因孕生契。契长而佐禹治水有功。帝舜乃命契曰："百姓不亲[3]，五品不训[4]，汝为司徒而敬敷五教[5]。五教在宽。”封于商，赐姓子氏。契兴于唐、虞、大禹之际，功业著于百姓，百姓以平[6]。

注释

①殷契 xiè：契是殷朝的始祖，舜封其于商，故殷朝也称商朝。

②玄鸟：燕子。

③百姓：战国前，只有贵族才有姓，因此，“百姓”代指贵族。

④五品：即五伦，指君臣、父子、夫妇、兄弟、朋友五种关系。

⑤司徒：古代掌民事及教化的官员。敷：施行。五教：五伦的教育。

⑥平：安宁，安定。

译文

殷的始祖是契，他的母亲叫简狄，是有娀氏的女儿，帝喾的次妃。有一次，简狄等三个人到河里洗澡，看见燕子从天上掉下来一只蛋，简狄就拣来吃了，因而怀孕生下了契。契长大后，辅佐禹治水有功，舜于是命令契说：“现在百官不相亲相爱，君臣、父子、夫妇、兄弟、朋友之间的五伦关系不和顺，你去担任司徒，认真地施行五伦的教育。施行五伦教育，最根本的是要宽厚。”契被封在商地，赐姓子氏。契在唐尧、虞舜、夏禹的时代兴起，他的功劳和业绩百官都很清楚，百官因此安定下来。

契卒，子昭明立。昭明卒，子相土立。相土卒，子昌若立。昌若卒，子曹圉立。曹圉卒，子冥立。冥卒，子振立[①]。振卒，子微立。微卒，子报丁立。报丁卒，子报乙立。报乙卒，子报丙立。报丙卒，子主壬立。主壬卒，子主癸立。主癸卒，子天乙立，是为成汤。

成汤，自契至汤八迁[②]。汤始居亳，从先王居[③]，作《帝诰》[④]。

注释

①振：殷墟甲骨文和《古本竹书纪年》作“王亥”。《世本》作“核”。

②八迁：从契至汤，曾经八次迁徙国都。

③先王：指帝喾。帝喾曾经定都于亳。

④《帝诰》：《尚书》篇名，已亡佚。

译文

契死后，儿子昭明即位。昭明死后，儿子相土即位。相土死后，儿子昌若即位。昌若死后，儿子曹圉即位。曹圉死后，儿子冥即位。冥死后，儿子振即位。振死后，儿子微即位。微死后，儿子报丁即位。报丁死后，儿子报乙即位。报乙死后，儿子报丙即位。报丙死后，儿子主壬即位。主壬死后，儿子主癸即位。主癸死后，儿子天乙即位。这就是成汤。

从契到成汤，曾经八次迁都。到成汤的时候才又定都在亳，这是为了追随先王帝喾曾把这里定为国都才重迁来的。为此，他写了《帝诰》。

汤征诸侯。葛伯不祀[①]。汤始伐之。汤曰："予有言：人视水见形，视民知治不[②]。"伊尹曰："明哉！言能听，道乃进。君国子民[③]，为善者皆在王官。勉哉[④]，勉哉！"汤曰："汝不能敬命，予大罚殛之[⑤]，无有攸赦[⑥]。"作《汤征》[⑦]。

注释

①葛伯：葛国国君。葛是殷的邻国。

②治：治理得好。不：同"否"。

③子民：管理人民。

④勉：努力。

⑤殛：杀死。

⑥攸：所。

⑦《汤征》：《尚书》篇名，已亡佚。

译文

成汤有征讨临近诸侯的权力。葛伯不祭祀鬼神，成汤才去征讨他。成汤说:“我说过:人们照照水面就能看到自己的形貌,看看民众就可以知道国家治理得是否好。”伊尹说:“英明啊!别人的善言能够听从,道德就会进步。国君治理国家,管理人民,要把做好事的人都任用到朝廷为官。努力吧,努力吧!”成汤对葛伯说:“你们不能敬慎天命,我就要重重地惩治你们,绝不宽恕赦免。”于是写下《汤征》,记载了征伐葛的情况。

伊尹名阿衡①。阿衡欲奸汤而无由②,乃为有莘氏媵臣③,负鼎俎④,以滋味说汤,致于王道。或曰,伊尹处士⑤,汤使人聘迎之,五反然后肯往从汤,言素王及九主之事⑥。汤举任以国政。伊尹去汤适夏⑦。既丑有夏⑧,复归于亳。入自北门,遇女鸠、女房,作《女鸠》《女房》⑨。

注释

①阿衡:官名,相当于后世的宰相,此以官为名。

②奸 gàn:求见。由:门路,途径。

③媵 yìng 臣:古代陪嫁的奴仆。

④鼎俎:古代烹饪的器具。鼎,煮东西用的器具。俎,切肉用的砧板。

⑤处士:隐士,有才德却隐居不做官的人。

⑥素王:有王皇之实而无王皇名号的人。

⑦适:到……去。

⑧丑：憎恶，厌恶。

⑨《女鸠》《女房》：已亡佚。

译文

伊尹名叫阿衡。阿衡想求见成汤却没有门路，于是就去做有莘氏陪嫁的奴仆，背着饭锅砧板来见成汤，用烹调做菜的道理比喻治国之道来向成汤进言，劝说他实行王道。也有人说，伊尹本是个隐士，成汤曾派人去聘迎他，去了五趟，他才答应跟从辅佐成汤，向成汤讲述了远古帝王及九类君主的事情。成汤于是任用他管理国政。伊尹曾经离开成汤到了夏国，因为看到夏桀无道，十分憎恶，所以又回到了商都亳。他从北门进城时，遇到了女鸠和女房，于是写下《女鸠》《女房》。

汤出，见野张网四面，祝曰[①]：“自天下四方皆入吾网。”汤曰：“嘻，尽之矣！”乃去其三面，祝曰：“欲左[②]，左。欲右，右。不用命[③]，乃入吾网。”诸侯闻之，曰：“汤德至矣，及禽兽。”

注释

①祝：祝祷，祷告。

②左：向左。

③用命：听从命令。

译文

成汤外出打猎，看见郊野四面张着罗网，张网的人祝祷说：“希望从天上来的，从地下来的，从四方来的，都进入我的罗网！”成汤听了说：“唉，这样就把禽兽都打光了！”于是下令撤掉三面的罗网，改祷词说：“想向左的就向左，想向右的就向右。不听从命令的，就进我的罗网吧。”诸侯们听到这件事，说：“汤的仁德达到极点了，连禽兽都受到了他的恩惠。”

当是时，夏桀为虐政淫荒，而诸侯昆吾氏为乱①。汤乃兴师率诸侯，伊尹从汤，汤自把钺以伐昆吾②，遂伐桀。汤曰：“格女众庶③，来，女悉听朕言④！匪台小子敢行举乱⑤，有夏多罪，予维闻女众言，夏氏有罪，予畏上帝，不敢不正⑥。今夏多罪，天命殛之。今女有众，女曰：‘我君不恤我众，舍我啬事而割政⑦。’女其曰：‘有罪，其奈何？’夏王率止众力，率夺夏国。有众率怠不和，曰：‘是日何时丧⑧？予与女皆亡！’夏德若兹，今朕必往。尔尚及予一人致天之罚⑨，予其大理女⑩。女毋不信，朕不食言。女不从誓言，予则帑僇女⑪，无有攸赦。”以告令师，作《汤誓》⑫。于是汤曰“吾甚武”，号曰武王。

注释

①昆吾氏：古部族名，夏的同盟部落。

②钺 yuè：古代类似大斧的兵器。

③格：来。女：通“汝”，你，你们。以下数处皆同。众庶：众人，相当于今语“大家”的意思。

④朕：我。

⑤匪：通“非”，不是。台 yí：我。小子：汤的谦称。举乱：发动变乱。

⑥正：通“征”。

⑦啬事：农事，农活。啬，通“穑”，稼穑。割政：有害于民之政。割，通“害”。

⑧日：太阳，此指夏桀，夏桀曾自比太阳。

⑨尚：通“倘”，假如，如果。

⑩理：通“赉 lài”，赏赐。

⑪帑僇：帑，通“奴”，罚为奴隶。僇，通“戮”，杀戮。

⑫《汤誓》：《尚书》中篇名，即商汤在鸣条发布的誓师之辞。

译文

在这个时候，夏桀却施行暴政，荒淫无道，诸侯昆吾氏也起来作乱，商汤于是发动军队率领诸侯出征，伊尹跟随商汤前往。商汤亲自拿着大斧指挥讨伐昆吾，又接着讨伐夏桀。商汤说：“你们大家到这儿来，都仔细听我讲话。不是我敢兴兵作乱，是因为夏桀罪恶多端。我也听到你们说夏桀有罪啊，我敬畏上天，不敢不去征讨。如今夏桀罪行很多，上天命令我去诛杀他。现在你们大家也许会说：‘我们的国君不体恤我们，让我们舍弃农活不管而去打仗。’你们或许还会问：‘夏桀有罪，到底是什么样的罪？’夏桀耗尽了夏国的民力，掠光了夏国的资财。夏国的民众都消极怠惰，不与他合作。他们说：‘这个太阳什么时候灭亡，我们宁愿和你一起灭亡！’夏桀的德行已经败坏到这种地步，现在我一定要去讨伐他！你们如果和我一起奉行上天对夏桀降下的惩罚，我会重重地赏赐你们。你们不要不相信，我绝对不会食言。如果你们违抗我的誓言，我就要让你们为奴甚至杀死你们，绝不宽赦！”商汤把这些话告诉给传令长官，写下了《汤誓》。当时商汤说“我很勇武”，因此号称武王。

桀败于有娀之虚[①]，桀奔于鸣条，夏师败绩。汤遂伐三𡕰[②]，俘厥宝玉[③]，义伯、仲伯作《典宝》[④]。汤既胜夏，欲迁其社，不可，作《夏社》[⑤]。伊尹报。于是诸侯毕服，汤乃践天子位[⑥]，平定海内。

注释

①虚：同“墟”，旧址。

②三𡕰 zōng：忠于夏桀的一个诸侯国。

③俘：取得，夺得。厥：其，他的，他们的。

④《典宝》：《尚书》篇名，已亡佚。

⑤《夏社》:《尚书》篇名，已亡佚。

⑥践：登临。

译文

夏桀在有娀氏的旧地被打败了，奔逃到鸣条，夏朝军队大败。商汤乘胜讨伐忠于夏桀的三㚇，获得了他们的宝器珠玉，商汤的大臣义伯、仲伯写下了《典宝》来记录这件事。商汤战胜夏桀之后，想改换夏朝建立的神社，但没有换成，写下了《夏社》，说明夏社不可改换的道理。伊尹向诸侯通报了这次的胜利，从此诸侯都表示服从商朝，商汤于是登临天子之位，平定了天下。

汤归至于泰卷陶[①]，中𦊐作诰[②]。既绌夏命[③]，还亳，作《汤诰》[④]："维三月，王自至于东郊。告诸侯群后[⑤]：'毋不有功于民，勤力乃事。予乃大罚殛女，毋予怨。'曰：'古禹、皋陶久劳于外，其有功乎民，民乃有安。东为江，北为济，西为河，南为淮，四渎已修[⑥]，万民乃有居。后稷降播，农殖百谷。三公咸有功于民[⑦]，故后有立。昔蚩尤与其大夫作乱百姓，帝乃弗予，有状。先王言不可不勉。'曰：'不道[⑧]，毋之在国，女毋我怨。'"以令诸侯。伊尹作《咸有一德》[⑨]，咎单作《明居》[⑩]。

注释

①泰卷：古地名，即后来的定陶。陶：衍文，后人注“泰卷”为定陶而衍。

②中罍 lěi：即商汤相仲虺。

③绌：通“黜”，废除。

④《汤诰》：古文《尚书》篇名，但内容与此处所引不同。

⑤群后：各诸侯国的君主。

⑥四渎：指江、河、济、淮四条大河。渎，大河。

⑦三公：指禹、皋陶、后稷。

⑧不道：无道。

⑨《咸有一德》：《尚书》篇名，已亡佚，内容主要是告诫君臣要具有纯一之德。

⑩《明居》：《尚书》篇名，已亡佚，内容为告民安居之法。

译文

成汤回朝途中经过泰卷时，仲虺作了朝廷的诰命。商汤废除了夏朝的政令，回到亳都，写下了《汤诰》说：“三月，殷王亲自来到东郊，向各诸侯国君宣告说：‘你们不能不为民众谋立功业，要努力做好你们的事情。否则，我就会重重地惩罚你们，到时候可不要怨恨我。’又说：‘古时夏禹、皋陶长期在外奔劳，为民众建立功业，民众才能够安居乐业。他们东面治理了长江，北面治理了济河，西面治理了黄河，南面治理了淮河，这四条大河都治理好了，万民才得以定居。后稷教民众播种五谷，民众才知道种植各种庄稼。这三位古人都对民众有功，所以，他们的后代才能够建立国家。从前蚩尤和他的大臣们在百官和贵族中作乱，上帝就不降福给他们，这样的事是有历史为证的。先王的教诲，不可以不努力学习啊！’又说：‘你们如果行事暴虐无道，那就不允许你们再回去做诸侯了，到时你们可不要埋怨我。’”商汤用这些话来告诫诸侯。伊尹写下了《咸有一德》，咎单写下了《明居》。

汤乃改正朔[①]，易服色[②]，上白[③]，朝会以昼[④]。

汤崩[⑤]，太子太丁未立而卒，于是乃立太丁之弟外丙，是为帝外丙。帝外丙即位三年，崩，立外丙之弟中壬，是为帝中壬。帝中壬即位四年，崩，伊尹乃立太丁之子太甲。太甲，成汤适长孙也[⑥]，是为帝太甲。帝太甲元年，伊尹作《伊训》[⑦]，作《肆命》[⑧]，作《徂后》[⑨]。

注释

①改正朔：改变历法。正，每年的一月。朔，每月的第一天。正朔，即新年的第一天。古代新朝代建立，往往改变正朔，即改变岁首月份，实行新历法。夏历建寅（正月为寅月），殷历改建丑（正月为丑月）。

②易服色：改变器物、车马、服饰等崇尚的颜色。

夏尚黑，商尚白。

③上：通“尚”，崇尚。

④朝会以昼：在白天举行朝会。

⑤崩：古代帝王死称“崩”。

⑥适 dí：通“嫡”，正妻所生称“嫡”。

⑦《伊训》：古文《尚书》篇名。

⑧《肆命》：《尚书》篇名，已亡佚。内容主要是讲如何施行政教。

⑨《徂后》：《尚书》篇名，已亡佚。内容主要是讲汤之法度。

译文

商汤于是改变了历法，更换了器物服饰的颜色，崇尚白色，在白天举行朝会。

商汤去世，太子太丁没有即位就死了，于是就立太丁的弟弟外丙为帝，这就是帝外丙。外丙即位三年，去世，立外丙的弟弟中壬为帝，这就是帝中壬。中壬即位四年逝世，伊尹就拥立太丁之子太甲为帝。太甲，是成汤的嫡长孙，这就是帝太甲。太甲元年，伊尹写下了《伊训》《肆命》《徂后》。

帝太甲既立三年，不明，暴虐，不遵汤法，乱德，于是伊尹放之于桐宫[①]。三年，伊尹摄行政当国[②]，以朝诸侯。

帝太甲居桐宫三年，悔过自责，反善[③]，于是伊尹乃迎帝太甲而授之政。帝太甲修德，诸侯咸归殷，百姓以宁。伊尹嘉之，乃作《太甲训》三篇[④]，褒帝太甲，称太宗。

太宗崩，子沃丁立。帝沃丁之时，伊尹卒。既葬伊尹于亳，咎单遂训伊尹事[⑤]，作《沃丁》[⑥]。

注释

①桐宫：商王的离宫，在今河南省偃师市西南。

②摄：代理。

③反善：回归善道。

④《太甲训》：古文《尚书》篇名，有上、中、下三篇。

⑤训：训诫，教育。

⑥《沃丁》：《尚书》篇名，已亡佚。

译文

帝太甲在位三年后，昏乱暴虐，不遵守汤王的法度，败坏了道德，于是伊尹便把他流放到了桐宫。这之后的三年，伊尹代理政事，掌管国家政权，朝会诸侯。

太甲在桐宫住了三年，悔过自责，回归善道，于是伊尹便把他接回朝廷，把政权交还给他。此后，帝太甲修养德行，诸侯都来归附殷朝，百姓得以安宁。伊尹很赞赏帝太甲，就作了《太甲训》三篇，褒扬帝太甲，称他为太宗。

太宗去世，儿子沃丁即位。帝沃丁的时候，伊尹去世。伊尹被安葬在亳地之后，为了用伊尹的事迹训诫后人，咎单写下了《沃丁》。

沃丁崩，弟太庚立，是为帝太庚。帝太庚崩，子帝小甲立。帝小甲崩，弟雍己立，是为帝雍己。殷道衰，诸侯或不至。

帝雍己崩，弟太戊立，是为帝太戊。帝太戊立伊陟为相[①]。亳有祥桑穀共生于朝[②]，一暮大拱[③]。帝太戊惧，问伊陟。伊陟曰："臣闻妖不胜德，帝之政其有阙与[④]？帝其修德"。太戊从之，而祥桑枯死而去。伊陟赞言于巫咸。巫咸治王家有成，作《咸艾》，作《太戊》[⑤]。帝太戊赞伊陟于庙，言弗臣[⑥]，伊陟让，作《原命》[⑦]。殷复兴，诸侯归之，故称中宗。

注释

①伊陟：伊尹之子。

②祥：妖，怪异。

③拱：两手合围。

④阙：通"缺"，缺点。

⑤《咸艾》《太戊》：皆《尚书》篇名，今已亡佚。

⑥弗臣：不把他当臣下看待。

⑦《原命》：《尚书》篇名，已亡佚。

译文

沃丁去世，他的弟弟太庚即位，这就是帝太庚。太庚去世，儿子小甲即位。帝小甲去世，弟弟雍己即位，这就是帝雍己。到这个时候，殷朝国势渐衰，有的诸侯不再来朝拜。

雍己去世，他的弟弟太戊即位，这就是帝太戊。太戊任用伊陟为相。亳都出现了桑树和楮树合抱而生在朝堂上的怪异现象，一夜之间就长得有两手合抱那么粗。帝太戊很害怕，向伊陟询问。伊陟说："我听说妖怪是不能战胜有德行的人的，君王您的政治是不是有什么失误啊？您还是要修行德义。"太戊听从了伊陟的话，那棵怪树就枯死消失了。伊陟把这件事告诉了巫咸。巫咸研究帝王政事很有成绩，写下了《咸艾》《太戊》。帝太戊在太庙中称赞伊陟，说不把他当臣下看待，伊陟谦让，写下了《原命》。殷朝国势又兴盛起来，诸侯重新来归附。因此，称帝太戊为中宗。

中宗崩，子帝中丁立。帝中丁迁于隞，河亶甲居相。祖乙迁于邢。帝中丁崩，弟外壬立，是为帝外壬。《仲丁》书阙不具[①]。帝外壬崩，弟河亶甲立。是为帝河亶甲。河亶甲时，殷复衰。

河亶甲崩，子帝祖乙立。帝祖乙立，殷复兴。巫贤任职[②]。

祖乙崩，子帝祖辛立。帝祖辛崩，弟沃甲立，是为帝沃甲。帝沃甲崩，立沃甲兄祖辛之子祖丁，是为帝祖丁。帝祖丁崩，立弟沃甲之子南庚，是为帝南庚。帝南庚崩，立帝祖丁之子阳甲，是为帝阳甲。帝阳甲之时，殷衰。

自中丁以来，废适而更立诸弟子，弟子或争相代立，比九世乱③，于是诸侯莫朝。

注释

①《仲丁》:《尚书》篇名，司马迁时已亡佚，故曰不具。不具：不存在。

②巫贤：巫咸之子。

③比：接连。

译文

中宗去世，儿子中丁即位。帝中丁把国都迁到隞。河亶甲定都在相，祖乙又迁到邢。帝中丁去世，他的弟弟外壬即位，这就是帝外壬。这些《仲丁》都曾有记载，但现已残佚不存了。帝外壬逝世，他的弟弟河亶甲即位，这就是帝河亶甲。河亶甲在位的时候，殷朝国势再度衰弱。

河亶甲去世，他的儿子祖乙即位。帝祖乙即位后，殷朝又兴盛起来，巫贤担任重要职务。

祖乙去世，儿子祖辛即位。帝祖辛去世，弟弟沃甲即位，这就是帝沃甲。沃甲去世，立沃甲的哥哥祖辛的儿子祖丁，这就是帝祖丁。祖丁去世，立弟弟沃甲的儿子南庚，这就是帝南庚。帝南庚去世，立帝祖丁的儿子阳甲，这就是帝阳甲。帝阳甲在位的时候，殷朝国势衰弱了。

自帝中丁以来，废除嫡长子继位制而改为拥立诸弟兄和诸弟兄的儿子，他们有时为争夺王位而互相争斗，造成了连续九代的混乱，于是，诸侯没有人再来朝拜了。

帝阳甲崩，弟盘庚立，是为帝盘庚。帝盘庚之时，殷已都河北，盘庚渡河南，复居成汤之故居，乃五迁①，无定处。殷民咨胥皆怨②，不欲徙。盘庚乃告谕诸侯大臣曰："昔高后成汤与尔之先祖俱定天下③，法则可修。舍而弗勉，何以成德！"乃遂涉河南，治亳，行汤之政，然后百姓由宁④，殷道复兴。诸侯来朝，以其遵成汤之德也。

帝盘庚崩，弟小辛立，是为帝小辛。帝小辛立，殷复衰。百姓思盘庚，乃作《盘庚》三篇⑤。帝小辛崩，弟小乙立，是为帝小乙。

注释

①五迁：商朝自汤至盘庚前后五次迁都。

②咨：嗟叹。胥：互相。

③高后：贤君，是对成汤的敬称。

④由：由此，因而。

⑤《盘庚》:《尚书·盘庚》有上、中、下三篇，主要内容是讲盘庚迁殷前后的事。据《盘庚》内容和序，为盘庚生前所作，与此处说法不同。

译文

帝阳甲逝世，弟弟盘庚即位，这就是帝盘庚。盘庚即位的时候，殷朝已经定都在黄河以北，盘庚渡过黄河南下，重回到成汤的故都亳。自汤到盘庚，前后五次迁都，没有固定的地方，所以殷朝的民众都互相叹息埋怨，不愿再迁移。盘庚于是告谕诸侯大臣说:“从前先王成汤和你们的祖先一起平定天下，他们制定的法度和准则应该遵循。舍弃这些而不去努力实现，怎么能成就德政呢？”于是就渡过黄河南下，修缮了亳都，遵行成汤的政令。此后百姓因此安宁，殷朝的国势又兴盛起来。诸侯们纷纷前来朝拜，因为盘庚遵循了成汤的德政。

帝盘庚逝世，弟弟小辛即位，这就是帝小辛。帝小辛在位的时候，殷朝又衰弱了。百姓们思念盘庚，于是写下了《盘庚》三篇。帝小辛逝世后，他的弟弟小乙即位，这就是帝小乙。

帝小乙崩，子帝武丁立。帝武丁即位，思复兴殷，而未得其佐。三年不言，政事决定于冢宰[①]，以观国风[②]。武丁夜梦得圣人，名曰说。以梦所见视群臣百吏，皆非也。于是乃使百工营求之野[③]，得说于傅险中。是时说为胥靡[4]，筑于傅险。见于武丁[5]，武丁曰是也。得而与之语，果圣人，举以为相，殷国大治。故遂以傅险姓之，号曰傅说。

注释

①冢宰：官名，相当于后世的宰相。

②国风：国家的风俗民情。

③百工：百官。

④胥靡：因犯法而被罚作劳役的人。

⑤见：使拜见，这里是被带去拜见的意思。

译文

帝小乙逝世，儿子武丁即位。帝武丁即位后，想重新振兴殷朝，但一直没有找到称心的辅佐大臣。于是武丁三年不发表政见，国家政事都由冢宰决定，自己观察国家的风气。武丁夜里梦见得到一位圣人，名叫说。他按照梦中见到的形象来观察群臣百官，都不像那圣人。于是就派百官到民间四处寻找，终于在傅险找到了说。这时，说正服劳役，在傅险筑墙，百官把说带去见武丁，武丁说就是这个人。武丁找到说之后，和他交谈，发现他果真是位贤人，就任用他为国相，殷朝得到了很好的治理。因而就用傅险这个地名来作了说的姓，称他为傅说。

帝武丁祭成汤，明日，有飞雉登鼎耳而呴[①]，武丁惧。祖己曰：“王勿忧，先修政事。”祖己乃训王曰：“唯天监下典厥义[②]，降年有永有不永[③]，非天夭民[④]，中绝其命。民有不若德[⑤]，不听罪[⑥]，天既附命正厥德[⑦]，乃曰其奈何。呜呼！王嗣敬民[⑧]，罔非天继[⑨]，常祀毋礼于弃道[⑩]。”武丁修政行德，天下咸欢，殷道复兴。

帝武丁崩，子帝祖庚立。祖己嘉武丁之以祥雉为德，立其庙为高宗，遂作《高宗肜日》及《训》[⑪]。

注释

①雉：野鸡。呴 gòu：鸡叫。

②监：监察，审视。典厥义：以其道义作为标准。典，常道、标准。

③降年：指人的寿命。永：寿命长。不永：寿命短。

④夭民：使人的寿命夭折。

⑤若：遵从，顺从。

⑥不听罪：不肯服罪。

⑦附：降下。正：纠正。

⑧嗣：留给。

⑨罔：没有。继：子嗣，后代。

⑩弃道：背弃的方法。

⑪《高宗肜 róng 日》及《训》：皆《尚书》篇名，《高宗肜日》存，记祖己训诫武丁之事；《训》已亡佚。肜，祭祀名，祭祀后的第二天又祭。

译文

武丁祭祀成汤，第二天，有只野鸡飞到鼎耳上鸣叫，武丁很害怕。祖己说：“大王不必担忧，先处理好国家政事。”祖己进一步开导武丁说：“上天监察下民，是以他们的道义为标准。上天赐给人的寿命有长有短，不是上天有意使人的寿命夭折，中途丧命。有的人不遵从道德，不肯服罪，等到上天降下命令纠正他们的德行时，他才说‘怎么办’。唉，大王继承王位，努力办好民众的事情，没有什么不符合天意的，还要按常规祭祀，不要根据那些应该背弃的方法举行各种礼仪！”武丁听了之后修明政治，推行德政，全国的人民都高兴，殷朝的国势又昌盛了。

帝武丁逝世，儿子帝祖庚即位。祖己称赞武丁因为野鸡鸣叫的事而开始推行德政，给他立庙，称为高宗，写下了《高宗肜日》和《高宗之训》。

帝祖庚崩，弟祖甲立，是为帝甲。帝甲淫乱，殷复衰。

帝甲崩，子帝廪辛立。帝廪辛崩，弟庚丁立，是为帝庚丁。帝庚丁崩，子帝武乙立。殷复去亳，徙河北。

帝武乙无道，为偶人①，谓之天神。与之博②，令人为行③。天神不胜，乃僇辱之④。为革囊，盛血，卬而射之⑤，命曰“射天”。武乙猎于河渭之间，暴雷，武乙震死。子帝太丁立。帝太丁崩，子帝乙立。帝乙立，殷益衰。

注释

①偶人：土或木做的人像。

②博：古代一种赌博性质的游戏，方式类似下棋。

③令人为行：叫人代替偶人下棋。

④僇辱：羞辱，侮辱。

⑤卬：通“仰”。

译文

帝祖庚去世，他的弟弟祖甲即位，这就是帝甲。帝甲荒淫暴乱，殷朝再次衰败了。

帝甲去世，他的儿子廪辛即位。帝廪辛去世，他的弟弟庚丁即位，这就是帝庚丁。庚丁去世，他的儿子武乙即位。这时，殷都又离开亳，迁到了黄河以北。

帝武乙暴虐无道，他制作了一个偶人，称它为天神，跟它下棋赌输赢，让别人代替它下棋。天神没有取胜，就侮辱它。他又制作了一个皮革的袋子，里面盛满血，仰天射它，命名为“射天”。武乙在黄河和渭河之间打猎，天空中突然打雷，武乙被雷击死。他的儿子帝太丁即位。帝太丁去世，儿子帝乙即位，帝乙即位时，殷朝更加衰败了。

帝乙长子曰微子启[1]，启母贱[2]，不得嗣。少子辛，辛母正后，辛为嗣。帝乙崩，子辛立，是为帝辛，天下谓之纣。

帝纣资辨捷疾[3]，闻见甚敏；材力过人，手格猛兽[4]；知足以距谏[5]，言足以饰非；矜人臣以能[6]，高天下以声[7]，以为皆出己之下[8]。好酒淫乐，嬖于妇人[9]。爱妲己，妲己之言是从。于是使师涓作新淫声，北里之舞[10]，靡靡之乐[11]。厚赋税以实鹿台之钱[12]，而盈钜桥之粟[13]。益收狗马奇物，充仞宫室[14]。益广沙丘苑台[15]，多取野兽蜚鸟置其中。慢于鬼神[16]。大冣乐戏于沙丘[17]，以酒为池，县肉为林[18]，使男女倮相逐其间[19]，为长夜之饮[20]。

注释

①微子启：微，国号；子，爵位；启，人名，即纣王的哥哥。汉时因避景帝刘启之讳，改启为开。

②贱：地位低，启母不是正后，故为庶出，不能继位。

③资：天资，天赋。辨：通“辩”，巧言，有口才。

④格：格斗。

⑤知：通“智”。距：通“拒”。

⑥矜：夸耀，骄傲。

⑦声：声望。

⑧出己之下：别人在自己之下，意思是别人比不上自己。

⑨嬖：宠爱。

⑩北里之舞：古舞曲名。

⑪靡靡之乐：声音柔弱的音乐。

⑫鹿台：纣在朝歌城内所筑的高台，据传高千尺，广三里。

⑬钜桥：粮仓名。

⑭充仞：充满。

⑮沙丘：古地名，在今河北省邢台市广宗境内。苑台：古代帝王打猎游玩的园林。

⑯慢：怠慢，不敬。

⑰冣 jù：通"聚"，聚集，积聚。

⑱县：通"悬"，悬挂。

⑲倮：通"裸"，赤裸。

⑳长夜：通宵。

译文

帝乙的长子叫微子启，启的母亲地位低贱，所以启不能继承帝位。帝乙的小儿子叫辛，辛的母亲是正后，因此辛被立为继承人。帝乙去世后，辛继位，这就是帝辛，天下都称他为"纣"。

纣天资聪颖，有口才，耳聪目明动作敏捷；他气力超常，能空手与猛兽格斗；他的智慧足以拒绝臣下的劝谏，他的言辞足以掩饰自己的过错；他凭着自己的才能在大臣面前夸耀，凭着声威到处抬高自己，认为天下所有的人都比不上他。他喜欢饮酒作乐，沉迷于音乐，宠爱女人。他宠爱妲己，只听从妲己的话。他让乐师涓为他创作了新的淫荡的乐曲，北里舞曲，靡靡之音。他加重赋税来填满鹿台的钱库，装满钜桥的粮仓。他多方搜集各种狗马和新奇的玩物，充满宫室。扩建沙丘的园林楼台，捕捉大量的野兽飞鸟放到里面。他对鬼神傲慢不敬。他招来许多乐工戏子，聚集在沙丘，用酒当作池水，把肉悬挂起来当作树林，让男女赤身裸体在里面追逐嬉戏，通宵饮酒寻欢。

百姓怨望而诸侯有畔者，于是纣乃重刑辟①，有炮格之法②。以西伯昌、九侯、鄂侯为三公③。九侯有好女，入之纣。九侯女不憙淫④，纣怒，杀之，而醢九侯⑤。鄂侯争之强，辨之疾，并脯鄂侯⑥。西伯昌闻之，窃叹。崇侯虎知之，以告纣，纣囚西伯羑里⑦。西伯之臣闳夭之徒，求美女奇物善马以献纣，纣乃赦西伯。西伯出而献洛西之地，以请除炮格之刑。纣乃许之，赐弓矢斧钺，使得征伐，为西伯。而用费中为政。费中善谀，好利，殷人弗亲。纣又用恶来。恶来善毁谗，诸侯以此益疏。

注释

①刑辟：刑罚。

②炮格之法：相传为商纣所设的一种酷刑。在铜柱上涂上油膏，用炭火烧热，令罪人在上面行走，坠落到炭中而死。

③三公：古代官名，其具体所指在不同的时期不尽相同，为辅助天子掌握军政大权的最高官员。

④憙：通“喜”，喜欢。

⑤醢 hǎi：古代一种酷刑，把人剁成肉酱。

⑥脯：古代一种酷刑，把人制成肉干。

⑦羑 yǒu 里：古地名，在今河南省汤阴县北。

译文

百官怨恨纣如此荒淫无度，诸侯有的背叛了他。于是他就加重刑罚，设置了名为“炮格”的酷刑。他任用西伯昌、九侯、鄂侯担任三公。九侯有个美丽的女儿，献给了纣。九侯的女儿不喜欢淫荡，纣大怒，杀死了她，还把九侯剁成了肉酱。鄂侯为此事极力强谏，两人争辩激烈，纣就把鄂侯制成了肉干。西伯昌听到这件事，暗暗叹息。崇侯虎得知后，去向纣告发，纣把西伯昌囚禁在羑里。西伯昌的臣子闳夭等人，找来了美女、珍物和好马献给纣，纣才释放了西伯昌。西伯昌从狱里出来后，把洛水以西的土地献给纣，请求废除炮格的酷刑。纣答应了他，并赐给他弓箭和大斧，使他有征伐其他诸侯的权利，这样他就成了西部地区的诸侯之长，就是西伯。纣任用费仲管理国家政事。费仲善于奉承，贪图财利，殷人都不愿意亲近他。纣又任用恶来，恶来善于讲别人的坏话毁谤他人，诸侯们因此与殷朝更加疏远了。

西伯归，乃阴修德行善[①]，诸侯多叛纣而往归西伯。西伯滋大，纣由是稍失权重[②]。王子比干谏[③]，弗听。商容贤者[④]，百姓爱之，纣废之。及西伯伐饥国，灭之，纣之臣祖伊闻之而咎周[⑤]，恐，奔告纣曰："天既讫我殷命[⑥]，假人元龟[⑦]，无敢知吉[⑧]，非先王不相我后人[⑨]，维王淫虐用自绝，故天弃我，不有安食，不虞知天性[⑩]，不迪率典[⑪]。今我民罔不欲丧，曰：'天曷不降威[⑫]，大命胡不至[⑬]？'今王其奈何？"纣曰："我生不有命在天乎！"祖伊反，曰："纣不可谏矣。"西伯既卒，周武王之东伐，至盟津[⑭]，诸侯叛殷会周者八百。诸侯皆曰："纣可伐矣。"武王曰："尔未知天命。"乃复归。

注释

①阴：暗中。

②稍：渐渐地。

③比干：纣的叔父。任少师之官，向纣进谏，被纣剖心而死。

④商容：纣的贤臣，因忠直有声望而被免职，武王灭商后，表彰其忠贤。

⑤咎：怨恨。

⑥讫：终止。

⑦假人：《尚书》作"格人"，即至人，能知天地吉

凶的人。元龟：占卜用的大龟。

⑧无敢知吉：没有好的征兆。

⑨相：帮助，保佑。

⑩虞知：揣测了解。

⑪迪：遵循。率典：常法。

⑫曷：为什么。

⑬胡：为什么。

⑭盟津：即孟津，古黄河渡口名，在今河南省孟津县东北。

译文

西伯昌回国，就暗中修养德行，推行善政，诸侯中有很多背叛了纣而来归服西伯昌。西伯昌的势力越来越强大，纣因此渐渐丧失了权势。王子比干劝谏纣，纣不听。商容是位有才德的人，百姓们爱戴他，纣却罢免了他。等到西伯昌攻打饥国，并灭掉了它，纣的大臣祖伊听到这件事就怨恨周国，又很害怕，于是就跑到纣那报告说："上天已经终止了我们殷国的命运。从能知天地吉凶的人预测和用大龟占卜，都没有好的征兆。不是先王不帮助我们后人，而是大王您荒淫暴虐，自绝于天，所以上天才抛弃了我们，使我们不得安宁，没有饭吃，您既不揣测了解上天的旨意，又不遵循常法。如今我们的民众没有不希望殷国灭亡的，他们说：'上天为什么还不降下威力？灭亡纣的命令为什么还不到来？'现在大王您要怎么办呢？"纣说："我生下来做国君，不就是有天命吗！”祖伊回去后说：“纣已经无法劝谏了！”西伯昌死后，周武王率军向东征伐，到达盟津，诸侯背叛殷朝而前来与武王会合的有八百个。诸侯们都说：“是讨伐纣的时候了！”周武王说：“你们还不了解上天的旨意。”于是率领军队回到周国了。

纣愈淫乱不止。微子数谏不听，乃与大师、少师谋，遂去。比干曰：“为人臣者，不得不以死争[①]。”乃强谏纣。纣怒曰：“吾闻圣人心有七窍。”剖比干，观其心。箕子惧，乃详狂为奴[②]，纣又囚之。殷之大师、少师乃持其祭乐器奔周。周武王于是遂率诸侯伐纣。纣亦发兵距之牧野。甲子日[③]，纣兵败。纣走，入登鹿台，衣其宝玉衣，赴火而死。周武王遂斩纣头，县之大白旗[④]。杀妲己。释箕子之囚，封比干之墓，表商容之闾。封纣子武庚禄父，以续殷祀。令修行盘庚之政。殷民大说[⑤]。于是周武王为天子。其后世贬帝号，号为王。而封殷后为诸侯[⑥]，属周。

周武王崩，武庚与管叔、蔡叔作乱，成王命周公诛之，而立微子于宋，以续殷后焉。

注释

①争：通“诤”，劝谏。

②详：通“佯”，假装。

③甲子日：即周武王十三年二月五日。

④县：通“悬”。大白旗：即“太白旗”，指挥军队的一种旗帜。

⑤说：通“悦”，高兴。

⑥殷后：即纣王之子武庚。

译文

纣王更加荒淫混乱，毫无休止。微子多次劝谏，他都不听，于是微子就和太师、少师商量，他们打算逃离殷国。比干说：“做臣子的，不能不以死相谏。”于是就极力劝谏。纣大怒，说：“我听说圣人的心有七个孔。”于是剖开比干的胸膛，挖出他的心来观看。箕子见了非常害怕，就假装疯癫去给人家当奴隶。纣又把他囚禁了起来。殷朝的太师、少师就拿着他们的祭器、乐器逃到周国。周武王认为时机已到，就率领诸侯讨伐殷纣。纣也派出军队在牧野进行抵抗。甲子日那天，纣的军队大败，纣仓皇逃进内城，登上鹿台，穿上他的宝玉衣,跳到火里自焚而死。周武王于是砍下他的头，悬挂在太白旗竿上示众。武王又杀死了妲己，释放了箕子，重新修缮了比干的坟墓，在商容居住的里巷立碑表彰。封纣的儿子武庚禄父，让他继承殷朝的祭祀，让他施行盘庚的德政，殷地的民众非常高兴。于是，周武王做了天子。因为后世贬低帝这个称号，所以称为王。封殷的后代为诸侯，从属于周朝。

周武王逝世，武庚和管叔、蔡叔发动叛乱，成王命周公诛杀他们，而把微子封在宋国，来延续殷的后代。

太史公曰：余以《颂》次契之事[①]，自成汤以来，采于《书》《诗》[②]。契为子姓，其后分封，以国为姓，有殷氏、来氏、宋氏、空桐氏、稚氏、北殷氏、目夷氏。孔子曰，殷路车为善[③]，而色尚白。

注释

①《颂》：指《诗经·商颂》。次：按顺序编排。

②《书》：指《尚书》。《诗》：指《诗经》。

③路车：殷朝天子及贵族所乘坐的车。因为没有周代的华丽，故而受到孔子的赞赏。

译文

太史公说：我根据《诗经》中的《商颂》来编排契的事迹，成汤以来的事迹则是采自《尚书》和《诗经》的内容。契姓子，他的后代被分封到各国，就用国名作为姓了，有殷氏、来氏、宋氏、空桐氏、稚氏、北殷氏、目夷氏等。孔子说过，殷人的路车很好，殷朝崇尚白色。

宋微子世家

题解

《宋微子世家》主要讲述了周代的诸侯国宋国的兴亡史，同时追述了宋建国之前的历史。周灭商、平定武庚叛乱之后，封商朝贵族微子启于宋，以奉商朝宗祀。文中记述了殷末“三仁”微子、箕子、比干的事迹，引入了箕子向周武王所阐述的治国方略，并按照时间顺序记述了宋国自建国至亡国的史实，记载了春秋战国时期的诸侯国间的多场战争和多次会盟，为我们了解春秋战国这一纷繁复杂的时代提供了宝贵材料。最后，作者引用孔子的话，表达了对“三仁”与宋襄公的赞赏。

微子开者[①]，殷帝乙之首子而帝纣之庶兄也。纣即立，不明，淫乱于政，微子数谏，纣不听。及祖伊以周西伯昌之修德，灭阢国，惧祸至，以告纣。纣曰：“我生不有命在天乎？是何能为[②]！”于是微子度纣终不可谏，欲死之，及去，未能自决，乃问于太师、少师曰：“殷不有治政，不治四方。我祖遂陈于上，纣沉湎于酒，妇人是用，乱败汤德于下。殷既小大好草窃奸宄，卿士师师非度，皆有罪辜，乃无维获，小民乃并兴，相为敌仇。今殷其典丧！若涉水无津涯。殷遂丧，越至于今。”曰：“太师、少师，我其发出往？吾家保于丧？今女无故告予，颠跻，如之何其？”太师若曰[3]：“王子，天笃下灾亡殷国，乃毋畏畏，不用老长。今殷民乃陋淫神祇之祀[4]。今诚得治国，国治身死不恨。为死，终不得治，不如去[5]。”遂亡[6]。

注释

①微子开：原名启，因避汉景帝刘启讳，故称开。

②是何能为：这又能怎么样。

③若：这样。

④神祇：天曰神，地曰祇。

⑤去：离去，离开。

⑥亡：逃亡，逃走。

译文

微子开是殷朝帝乙的长子，帝纣的庶兄。商纣即位后，昏庸不明，荒淫无道，朝政混乱，微子多次进谏，纣都不听。等到祖伊因为周西伯昌修行德政，灭了阢国后，害怕灾祸降临到殷朝，就把这事告诉给纣王。纣王说：“我生下来不就有了天命吗？这又能把我怎么样！”于是微子估计纣王无论如何是不能劝谏的，打算以死报国，或离开纣王，自己无法决定，就去向太师、少师询问说：“殷王朝没有修明的政治，不能治理四方。我们的祖先虽然已经在上世取得了很大的功业，但是现在纣王沉溺于酒色，唯妇人之言是从，扰乱败坏汤王的德政于后世。殷朝的大小臣民都好作奸犯科，大小官员也互相效仿，做非分之事，人人都有罪过，他们的爵禄也就无法维持下去，于是百姓纷纷群起效仿，互为仇敌。如今殷朝丧失国典，就好像乘船渡河找不到渡口。殷王朝如今就要灭亡了。”微子又说：“太师、少师，我是出走逃亡呢？还是留下来保护我们的殷朝免遭灭亡呢？现在你们如果没有办法指教我，使我陷于不义，那该怎么办呢？”太师这样说道：“王子啊，上天重重地降下灾祸要灭亡殷朝，纣王不畏上天的威严、不听从年长老者的意见。现在殷朝百姓竟然亵渎天地神灵的祭祀。现在如果能够治理好国家，国家治理好了，即使自己死了也不会有遗憾。如果即使死了，国家还是得不到治理，那就不如离去。”于是，微子逃离了殷朝。

箕子者，纣亲戚也。纣始为象箸[①]，箕子叹曰：“彼为象箸，必为玉杯；为杯，则必思远方珍怪之物而御之矣。舆马宫室之渐自此始，不可振也。”纣为淫泆，箕子谏，不听。人或曰：“可以去矣。”箕子曰：“为人臣谏不听而去，是彰君之恶而自说于民[②]，吾不忍为也。”乃被发详狂而为奴[③]。遂隐而鼓琴以自悲，故传之曰《箕子操》。

王子比干者，亦纣之亲戚也。见箕子谏不听

而为奴，则曰："君有过而不以死争[4]，则百姓何辜！"乃直言谏纣。纣怒曰："吾闻圣人之心有七窍，信有诸乎？"乃遂杀王子比干，刳视其心[5]。

微子曰："父子有骨肉，则臣主以义属。故父有过，子三谏不听[6]，而随而号之；人臣三谏不听，则其义可以去矣。"于是太师、少师乃劝微子去，遂行。

注释

①象箸：象牙筷子。

②说：通"悦"，取悦，使高兴。

③被：通"披"。详：通"佯"，假装。

④争：通"诤"，直言劝谏。

⑤刳 kū：剖开再挖空。

⑥三谏：多次劝谏。

译文

箕子是纣王的亲属。纣王开始制作象牙筷子时，箕子就叹息道："他制作象牙筷子，就一定要制作玉杯；制作玉杯，就一定想把远方珍贵奇特的东西占为己有，供自己享用。车马宫室的奢侈豪华逐渐就要从此开始，国家无法振兴了。"纣王荒淫无度，箕子劝谏，纣王不听。有人说："可以离去了。"箕子说："作为臣子劝谏君主，君主不听从就离去，这是张扬君主的恶行，自己取悦于百姓，我不忍心这么做。"于是箕子披头散发、假装发疯去做了奴隶。从此隐居弹琴来抒发自己内心的悲伤，所以他流传下来的曲子称为《箕子操》。

王子比干也是纣王的亲属。看到箕子劝谏，纣王不听，去做了奴隶，就说："君主有过失，不能以死直言劝谏，那么百姓有什么罪呢！"于是就直言进谏纣王。纣王大怒道："我听说圣人的心有七个窍，果真是这样吗？"于是就杀了王子比干，剖开胸膛来验看他的心。

微子说："父子间有骨肉之情，而君臣是以道义相连接的。所以父亲有过错，儿子多次劝谏不听，就应该随他而哀号；臣子如果多次劝谏，君主不听，那么从道义上讲，臣子就可以离开君主了。"于是，太师、少师就劝微子离去，微子就远离了。

周武王伐纣克殷，微子乃持其祭器造于军门①，肉袒面缚②，左牵羊，右把茅，膝行而前以告。于是武王乃释微子，复其位如故。

武王封纣子武庚禄父以续殷祀，使管叔、蔡叔傅相之。

注释

①造：赴，到。

②肉袒面缚：袒臂露肉，缚手于背后。

译文

周武王讨伐纣王，灭了殷朝，微子就拿着殷朝的祭器来到武王军门前。他袒臂露肉，双手绑在背后，左边的人牵着羊，右边的人拿着茅草，跪在地上前行，求告武王。于是武王就释放了微子，恢复了他原来的爵位。

武王封纣王的儿子武庚禄父来继承殷朝的祭祀，并派管叔、蔡叔辅佐他。

武王既克殷，访问箕子。

武王曰："於乎！维天阴定下民，相和其居，我不知其常伦所序。"

箕子对曰："在昔鲧堙鸿水[①]，汩陈其五行[②]，帝乃震怒，不从鸿范九等，常伦所斁[③]。鲧则殛死[④]，禹乃嗣兴。天乃锡禹鸿范九等，常伦所序。

"初一曰五行；二曰五事；三曰八政；四曰五纪；五曰皇极[⑤]；六曰三德；七曰稽疑；八曰庶征；九曰向用五福，畏用六极。

"五行：一曰水，二曰火，三曰木，四曰金，五曰土。水曰润下，火曰炎上，木曰曲直，金曰从革，土曰稼穑。润下作咸，炎上作苦，曲直作酸，从革作辛，稼穑作甘。

"五事：一曰貌，二曰言，三曰视，四曰听，五曰思。貌曰恭，言曰从，视曰明，听曰聪，思曰睿。恭作肃，从作治，明作智，聪作谋，睿作圣。

“八政：一曰食，二曰货，三曰祀，四曰司空，五曰司徒，六曰司寇，七曰宾，八曰师。

“五纪：一曰岁，二曰月，三曰日，四曰星辰，五曰历数。

“皇极：皇建其有极，敛时五福[⑥]，用傅锡其庶民[⑦]，维时其庶民于女极，锡女保极。凡厥庶民，毋有淫朋，人毋有比德，维皇作极。凡厥庶民，有猷有为有守[⑧]，女则念之。不协于极，不离于咎[⑨]，皇则受之。而安而色，曰予所好德，女则锡之福。时人斯其维皇之极。毋侮鳏寡而畏高明。人之有能有为，使羞其行，而国其昌。凡厥正人，既富方穀。女不能使有好于而家，时人斯其辜。于其毋好，女虽锡之福，其作女用咎[⑩]。毋偏毋颇，遵王之义。毋有作好，遵王之道。毋有作恶，遵王之路。毋偏毋党，王道荡荡。毋党毋偏，王道平平。毋反毋侧，王道正直。会其有极，归其有极。曰王极之傅言，是夷是训，于帝其顺。凡厥庶民，极之傅言，是顺是行，以近天子之光。曰天子作民父母，以为天下王。

“三德：一曰正直，二曰刚克，三曰柔克，平康正直，强不友刚克[⑪]，内友柔克，沉渐刚克，高明柔克。维辟作福，维辟作威，维辟玉食[⑫]。臣无有作福作威玉食。臣有作福作威玉食，其害于而家，凶于而国。人用侧颇辟，民用僭忒[⑬]。

“稽疑：择建立卜筮人。乃命卜筮，曰雨，

曰济[14]，曰涕[15]，曰雾，曰克[16]，曰贞[17]，曰悔[18]，凡七。卜五，占之用二，衍贠[19]。立时人为卜筮，三人占则从二人之言。女则有大疑，谋及女心，谋及卿士，谋及庶人，谋及卜筮。女则从，龟从，筮从，卿士从，庶民从，是之谓大同[20]，而身其康强，而子孙其逢吉。女则从，龟从，筮从，卿士逆，庶民逆，吉。卿士从，龟从，筮从，女则逆，庶民逆，吉。庶民从，龟从，筮从，女则逆，卿士逆，吉。女则从，龟从，筮逆，卿士逆，庶民逆，作内吉，作外凶。龟筮共违于人，用静吉，用作凶。

“庶征：曰雨，曰阳，曰奥，曰寒，曰风，曰时。五者来备，各以其序，庶草繁庑[21]。一极备，凶。一极亡[22]，凶。曰休征[23]：曰肃，时雨若；曰治，时旸若；曰知，时奥若；曰谋，时寒若；曰圣，时风若。曰咎征[24]：曰狂，常雨若；曰僭，常旸若；曰舒，常奥若；曰急，常寒若；曰雾，常风若。王眚维岁[25]，卿士维月，师尹维日。岁月日时毋易，百谷用成，治用明，畯民用章[26]，家用平康。日月岁时既易，百谷用不成，治用昏不明，畯民用微，家用不宁。庶民维星，星有好风，星有好雨。日月之行，有冬有夏。月之从星，则以风雨。

“五福：一曰寿，二曰富，三曰康宁，四曰攸好德，五曰考终命[27]。六极[28]：一曰凶短折，二曰疾，三曰忧，四曰贫，五曰恶，六曰弱。”

注释

①鸿：通“洪”。

②汩gǔ：扰乱。

③斁dù：败坏。

④殛：诛杀。

⑤皇极：君主的最高准则。

⑥时：通“是”，这。

⑦傅锡：广泛布施。

⑧猷yóu：谋划。

⑨离：通“罹”，遭受。

⑩咎：过错。

⑪友：驯顺。

⑫辟：君主。

⑬僭忒：不安本分，逾越常规。

⑭济：通“霁”，雨止后的云气。

⑮涕：连绵不绝的云。

⑯克：互相斗杀状。

⑰贞：占筮卦象的内卦。

⑱悔：占筮卦象的外卦。

⑲衍贷tè：推演变化。

⑳大同：大吉。

㉑庑：通“芜”，繁茂。

㉒亡：通“无”，不足，缺乏。

㉓休征：美好的征兆。

㉔咎征：凶恶的征兆。

㉕眚 shěng：过失。

㉖畯民：有才干的人。畯，通“俊”。

㉗考终命：年老善终。

㉘极：灾祸，困危。

译文

武王灭了殷朝后，就去访问箕子。

武王说：“唉！上天默默地安定下界百姓，使他们和睦相处，我却不知道那些安定百姓的常道伦理是如何制定的。”

箕子回答说：“从前，鲧堵塞洪水，扰乱了五行的秩序，上天于是大怒，不传授给他治国的九种大法，常道伦理于是被败坏。鲧就被诛杀了，禹于是继承鲧的事业而兴起。上天赐给禹九种天道大法，常道伦理因此有了秩序。

“这九种大法，第一叫作五行；第二叫作五事；第三叫作八政；第四叫作五纪；第五叫作皇极；第六叫作三德；第七叫作稽疑；第八叫作庶征；第九叫作任用五福，畏惧用六极。

“五行：一是水，二是火，三是木，四是金，五是土。水的常性是向下滋润，火的常性是向上燃烧，木的特性是可以弯曲变直，金的特性是可以销熔变形，土可耕种收获庄稼。向下滋润的水有咸味，向上燃烧的火有苦味，可弯曲变直的木有酸味，可以销熔变形的金有辣味，可以耕种收获庄稼的土有甜味。

“五事：一是态度，二是语言，三是视觉，四是听觉，五是思维。态度要恭敬，语言要和顺，视觉要敏锐，听觉要聪敏，思维要通达。态度恭敬就会严肃；语言和顺，国家就能治理；视觉敏锐，就能够明辨是非善恶；听觉聪敏，就能够善于谋断；思维通达，万事就能成功，成为圣人。

“八大政务：一是粮食生产，二是商业贸易，三是祭祀，四是建设，五是教育，六是司法，七是外交，八是军事。

“五种计时方法：一是年，二是月，三是日，四是星辰，五是历法。

“君主最高的准则：君主实施政教是要建立准则的，聚集五种幸福，普遍布施给万民，这样，万民就会遵从你的准则，天子也可以要求臣民遵守这些准则。凡是臣民，都不能私结朋党，人们不结成朋党，都将遵守天子所建立的最高准则。凡是臣民，有谋略，有作为，有操守，你就要重视录用他们。有时民众虽然不符合准则，但也没有犯罪，君主就要大度地包容他们。假如有人谦恭地说“我喜欢美德”，你就赐给他福禄。这样一来，人们就会遵守你的准则了。不要欺侮那些无依无靠的人，而畏惧高贵显赫的人。对有才能有作为的人，要让他们施展才能，国家就能繁荣昌盛。凡是正直的人，既要给他爵位又要给他俸禄。假如你不能使臣下为国家作出贡献，这些人就要责怪你。对于那些没有好的德行的人，你即使赏赐给他爵禄，他对国家也没有什么好处。你不要有所偏颇，要遵循先王的法则。你不要有个人的偏好，要遵循先王的正道。你不要作恶，要遵循先王的正路。你不要偏私，不要结交朋党，圣王的道路是宽广的。你不要结党，不要偏私，圣王的道路是平坦的。你不要逆反，不要倾斜，圣王的道路是正直的。君主要会集遵循准则办事的人，那么，臣民们就都能归向你的原则。以上所说的天子宣布的最高准则，要广泛宣传，训导百姓，这才符合上帝的意旨。凡是臣民，都要遵守和宣传天子的最高准则，按照这个准则行事，算是亲附天子了。所以说，天子作为民众的父母，是天下民众拥戴的君主。

“治民的三大德行：一是端正则能平直，二是刚强则能取胜，三是柔和则能取胜。对平正康和的人就要以正直的方式对待他，对倔强不友好的人就要用刚强的态度对待他，对友好的人就要用柔和的方式对待他。对乱臣贼子要强硬，对高明君子就要柔和。只有君主才可以赐爵禄于人，只有君主才可以加刑于人，只有君主才能享用美食。臣子无权赐爵禄于人、加刑于人、享用美食。如果臣子能赐人爵禄、加刑于人、享用美食，那么既会危害王室，又会给国家带来灾祸。人们就会因此走上邪路，百姓就会因此不安本分。

“解决疑难的办法：选择任用善于卜筮的人。命令他们进行卜筮，兆形有的像雨，有的像雨后的云气，有的像连绵不绝的云气，有的像雾，有的互相攻杀，有的明正，有的隐晦，龟兆和卦象共七种。其中前五种用龟甲占卜，后两种用蓍草占卜，对兆卦的变化要推演研究。

设置懂兆卦的人为卜筮之人，如果三个人占卜，就听信两个相同的人的结果。你如果遇到重大的疑难问题，就要先在内心考虑，然后与卿士商量，与民众商量，最后用卜筮来决断。你自己赞成，龟卜赞成，筮卜赞成，卿士赞成，民众赞成，这就叫大同，你的身体就一定会健康强壮，子孙也会大吉大利。你自己赞成，龟卜赞成，筮卜赞成，卿士反对，民众反对，这就是吉利。卿士赞成，龟卜赞成，筮卜赞成，而你反对，民众反对，这也是吉利。民众赞成，龟卜赞成，筮卜赞成，而你反对，卿士反对，这还是吉利。你赞成，龟卜赞成，筮卜反对，卿士反对，民众反对，在国境内办事就会吉利，在国境外办事就有凶险。龟卜、筮卜都与人们的意见相违背，安静守常就会吉利，有所行动就会凶险。

“各种征兆：或是下雨，或是晴天，或是暖和，或是寒冷，或是刮风，这五种气象都要符合时令。五种气象都具备，并按照各自的次序出现，那么各种草木都会生长繁茂。一种气象出现过多，收成就会不好。一种气象出现不足，收成也会不好。所谓的美好的征兆是：天子恭敬严肃，上天就按时下雨；天子处理好政务，阳光就会普照大地；天子聪明，温暖就会按时到来；天子深谋远虑，寒冷就会应时而至；天子通达，风就会按时刮过。所谓的凶恶的征兆是：天子狂妄，就会雨水不停；天子僭越犯错，上天就会久晴不雨；天子安逸享乐，天就会长期炎热；天子暴虐急躁，天就会长期寒冷；天子昏暗不明，天就会刮风不止。天子决策有过失，就会影响一年。

卿士管理有过失，就会影响一月，官吏办事有过失，就会影响一天。年、月、日都正常，庄稼就会丰收，政治就会修明，贤能的人就会得到重用，国家就会太平康宁。年、月、日出现了异常，庄稼就没有好收成，政治就会昏暗，贤能的人就会被埋没，国家就会动荡不安。百姓就像是天上的星辰，有的星辰喜欢风，有的星辰喜欢雨。日月运行，便有了冬天和夏天。月亮如果顺从星辰的运行，就会按照星辰的喜好刮风下雨。

“五种幸福：一是长寿，二是富有，三是平安健康，四是有美德，五是年老善终。六种灾祸：一是早死，二是多病，三是忧愁，四是贫穷，五是丑陋，六是懦弱。”

于是武王乃封箕子于朝鲜而不臣也。

其后箕子朝周，过故殷虚[①]，感宫室毁坏，生禾黍，箕子伤之，欲哭则不可，欲泣为其近妇人，乃作《麦秀》之诗以歌咏之。其诗曰：“麦秀渐渐兮[②]，禾黍油油[③]。彼狡僮兮，不与我好兮！”所谓狡僮者，纣也。殷民闻之，皆为流涕。

注释

①殷虚：殷朝故都朝歌。虚，通“墟”。

②渐渐：麦芒尖尖的形状。

③油油：禾苗绿油油的光泽状。

译文

武王听完箕子的陈述，就把箕子封在朝鲜，不把他当做臣子看待。

后来，箕子朝见周王，经过殷朝的故都殷墟，感慨于宫室毁坏、禾苗丛生，箕子内心悲伤，想大哭一场，又觉得不可以，想小声哭泣，又觉得像个妇人，于是作了一首《麦秀》诗来抒发内心的感怀。这首诗说："麦芒尖尖啊，禾苗绿油油。那个狡猾的孩童啊，不跟我友好！"所说的狡猾的孩童，是指纣王。殷朝的遗民听到这首诗，都为此而伤心流泪。

武王崩，成王少，周公旦代行政当国[①]。管、蔡疑之，乃与武庚作乱，欲袭成王、周公。周公既承成王命诛武庚，杀管叔，放蔡叔，乃命微子开代殷后，奉其先祀，作《微子之命》以申之[②]，国于宋。微子故能仁贤，乃代武庚，故殷之余民甚戴爱之。

微子开卒，立其弟衍，是为微仲。微仲卒，子宋公稽立。宋公稽卒，子丁公申立。丁公申卒，子湣公共立。湣公共卒，弟炀公熙立。炀公即位，湣公子鲋祀弑炀公而自立，曰"我当立"，是为厉公。厉公卒，子釐公举立。

釐公十七年，周厉王出奔彘。

二十八年，釐公卒，子惠公𫔎立。惠公四年，周宣王即位。三十年，惠公卒，子哀公立。哀公元年卒，子戴公立。

戴公二十九年，周幽王为犬戎所杀，秦始列为诸侯。

三十四年，戴公卒，子武公司空立。武公生女为鲁惠公夫人，生鲁桓公。十八年，武公卒，子宣公力立。

注释

①当国：执掌国家政权。

②《微子之命》：《尚书》中的一篇。主要内容是周成王申诫微子要顺服周朝。

译文

武王去世后，成王还年幼，周公旦代理行政执掌国家政权。管叔、蔡叔怀疑周公旦，就与武庚作乱，想袭击成王、周公。周公奉成王的命令诛灭了武庚，杀死了管叔，放逐了蔡叔，于是命微子开代替武庚为殷朝后嗣，供奉殷朝祖先的祭祀，作《微子之命》来申诫他，在宋地建国。微子本来就仁义贤能，于是代替武庚，所以殷朝的遗民都非常拥戴他。

微子开去世，立他的弟弟衍为国君，这就是微仲。微仲去世，儿子宋公稽即位。宋公稽去世，儿子丁公申即位。丁公申去世，儿子湣公共即位。湣公共去世，弟弟炀公熙即位。炀公即位后，湣公的儿子鲋祀杀死炀公而自立为国君，说："我应当即位。"这就是厉公。厉公去世，儿子釐公举即位。

釐公十七年，周厉王出逃到彘。

二十八年，釐公去世，儿子惠公𫐐即位。惠公四年，周宣王即位。三十年，惠公去世，子哀公即位。哀公在元年去世，子戴公即位。

戴公二十九年，周幽王被犬戎所杀，秦国开始被列为诸侯。

三十四年，戴公去世，儿子武公司空即位。武公生的一个女儿做了鲁惠公的夫人，生了鲁桓公。十八年，武公去世，儿子宣公力即位。

宣公有太子与夷。十九年，宣公病，让其弟和，曰："父死子继，兄死弟及，天下通义也。我其立和。"和亦三让而受之。宣公卒，弟和立，是为穆公。

穆公九年，病，召大司马孔父谓曰："先君宣公舍太子与夷而立我，我不敢忘。我死，必立与夷也。"孔父曰："群臣皆愿立公子冯。"穆公曰："毋立冯，吾不可以负宣公。"于是穆公使冯出居于郑。八月庚辰，穆公卒，兄宣公子与夷立，是为殇公。君子闻之，曰："宋宣公可谓知人矣，立其弟以成义，然卒其子复享之。"

殇公元年，卫公子州吁弑其君完自立，欲得诸侯，使告于宋曰："冯在郑，必为乱，可与我伐之。"宋许之，与伐郑，至东门而还。二年，郑伐宋，以报东门之役。其后诸侯数来侵伐。

九年，大司马孔父嘉妻好，出，道遇太宰华督，督说，目而观之[①]。督利孔父妻[②]，乃使人宣言国中曰："殇公即位十年耳，而十一战[③]，民苦不堪，皆孔父为之，我且杀孔父以宁民。"是岁，鲁弑其君隐公。十年，华督攻杀孔父，取其妻[④]。殇公怒，遂弑殇公，而迎穆公子冯于郑而立之，是为庄公。

注释

①目而观之：目不转睛地看。

②利：贪图。

③十一战：据裴骃《集解》，分别为：一战，伐郑，围其东门；二战，取其禾；三战，取邾田；四战，邾郑伐宋，入其郛；五战，伐郑，围长葛；六战，郑以王命伐宋；七战，鲁败宋师于菅；八战，宋、卫入郑；九战，伐戴；十战，郑入宋；十一战，郑伯以虢师大败宋。

④取：通"娶"。

译文

宣公的太子名叫与夷。十九年，宣公病重，要把君位让给他的弟弟和，说："父亲死了儿子继位，哥哥死了弟弟继位，是天下的通义。我要立和为国君。"和再三推让才接受。宣公去世，弟弟和即位，这就是穆公。

穆公九年，病重，召见大司马孔父，对他说："先君宣公舍弃太子与夷而立我为国君。我不敢忘怀。我死了，一定立与夷为国君。”孔父说：“大臣们都愿意立公子冯为君！”穆公说：“不要立冯，我不可以辜负宣公。”于是穆公派冯出使郑国并居住在那里。八月庚辰日，穆公去世，哥哥宣公的儿子与夷即位，这就是殇公。君子听到这件事后说：“宋宣公可算是知人了，立自己的弟弟为国君来保全道义，然而最终自己的儿子还是又享有了君位。”

殇公元年，卫公子州吁杀死了他的国君完，自立为君主，想得到诸侯的支持，派人告诉宋国说：“公子冯在郑国，一定是后患，你可以和我一起讨伐他。”宋君答应了，和卫一同攻打郑国，到了郑国东门就退兵了。第二年，郑国讨伐宋国，报复那次战役。从那以后，诸侯多次侵伐宋国。

九年，大司马孔父嘉的妻子很美貌，她一次外出，在路上遇到了太宰华督，华督很喜欢她，目不转睛地盯着她看。华督贪图孔父的妻子，就让人在国都中扬言说：“殇公即位十年，却打了十一次仗，百姓苦不堪言，这都是孔父造成的，我要杀死孔父来安定民众。”这年，鲁国人杀死了他们的国君隐公。十年，华督进攻杀死了孔父，强娶了他的妻子。殇公发怒，于是华督又杀死了殇公，而从郑国迎回穆公的儿子冯并立他为国君，这就是庄公。

庄公元年，华督为相。九年，执郑之祭仲，要以立突为郑君。祭仲许，竟立突。十九年，庄公卒，子湣公捷立。

湣公七年，齐桓公即位。九年，宋水，鲁使臧文仲往吊水[①]。湣公自罪曰："寡人以不能事鬼神，政不修，故水。"臧文仲善此言。此言乃公子子鱼教湣公也。

十年夏，宋伐鲁，战于乘丘，鲁生虏宋南宫万。宋人请万，万归宋。十一年秋，湣公与南宫万猎，因博争行[②]，湣公怒，辱之，曰："始吾敬若；今若，鲁虏也。"万有力，病此言[③]，遂以局杀湣公于蒙泽[④]。大夫仇牧闻之，以兵造公门[⑤]，万搏牧，牧齿著门阖死[⑥]。因杀太宰华督，乃更立公子游为君。诸公子奔萧，公子御说奔亳。万弟南宫牛将兵围亳。冬，萧及宋之诸公子共击杀南宫牛，弑宋新君游而立湣公弟御说，是为桓公。宋万奔陈。宋人请以赂陈。陈人使妇人饮之醇酒，以革裹之，归宋。宋人醢万也[⑦]。

注释

①吊水：慰问遭遇水灾的地方。

②博：博弈，下棋。

③病：痛恨。

④局：棋盘。

⑤造：到，往。

⑥阖：门扇。

⑦醢 hǎi：剁成肉酱。

译文

庄公元年，华督为国相。九年，逮捕了郑国的祭仲，要挟他立突为郑国国君。祭仲答应了，终于立突为国君。十九年，庄公去世，儿子湣公捷即位。

湣公七年，齐桓公即位。九年，宋国发生水灾，鲁国派臧文仲到宋国去慰问。湣公自责说："我因为不能侍奉鬼神，政治不修明，所以发生了水灾。"臧文仲很赞赏他的话。这些话是公子子鱼教给湣公的。

十年夏天，宋国攻打鲁国，在乘丘作战，鲁国活捉了宋国南宫万。宋人请求释放南宫万，南宫万回归宋国。十一年秋天，湣公与南宫万狩猎，因为下棋而争道，湣公很生气，侮辱他说："当初我敬重你，现在，你不过是鲁国的一个俘虏。"南宫万很有气力，痛恨湣公这样说，于是用棋盘把湣公杀死在蒙泽。大夫仇牧听说这件事，带着兵器来到湣公的宫门。南宫万迎击仇牧，仇牧的牙齿撞到门扇上死了。南宫万趁机杀死太宰华督，就改立公子游为国君。各位公子逃奔到萧邑，公子御说逃奔到亳邑。南宫万的弟弟南宫牛率军队包围了亳邑。冬天，萧邑人和宋国的公子们联合击杀了南宫牛，杀死新立的国君公子游，而立湣公的弟弟御说，这就是桓公。南宫万逃奔到陈国。宋国人贿赂了陈国。陈国人派妇人用醇酒灌醉了南宫万，用皮革把他包裹起来，把他送回了宋国。宋国人把南宫万剁成了肉酱。

桓公二年，诸侯伐宋，至郊而去。三年，齐桓公始霸。二十三年，迎卫公子毁于齐，立之，是为卫文公。文公女弟为桓公夫人[①]。秦穆公即位。三十年，桓公病，太子兹甫让其庶兄目夷为嗣[②]。桓公义太子意，竟不听。三十一年春，桓公卒，太子兹甫立，是为襄公。以其庶兄目夷为相。未葬，而齐桓公会诸侯于葵丘，襄公往会。

襄公七年，宋地霣星如雨，与雨偕下；六鹢退蜚[③]，风疾也。

八年，齐桓公卒，宋欲为盟会。十二年春，宋襄公为鹿上之盟，以求诸侯于楚，楚人许之。公子目夷谏曰："小国争盟，祸也。"不听。秋，诸侯会宋公盟于盂。目夷曰："祸其在此乎？君欲已甚，何以堪之！"于是楚执宋襄公以伐宋。冬，会于亳，以释宋公。子鱼曰："祸犹未也。"十三年夏，宋伐郑。子鱼曰："祸在此矣。"秋，楚伐宋以救郑。襄公将战，子鱼谏曰："天之弃商久矣，不可。"冬，十一月，襄公与楚成王战于泓。楚人未济，目夷曰："彼众我寡，及其未济击之。"公不听。已济未陈，又曰："可击。"公曰："待其已陈。"陈成，宋人击之。宋师大败，襄公伤股。国人皆怨公。公曰："君子不困人于厄，不鼓不成列[④]。"子鱼曰："兵以胜为功，何常言与！必如公言，即奴事之耳，又何战为？”

楚成王已救郑，郑享之⑤；去而取郑二姬以归。叔瞻曰：“成王无礼，其不没乎？为礼卒于无别，有以知其不遂霸也。”

是年，晋公子重耳过宋，襄公以伤于楚，欲得晋援，厚礼重耳，以马二十乘。

十四年夏，襄公病伤于泓而竟卒，子成公王臣立。

注释

①女弟：妹妹。

②目夷：即子鱼。

③蜚：通“飞”。

④不鼓不成列：不攻击未排成阵势的敌人。

⑤享：通“飨”，用酒食招待。

译文

桓公二年，诸侯讨伐宋国，到了国都郊外就撤退了。三年，齐桓公开始称霸。二十三年，卫国人从齐国迎回了卫公子毁，立他为国君，这就是卫文公。卫文公的妹妹是宋桓公的夫人。同一年，秦穆公即位。三十年，桓公病重，太子兹甫谦让他的庶兄目夷继承君位。桓公认为太子的意愿合乎道义，但最终没有同意。三十一年春，桓公去世，太子兹甫即位，这就是宋襄公。襄公让他的庶兄目夷做国相。桓公还没有下葬，齐桓公就在葵丘会合各国诸侯，襄公前去赴会。

襄公七年，宋地上空星落如雨，和雨一起降落，六只鹢倒退着飞行，因为风力太大了。

八年，齐桓公去世，宋国想主持诸侯盟会。十二年春天，宋襄公在鹿上召集盟会，请求楚国出面邀请各国诸侯，楚国答应了。公子目夷劝谏说："小国争当盟主，这是灾祸。"襄公不听劝告。秋天，各国诸侯在盂与宋襄公会盟。目夷说："灾祸大概就在这件事上吧？国君的欲望太过分了，大国怎么能受得了呢！"果然，在这次盟会上，楚国拘捕了宋襄公，起兵讨伐宋国。冬天，诸侯在亳会盟，释放了宋襄公。子鱼说："灾祸还没结束呢。"十三年夏天，宋国讨伐郑国。子鱼说："灾祸就在这里了。"秋天，楚国讨伐宋国，以解救郑国。襄公要与楚国交战。子鱼劝谏说："上天抛弃商已经很久了，不可以开战。"冬天，十一月，襄公与楚成王在泓水边交战。楚军没有全部渡完河时，目夷说："敌众我寡，要趁他们还没有完全渡过河时攻打他们。"襄公不听。楚军全部渡完河，还没有摆成阵势时，目夷又说："可以出击了。"襄公说："等他们摆好阵势再打。"楚军摆好阵势，宋军才开始攻击。结果宋军大败，襄公大腿受伤。宋国人都埋怨襄公。襄公说："君子不在别人处于险隘之地时困窘他，不攻击未摆好阵势的军队。"子鱼说："军队以打了胜仗为功劳，何必讲究那些庸俗的道理！一定按照您所说的，就去当奴隶服侍别人算了，又何必跟他打仗呢？"

楚成王已经解救了郑国，郑国设宴款待他。成王离开的时候，娶了郑君的两个女儿带回到楚国。叔瞻说："楚成王如此无礼，恐怕不能寿终正寝吧？行礼终于内外无别，从这件事就可以知道他不能成就霸业了。"

这一年，晋公子重耳经过宋国，襄公因为被楚军打伤，想得到晋国的援助，于是用厚礼接待了重耳，赠送给他八十匹马。

十四年夏天，襄公因在泓之战受伤，终于病重去世，儿子成公王臣即位。

成公元年，晋文公即位。三年，倍楚盟亲晋[①]，以有德于文公也。四年，楚成王伐宋，宋告急于晋。五年，晋文公救宋，楚兵去。九年，晋文公卒。十一年，楚太子商臣弑其父成王代立。十六年，秦穆公卒。

十七年，成公卒。成公弟御杀太子及大司马公孙固而自立为君。宋人共杀君御而立成公少子杵臼，是为昭公。

昭公四年，宋败长翟缘斯于长丘。七年，楚庄王即位。

九年，昭公无道，国人不附。昭公弟鲍革贤而下士。先，襄公夫人欲通于公子鲍[②]，不可[③]，乃助之施于国，因大夫华元为右师。昭公出猎，夫人王姬使卫伯攻杀昭公杵臼。弟鲍革立，是为文公。

注释

①倍：通“背”，背叛，背弃。

②襄公夫人：周襄王的姐姐王姬。

③不可：公子鲍不肯。

译文

成公元年，晋文公即位。三年，宋国背弃与楚国所缔结的盟约，而与晋友好，因为宋国曾对晋文公有过恩德。四年，楚成王讨伐宋国，宋国向晋国紧急求救。五年，晋文公救援宋国，楚军退兵。九年，晋文公去世。十一年，楚太子商臣杀死他的父亲成王，取而代之，自立为国君。十六年，秦穆公去世。

十七年，成公去世。成公的弟弟御杀死太子和大司马公孙固，自立为国君。宋国人杀死国君御，拥立成公的小儿子杵臼为国君，这就是昭公。

昭公四年，宋国在长丘打败了长翟缘斯。七年，楚庄王即位。

九年，昭公暴虐无道，百姓都不拥戴他。昭公的弟弟鲍革很贤明，又能礼贤下士。早先，襄公夫人想跟公子鲍私通，公子鲍不肯，襄公夫人于是就帮助他布施恩惠于国人，因为大夫华元的关系，公子鲍作了右师。昭公出外打猎的时候，夫人王姬派卫伯杀死昭公杵臼。昭公的弟弟鲍革即位，这就是文公。

文公元年，晋率诸侯伐宋，责以弑君。闻文公定立，乃去。二年，昭公子因文公母弟须与武、缪、戴、庄、桓之族为乱，文公尽诛之，出武、缪之族[①]。

四年春，楚命郑伐宋。宋使华元将，郑败宋，囚华元。华元之将战，杀羊以食士[②]，其御羊羹不及[③]，故怨，驰入郑军，故宋师败，得囚华元。宋以兵车百乘文马四百匹赎华元。未尽入，华元亡归宋。

十四年，楚庄王围郑。郑伯降楚，楚复释之。

十六年，楚使过宋，宋有前仇，执楚使。九月，楚庄王围宋。十七年，楚以围宋五月不解，宋城中急，无食，华元乃夜私见楚将子反。子反告庄王。王问："城中何如？"曰："析骨而炊，易子而食[④]。"庄王曰："诚哉言！我军亦有二日粮。"以信故，遂罢兵去。

二十二年，文公卒，子共公瑕立。始厚葬。君子讥华元不臣矣。

注释

①出：驱逐，赶走。

②食士：犒赏士兵。

③御：车夫。

④析骨而炊，易子而食：把人骨劈开当柴烧，和别人互换孩子吃掉。

译文

文公元年，晋国率领诸侯讨伐宋国，谴责他们杀死国君的行为。听说文公已经稳定局势，被立为国君，就退兵了。二年，昭公的儿子凭借文公的同母弟弟须的关系，联合武公、缪公、戴公、庄公、桓公的后代一起作乱，文公把他们全部诛杀了，驱逐了武公、缪公的后代。

四年春天，楚国命令郑国讨伐宋国。宋国派华元为统帅，郑国打败了宋国，囚禁了华元。华元在将要出战时，杀羊犒劳士兵，他的车夫没有吃到羊羹，所以怨恨在心，驾着车奔入郑国军中，所以宋国军队失败了，郑人囚禁了华元。宋国用一百辆兵车、四百匹装饰好的马来赎回华元。这些东西还没有全部送到楚国，华元就已经逃回宋国了。

十四年，楚庄王围攻郑国。郑伯投降了楚国，楚国又释放了他。

十六年，楚国的使者经过宋国，宋国因为与楚国有前仇，就逮捕了楚国使者。九月，楚庄王围攻宋国都城。十七年，楚国包围宋国都五个月之久仍不撤兵，宋国都城内形势危急，没有粮食，华元就在夜里私自去见楚国将领子反。子反报告了楚庄王。庄王问："城中怎么样？"华元回答说："都城内的人把人骨劈开作柴烧，互换子女吃掉。"庄王说："这是真话呀！我军也只有两天的粮食了。"楚国由于讲求信义的缘故，就撤兵离开了。

二十二年，文公去世，儿子共公瑕即位。开始实行厚葬。君子讥讽华元做事不合大臣的规矩。

共公十年，华元善楚将子重，又善晋将栾书，两盟晋楚。十三年，共公卒。华元为右师，鱼石为左师。司马唐山攻杀太子肥，欲杀华元，华元奔晋，鱼石止之，至河乃还，诛唐山。乃立共公少子成，是为平公。

平公三年，楚共王拔宋之彭城，以封宋左师鱼石。四年，诸侯共诛鱼石，而归彭城于宋。三十五年，楚公子围弑其君自立，为灵王。四十四年，平公卒，子元公佐立。

元公三年，楚公子弃疾弑灵王，自立为平王。八年，宋火。十年，元公毋信①，诈杀诸公子，大夫华、向氏作乱。楚平王太子建来奔，见诸华氏相攻乱，建去如郑。十五年，元公为鲁昭公避季氏居外，为之求入鲁，行道卒②，子景公头曼立。

注释

①毋信：不讲信用。

②行道卒：宋元公死于为助鲁昭公而奔走的途中。

译文

共公十年，华元与楚将子重很要好，与晋将栾书也很友好，因此与晋国、楚国都结了盟。十三年，共公去世。

华元为右师，鱼石为左师。司马唐山攻杀太子肥，打算杀死华元，华元逃亡到晋国，鱼石阻止了他，到了黄河边就返回来了，杀死了唐山。于是，立共公的小儿子成为国君，这就是平公。

平公三年，楚共王攻下宋国的彭城，把彭城封给宋国的左师鱼石。四年，诸侯共同杀死了鱼石，而把彭城还给了宋国。三十五年，楚公子围杀死了他的国君，自立为君，这就是灵王。四十四年，平公去世，儿子元公佐即位。

元公三年，楚公子弃疾杀死灵王，自立为平王。八年，宋都发生大火灾。十年，元公不讲信用，用欺诈的手段杀死诸公子。大夫华氏、向氏作乱。楚平王太子建来投奔宋国，看见华氏族人互相攻伐作乱，就离开宋国到郑国去了。十五年，元公因为见鲁昭公为躲避季氏而居住在外，就为了让他能回到鲁国而替他四处求情，死在了半路上，儿子景公头曼即位。

景公十六年，鲁阳虎来奔，已复去。二十五年，孔子过宋[①]，宋司马桓魋恶之，欲杀孔子，孔子微服去[②]。三十年，曹倍宋，又倍晋，宋伐曹，晋不救，遂灭曹有之。三十六年，齐田常弑简公。

三十七年，楚惠王灭陈。荧惑守心[③]。心，宋之分野也[④]。景公忧之。司星子韦曰："可移于相。"景公曰："相，吾之股肱。"曰："可移于民。"

景公曰："君者待民。"曰："可移于岁。"景公曰："岁饥民困，吾谁为君！"子韦曰："天高听卑，君有君人之言三，荧惑宜有动。"于是候之[5]，果徙三度[6]。

六十四年，景公卒。宋公子特攻杀太子而自立[7]，是为昭公。昭公者，元公之曾庶孙也。昭公父公孙纠，纠父公子褍秦，褍秦即元公少子也。景公杀昭公父纠，故昭公怨杀太子而自立。

注释

①孔子过宋：事在宋景公二十二年。

②微服：帝王、官吏为隐藏身份而改穿平民的衣服。

③荧惑：即火星。守：一星侵占另一星的位置。

④心，宋之分野也：我国古代将星空中的二十八星宿与地面上的各国相比对。宋国与心宿相对应。

⑤候：观察。

⑥果徙三度：火星果然移动了三度，不到心宿的位置去了。

⑦公子特：应为"公子得"。

译文

景公十六年，鲁国阳虎前来投奔宋国，不久又离开了。二十五年，孔子经过宋国，宋国司马桓魋讨厌孔子，想杀死他，孔子换上平民的衣服离开了。三十年，曹国背叛宋国，又背叛晋国，宋国攻打曹国，晋国没有去救援，于是宋国灭掉了曹国，占据了它的土地。三十六年，齐国田常杀死了国君简公。

三十七年，楚惠王灭掉了陈国，同年火星侵占了心宿。心宿是宋国的分野，景公为此事十分担忧。司星子韦说："可以把灾祸转移到国相身上。"景公说："不行，国相如同是我的手足。"子韦说："可以把灾祸转移到百姓身上。"景公说："也不行，国君要依靠的就是百姓。"子韦说："可以把灾祸转移到年成上。"景公说："更不行，年岁饥荒，百姓贫困，我还做谁的国君呢！"子韦说："上天虽然高远，但是却能听到下界最细微的事情。您有这三句作为国君应该说的话，火星应当有所移动。"于是仔细观察了一段时间，火星果然移动了三度。

六十四年，景公去世。宋公子特攻杀太子而自立为国君，这就是昭公。昭公是元公的曾庶孙。昭公的父亲是公孙纠，纠的父亲是公子褍秦，褍秦就是元公的小儿子。景公杀死昭公的父亲公孙纠，所以昭公怨恨在心，就杀死了太子而自立为国君。

昭公四十七年卒，子悼公购由立。悼公八年卒，子休公田立。休公田二十三年卒，子辟公辟兵立。辟公三年卒，子剔成立。剔成四十一年，剔成弟偃攻袭剔成，剔成败奔齐，偃自立为宋君。

君偃十一年，自立为王。东败齐，取五城，南败楚，取地三百里；西败魏军，乃与齐、魏为敌国。盛血以韦囊，县而射之[①]，命曰“射天”。淫于酒、妇人。群臣谏者辄射之。于是诸侯皆曰“桀宋”。“宋其复为纣所为，不可不诛。”告齐伐宋。王偃立四十七年[②]。齐湣王与魏、楚伐宋[③]，杀王偃，遂灭宋而三分其地。

注释

①县：通“悬”。

②王偃立四十七年：据《史记·六国年表》，偃在位应为四十三年。

③齐湣王与魏、楚伐宋：宋亡于齐、魏、楚三国之说只此一处，《六国年表》及各《世家》皆言齐湣王灭宋。

译文

昭公在位四十七年去世，儿子悼公购由即位。悼公在位八年去世，儿子休公田即位。休公田在位二十三年去世，儿子辟公辟兵即位。辟公在位三年去世，儿子剔成即位。剔成在位四十一年，他的弟弟偃攻袭他，剔成失败，逃到齐国，偃自立为宋国国君。

君偃十一年，自号为王。在东面打败齐国，夺取了五座城池；在南面打败楚国，夺取了三百里土地；在西面打败魏国，于是和齐国、魏国结成敌国。君偃用皮袋盛血，悬挂起来用箭射它，称为“射天”。君偃沉湎于酒色。群臣中有进言劝谏的，君偃就射死他。于是诸侯们都称他为“桀宋”，说：“宋君偃又犯了他的先祖商纣王的罪行，不可不杀。”诸侯求告齐国讨伐宋国。宋王偃即位四十七年，齐湣王与魏国、楚国一起讨伐宋国，杀死了宋王偃，灭亡了宋国，瓜分了宋国的土地。

太史公曰：孔子称“微子去之，箕子为之奴，比干谏而死，殷有三仁焉”[①]。《春秋》讥宋之乱自宣公废太子而立弟，国以不宁者十世。襄公之时，修行仁义，欲为盟主。其大夫正考父美之[②]，故追道契、汤、高宗，殷所以兴，作《商颂》。襄公既败于泓，而君子或以为多[③]，伤中国阙礼义[④]，褒之也，宋襄之有礼让也。

注释

①孔子称：见《论语·微子》。

②正考父：宋国大夫，孔子的祖先。

③多：赞美，称道。

④中国：中原国家。

译文

太史公说：孔子说“微子离开商朝，箕子成为奴隶，比干进谏而被杀，殷朝有三位仁人”。《春秋》讥讽宋国的动乱是从宣公废太子而立他的弟弟为国君开始的，国家因此不得安宁长达十代。襄公时，修行仁义，想做盟主。他的大夫正考父赞美他，所以追述契、汤、高宗的功绩和殷朝兴盛的原因，写了《商颂》。襄公在泓水吃了败仗之后，还有君子认为他值得称赞，他们伤感于中原地区的国家缺少礼义，所以赞扬他，因为宋襄公具有礼让的精神。

越王句践世家

题解

越国是春秋战国时期位于我国东南方的诸侯国，是春秋末年在今浙江一带兴起的少数民族国家，与北面相邻的吴国经常发生争斗。《越王句践世家》是以越王句践为中心的整个越国的兴衰史，前一部分重点记述了吴越之间的争霸战争，特别是越王句践被吴王夫差所败之后，在范蠡、文种等人的辅佐下，卧薪尝胆，终于复国灭吴的历史过程。表现了句践在国破家亡的情况下，能够艰苦奋斗、忍辱发愤，并且能够虚心听取谋臣们的意见的品质，卧薪尝胆成为我国古代优良的传统文化精神。

文章的后一部分主要叙述了范蠡在辅助越王句践灭吴之后，功成身退的经历，故事生动有趣，但富有戏剧性。范蠡隐退，文种被杀，揭露了句践残忍的一面。文中说越王句践是夏禹的后代，而夏禹是黄帝之后，也就是说越王句践亦是黄帝后裔，表现了司马迁华夷同源共祖的民族观念。

越王句践，其先禹之苗裔，而夏后帝少康之庶子也。封于会稽①，以奉守禹之祀。文身断发②，披草莱而邑焉③。后二十余世，至于允常。允常之时，与吴王阖庐战而相怨伐。允常卒，子句践立，是为越王。

注释

①会稽：古地名，在今浙江省绍兴市。

②文身断发：南方某些少数民族的习俗，在身上刺花纹，剪短头发。

③披草莱而邑：意思是开辟荒原，兴建城郭。披，开辟。莱，野草。

译文

越王句践，他的祖先是夏禹的后代，是夏朝帝少康的妃妾所生的庶子。被封在会稽，来供奉看守夏禹的祭祀。他们身上刺有花纹，剪短头发，开荒辟原，修建城邑。传了二十多代后，到了允常。允常在位的时候，与吴王阖庐作战而结下了怨仇，互相攻伐。允常死后，儿子句践即位，这就是越王。

元年，吴王阖庐闻允常死，乃兴师伐越。越王句践使死士挑战[①]，三行[②]，至吴陈[③]，呼而自刭[④]。吴师观之，越因袭击吴师，吴败于槜李[⑤]，射伤吴王阖庐，阖庐且死，告其子夫差曰："必毋忘越。"

注释

①死士：敢死队。

②三行：排成三行。

③陈：通“阵”，军阵。

④自到：自己割断脖子而自杀。

⑤槜李：地名，在今浙江省嘉兴市西南，当时为越所有。

译文

越王句践元年，吴王阖庐听说允常死了，就起兵讨伐越国。越王句践派遣敢死队去向吴军挑战，他们排成三行，冲入吴军阵前，呼喊着自刎而死。吴国的军队看得目瞪口呆，越军趁机袭击了吴军，吴军在槜李被打败，吴王阖庐被射伤了。阖庐快要死的时候告诫他的儿子夫差说：“一定不要忘了向越国报仇。”

三年，句践闻吴王夫差日夜勒兵[①]，且以报越，越欲先吴未发往伐之。范蠡谏曰[②]：“不可，臣闻兵者凶器也，战者逆德也，争者事之末也。阴谋逆德，好用凶器，试身于所末，上帝禁之，行者不利。”越王曰：“吾已决之矣。”遂兴师。吴王闻之，悉发精兵击越，败之夫椒。越王乃以余兵五千人保栖于会稽[③]。吴王追而围之。

注释

①勤兵：练兵。勤，统领。

②范蠡：越王句践辅臣，佐句践灭吴，后功成身退，到齐国经商，世称“陶朱公”。

③保栖：据守居住。

译文

三年，句践听说吴王夫差日夜训练士兵，要报复越国，便打算在吴国没有发兵之前，先去攻打吴国。范蠡进谏说：“不能这么做。我听说兵器就是凶器，发动战争就是违背道德，争斗是处事的最下策。暗中图谋去做背德的事，喜爱使用凶器，亲身参与最下策的事情，上天会禁止他，这样做一定不利。”越王说：“我已经决定了。”于是兴兵攻打吴国。吴王听到消息后，发动全部精锐部队抗击越军，在夫椒大败越军。越王只好率领五千名残兵败将退守在会稽山上。吴王追击并包围了他们。

越王谓范蠡曰：“以不听子故至于此，为之奈何？”蠡对曰：“持满者与天[①]，定倾者与人[②]，节事者以地[③]。卑辞厚礼以遗之[④]，不许，而身与之市[⑤]。”句践曰：“诺。”乃令大夫种行成于吴[⑥]，膝行顿首曰：“君王亡臣句践使陪臣种敢告下执事[⑦]：句践请为臣，妻为妾。”吴王将许之。子胥言于吴王曰[⑧]："天以越赐吴，勿许也。"种还，以报句践。句践欲杀妻子，燔宝器[⑨]，触战以死[⑩]。种止句践曰："夫吴太宰嚭贪[⑪]，可诱以利，请间行言之[⑫]。"于是句践乃以美女宝器令种间献吴太宰嚭[⑬]。嚭受，乃见大夫种于吴王[⑭]。种顿首言曰："愿大王赦句践之罪，尽入其宝器。不幸不赦[⑮]，句践将尽杀其妻子，燔其宝器，悉五千人触战，必有当也[⑯]。"嚭因说吴王曰："越以服为臣[⑰]，若将赦之，此国之利也。"吴王将许之。子胥进谏曰："今不灭越，后必悔之。句践贤君，种、蠡良臣，若反国[⑱]，将为乱。"吴王弗听，卒赦越，罢兵而归。

注释

①持满：保持国家强盛。与天：得到天的保佑。

②定倾：平定倾危。与人：得到人的帮助。

③节事：节物生财。以地：得到地利。

④遗：赠送。

⑤市：交易。

⑥行成：求和。

⑦下执事：指下属办事的人。

⑧子胥：伍子胥，原为楚人，后逃入吴，为吴国辅臣，佐吴王阖庐破楚称霸，后又佐吴王夫差破越。《史记》有《伍子胥列传》，详记其事。

⑨燔：烧毁。

⑩触战：拼死一战。

⑪太宰嚭：即伯嚭，本为楚人，因祖父州黎被楚平王所杀，而逃到吴国，官至太宰，故称太宰嚭。

⑫间行：暗中进行。

⑬间献：暗中进献。

⑭见：引荐，推荐，介绍。

⑮不幸不赦：不幸得不到赦免，意思是如果你坚持不放过我们。

⑯有当：付出相当的代价。

⑰以：通“已”，已经。

⑱反：通“返”，返回。

译文

越王对范蠡说：“因为没听您的劝告才落到这个地步，这该怎么办呢？”范蠡回答说：“能够保持国家强盛的人，一定得到了上天的保佑；能够平定倾覆的人，一定会得到人民的支持；能够节物生财的人，一定是因地制宜而得到地利。现在，只能用谦卑的言辞和丰厚的礼物赠送给他，如果他不答应，您就要亲自去和吴王做交易，把自身抵押给他。”句践说：“好吧。”于是就命大夫文种去吴国求和，文种跪在地上用膝盖行走，叩头说：“君王您逃亡的臣子句践派臣种斗胆报告您的办事人员：句践请求做您的奴仆，他的妻子做您的侍妾。”吴王刚要答应他。伍子胥对吴王说：“上天把越国赐给吴国，您不要答应他。”文种回到越国后，把情况告诉了句践。句践打算杀死妻子和儿女，烧毁宝器，拼死一战。文种阻止句践说："吴国的太宰嚭很贪婪，可以用重利诱惑他，请您派人暗中与他交涉。"于是句践就派文种把美女珠宝玉器献给太宰嚭。太宰嚭接受了，就把文种引见给吴王。文种叩头说："希望大王能赦免句践的罪过，我们会把越国的宝器全部送给您。如果不幸不能得到赦免，句践将要把妻子儿女全部杀死，烧毁宝器，率领他的五千名士兵与您决一死战，您也将付出相当的代价。"太宰嚭借机劝说吴王："越王已经降服做了臣子，如果能够赦免他，将对我国有利。"吴王准备答应文种。伍子胥又进谏说："现在不灭亡越国，将来一定会后悔的。句践是贤明的君主，大夫种、范蠡都是贤良的臣子，如果让他们返回越国，将来必定作乱。"吴王不听子胥的劝告，终于赦免了越国，撤军回国去了。

句践之困会稽也，喟然叹曰："吾终于此乎？"种曰："汤系夏台[①]，文王囚羑里[②]，晋重耳奔翟[③]，齐小白奔莒[④]，其卒王霸。由是观之，何遽不为福乎[⑤]？"

注释

①夏台：又称钧台，在今河南省禹州市。相传商汤曾被夏桀囚禁在此，《史记·夏本纪》有载。

②羑里：古邑名，在今河南省汤阴县北，文王曾被商纣王囚禁在此，《史记·周本纪》有载。

③重耳：即晋文公，即位前晋国内乱，为避迫害而出奔于狄，《史记·晋世家》与《左传·僖公四年》有载。翟：通“狄”。

④小白：即齐桓公，即位前曾避于莒。

⑤遽：就。

译文

句践被困在会稽上的时候，曾伤心叹息地说：“我就在这里结束一生了吗？”文种说：“商汤曾被关押在夏台，周文王曾被囚禁在羑里，晋国公子重耳曾逃到翟，齐国公子小白曾逃到莒，他们最后都称王称霸了。由此来看，我们今日的处境何尝不会成为福分呢？”

吴既赦越，越王句践反国，乃苦身焦思，置胆于坐[①]，坐卧即仰胆，饮食亦尝胆也。曰：“女忘会稽之耻邪？”身自耕作，夫人自织，食不加肉，衣不重采，折节下贤人[②]，厚遇宾客，振贫吊死[③]，与百姓同其劳。欲使范蠡治国政，蠡对曰：“兵甲之事，种不如蠡；填抚国家[④]，亲附百姓，蠡不如种。”于是举国政属大夫种[⑤]，而使范蠡与大夫柘稽行成，为质于吴。二岁而吴归蠡。

注释

①坐：通“座”，座位。

②折节：屈身谦恭。

③振：通“赈”，救济。

④填抚：控制管理，镇定安抚。填，通“镇”。

⑤属：通“嘱”，嘱托，委托。

译文

吴国已经赦免了越国，句践回国后，就亲身受苦，忧心冥思，把苦胆挂到座位上，坐着躺着即能仰起头来尝尝苦胆，饮食的时候也要尝尝苦胆。他常常对自己说：“你忘了会稽山所受的耻辱了吗？”他亲自耕作，他的夫人亲手织布，吃饭没有荤菜，穿衣不穿华丽的衣服，礼贤下士，优厚地对待宾客，救济穷人，吊唁死者，与百姓共同劳作。越王想让范蠡管理国家政事，范蠡回答说：“领兵打仗的事，文种不如我；镇定安抚国家，让百姓亲近归附，我不如文种。”于是句践就把国家政事都委托给大夫文种，让范蠡和大夫柘稽去吴国求和，并作为人质留在那里。两年后，吴国释放范蠡回国。

句践自会稽归七年，拊循其士民[①]，欲用以报吴。大夫逢同谏曰：“国新流亡，今乃复殷给，缮饰备利[②]，吴必惧，惧则难必至。且鸷鸟之击也，必匿其形[③]。今夫吴兵加齐、晋，怨深于楚、越，名高天下，实害周室，德少而功多，必淫自矜[④]。为越计，莫若结齐，亲楚，附晋，以厚吴。吴之志广，必轻战。是我连其权，三国伐之，越承其弊[⑤]，可克也。”句践曰：“善。”

注释

①拊循：抚慰。

②缮饰备利：修整军备，备战。

③必匿其形：指鸷鸟即将出击的时候，敛翼把身体隐藏好。

④必淫自矜：一定放纵自大。

⑤承：通“乘”，趁着。

译文

句践从会稽回国后七年，抚慰他的士兵百姓，想用他们来向吴国报仇。大夫逢同进谏说：“国家刚刚流亡，现在才又殷实富裕起来，如果我们修整军备，吴国一定害怕，他们害怕了，我们的灾难就会降临。况且，凶猛的大鸟袭击目标时，一定先隐藏它的形体。现在，吴国的军队正施压在齐、晋两国，又与楚、越结下了深仇大恨，名声高过天下各国，实际上危害周王室，吴国德行少而战功多，一定会骄傲自大。要为越国考虑的话，不如结交齐国，亲近楚国，归附晋国，厚待吴国。吴国的志向更加广大，就一定会轻视战争。这样我国可以联络这些势力，让三国联合攻打吴国，越国趁着它疲惫的时候，就可以攻克它了。”句践说：“好。”

居二年，吴王将伐齐。子胥谏曰："未可，臣闻句践食不重味，与百姓同苦乐。此人不死，必为国患。吴有越，腹心之疾，齐与吴，疥癣也[①]。愿王释齐先越。"吴王弗听，遂伐齐，败之艾陵，虏齐高、国以归。让子胥[②]。子胥曰："王毋喜！"王怒，子胥欲自杀，王闻而止之。越大夫种曰："臣观吴王政骄矣，请试尝之贷粟，以卜其事。"请贷，吴王欲与，子胥谏勿与，王遂与之，越乃私喜。子胥言曰："王不听谏，后三年吴其墟乎[③]！"太宰嚭闻之，乃数与子胥争越议[④]，因谗子胥曰："伍员貌忠而实忍人[⑤]，其父兄不顾[⑥]，安能顾王？王前欲伐齐，员强谏，已而有功，用是反怨王。王不备伍员，员必为乱。"与逢同共谋，谗之王。王始不从，乃使子胥于齐，闻其托子于鲍氏，王乃大怒，曰："伍员果欺寡人！"役反[⑦]，使人赐子胥属镂剑以自杀[⑧]。子胥大笑曰："我令而父霸，我又立若[⑨]，若初欲分吴国半予我，我不受，已，今若反以谗诛我。嗟乎，嗟乎，一人固不能独立！"报使者曰："必取吾眼置吴东门，以观越兵入也！"于是吴任嚭政。

注释

①疥癣：皮肤上的疮疥，比喻小的祸患。癣，通"癣"。

②让：责备。

③墟：变成废墟。

④数：屡次。

⑤忍：残忍。

⑥其父兄不顾：伍子胥的父亲伍奢和兄长伍尚都被楚平王杀害，但伍子胥毅然不顾。详见《楚世家》及《伍子胥列传》。

⑦役反：指伍子胥出使齐国回来。

⑧属镂：剑名。

⑨若：你。

译文

又过了两年，吴王将要去征伐齐国。伍子胥劝谏说：“不行。我听说句践吃饭时没有两样以上的好菜，与百姓同甘共苦。这个人不死，一定会成为我国的祸患。越国对于吴国来说，是心腹之患；齐国对于吴国来说，只是像疥癣一般的小问题。希望您放弃攻伐齐国，先解决越国。”吴王不听，于是就出兵讨伐齐国，在艾陵大败齐军，俘虏了齐国的高子和国子而回到吴国。吴王责备伍子胥。伍子胥说：“您不要高兴得太早！”吴王很恼怒，伍子胥想自杀，吴王听说这事后制止了他。越国大夫文种说：“我看吴王当政十分骄横了，请允许我用向他借粮试探一下，来揣度他对越国的态度。”文种向吴王请求借粮食。吴王想借给他，伍子胥劝谏不要借，吴王还是借给了他们，越王暗中很高兴。伍子胥说：“君王现在不听我的劝谏，三年后，吴国将变成一片废墟了！”太宰嚭听到这话后，就多次和伍子胥争论对越国的政策，借机进谗言陷害伍子胥说："伍员貌似忠厚，其实是个残忍的人，他连自己的父兄都不顾，怎么能顾惜君王呢？君王上次想讨伐齐国，伍员强行进谏，后来讨伐齐国有了功绩，他因此反而怨恨您。您不防备他，他一定会作乱。"又和越国大夫逢同共同谋划，在吴王面前谗陷伍子胥。吴王开始不相信谗言，就派伍子胥出使齐国，听说他把儿子托付给齐国的鲍氏，吴王大怒，说："伍员果然欺骗我！"伍子胥出使齐国回来后，吴王就派人赐给伍子胥一把"属镂"剑让他自杀。伍子胥大笑说："我辅佐你的父亲称霸，又拥立你为国君，你当初要分吴国的一半给我，我没有接受，事情过去没多久，现在你反而因为谗言要杀害我。唉！唉！你一个人根本就不能独自立身！"伍子胥告诉使者说："一定要取出我的眼睛放在吴国都城的东门上，以便能让我亲眼看到越国军队进城。"于是吴王任命伯嚭执掌国政。

居三年，句践召范蠡曰："吴已杀子胥，导谀者众[①]，可乎？"对曰："未可"。

至明年春，吴王北会诸侯于黄池，吴国精兵从王，惟独老弱与太子留守。句践复问范蠡，蠡曰"可矣"。乃发习流二千人[②]，教士四万人[③]，君子六千人[④]，诸御千人[⑤]，伐吴。吴师败，遂杀吴太子。吴告急于王，王方会诸侯于黄池，惧天下闻之，乃秘之。吴王已盟黄池，乃使人厚礼以请成越。越自度亦未能灭吴，乃与吴平[⑥]。

注释

①导谀：谄谀的人。

②习流：熟习水流，指善于水战的水兵。

③教士：训练有素的士兵。

④君子：国君的近卫亲兵。

⑤诸御：在军中有职掌的军官。

⑥平：讲和。

译文

又过了三年，句践召见范蠡说："吴王已杀死了伍子胥，阿谀奉承的人很多，可以进攻吴国了吗？"范蠡回答说："还不可以。"

到了第二年春天，吴王北上到黄池去会盟诸侯，吴国的精锐部队都跟随吴王去了，只有老弱残兵和太子留守在国都。句践又问范蠡，范蠡说："可以了"。于是派善于水战的士兵两千人，训练有素的士兵四万人，近卫军六千人，担任各类职务的军官一千人，讨伐吴国。吴国军队大败，于是越军杀死了吴国的太子。吴国的使者向吴王告急，吴王正在黄池与诸侯会盟，怕天下人听到这个消息，就严守秘密。吴王在黄池与诸侯订立了盟约，就派人带上厚礼请求与越国讲和。越王自己估量也不能灭亡吴国，就与吴国讲和了。

其后四年，越复伐吴。吴士民罢弊[1]，轻锐尽死于齐、晋。而越大破吴，因而留围之三年，吴师败，越遂复栖吴王于姑苏之山。吴王使公孙雄肉袒膝行而前，请成越王曰："孤臣夫差敢布腹心，异日尝得罪于会稽，夫差不敢逆命，得与君王成以归。今君王举玉趾而诛孤臣，孤臣唯命是听，意者亦欲如会稽之赦孤臣之罪乎？"句践不忍，欲许之。范蠡曰："会稽之事，天以越赐吴，吴不取。今天以吴赐越，越其可逆天乎？且夫君王蚤朝晏罢[2]，非为吴邪？谋之二十二年，一旦而弃之，可乎？且夫天与弗取，反受其咎。'伐柯者其则不远'[3]，君忘会稽之厄乎[4]？"句践曰："吾欲听子言，吾不忍其使者。"范蠡乃鼓进兵，曰："王已属政于执事[5]，使者去，不者且得罪。"吴使者泣而去。句践怜之，乃使人谓吴王曰："吾置王甬东，君百家[6]。"吴王谢曰："吾老矣，不能事君王！"遂自杀。乃蔽其面，曰："吾无面以见子胥也！"越王乃葬吴王而诛太宰嚭。

注释

①罢：通"疲"，疲惫。

②蚤：通"早"。晏：晚。

③柯：斧柄。则：榜样。

④厄：灾难。

⑤执事：办事人员，这里是范蠡的自称。

⑥君：统治。

译文

这以后四年，越国又讨伐吴国。吴国军民疲惫不堪，精锐部队都在与齐国、晋国的战争中死光了。所以越国大败吴军，并趁势留驻吴境围困吴都三年，吴国军队战败，越国就又把吴王围困在姑苏山上。吴王派公孙雄脱去衣服露出臂膀跪着去见越王，请求与越王讲和，说："孤立无助的臣子夫差大胆地向您说出心里话：从前我曾经在会稽山得罪您，我不敢违背您的命令，得以与您讲和，就撤军回国了。现在劳您大驾来论罪于孤臣，我对您的命令将绝对听从，但我私下的心意是您能不能像会稽山我对您那样赦免我夫差的罪过？"句践不忍心，想答应。范蠡说："会稽山的事，是上天把越国赐给吴国，吴国不要。今天是上天把吴国赐给越国，越国难道可以违逆天命吗？况且君王每天早早上朝，很晚才罢朝，不就是为了消灭吴国吗？谋划了二十二年，一下子就放弃了，可以吗？况且上天赐给您，您却不要，那反而要受到惩罚。'用斧头砍伐木材做斧柄，斧柄的样子就在手边，不必远求。'您忘记会稽山的苦难了吗？"句践说："我想听从您的意见，但我不忍心拒绝他们的使者。"范蠡于是就鸣鼓进军，说："大王已经把政事交给我了，吴国的使者赶快离去，不然我就要得罪你了。"吴国使者流着泪离开了。句践觉得吴王很可怜，就派人对吴王说：

“我把您安置到甬东，统治一百户人家。”吴王谢绝说：“我已经老了，不能侍奉您了！”于是就自杀了，自杀时遮住自己的脸说：“我没脸面去见伍子胥啊！”越王安葬了吴王，杀死了太宰嚭。

句践已平吴，乃以兵北渡淮，与齐、晋诸侯会于徐州，致贡于周。周元王使人赐句践胙[①]，命为伯。句践已去。渡淮南，以淮上地与楚[②]，归吴所侵宋地于宋，与鲁泗东方百里。当是时，越兵横行于江、淮东，诸侯毕贺，号称霸王。

范蠡遂去，自齐遗大夫种书曰[③]：“蜚鸟尽[④]，良弓藏；狡兔死，走狗烹。越王为人长颈鸟喙，可与共患难，不可与共乐，子何不去？”种见书，称病不朝。人或谗种且作乱，越王乃赐种剑曰：“子教寡人伐吴七术，寡人用其三而败吴，其四在子，子为我从先王试之。”种遂自杀。

注释

①胙：古代祭祀时用的肉。周天子将其祭祀天地祖先用的肉分赐给诸侯，作为对霸主的一种礼遇。

②淮上地：指今江苏、安徽两省淮河以北的地区。

③遗：赠送。

④蜚：通“飞”。

译文

句践平定吴国后，就出兵北渡淮河，在徐州与齐国、晋国诸侯会盟，向周王室进献贡品。周元王派人赏赐祭祀肉给句践，封他为“伯”。句践离开徐州后，渡过淮河南下，把淮河流域的土地送给楚国，把吴国所侵占宋国的土地归还给宋国，把泗水东方方圆百里的土地给了鲁国。在这时，越国的军队在长江、淮河以东畅行无阻，诸侯们都来祝贺，句践号称霸王。

范蠡于是离开了，从齐国给大夫文种送来一封书信。信中说：“飞鸟尽，良弓藏；狡兔死，走狗烹。越王的长相是长脖颈、鸟嘴，这样的人只可以与他共患难，不可以与之共享乐，你为什么不离去？”文种看过信后，称有病不再上朝。有人向越王进谗言诬陷文种将要作乱，越王就赐给文种一把剑说：“你教给我攻伐吴国的七条计策，我只用了三条就打败了吴国，其余那四条还在你那里，你替我去先王那里尝试一下吧！”文种于是自杀了。

句践卒，子王鼫与立。王鼫与卒，子王不寿立。王不寿卒，子王翁立。王翁卒，子王翳立。王翳卒，子王之侯立。王之侯卒，子王无彊立。

王无彊时，越兴师北伐齐，西伐楚，与中国争强，当楚威王之时，越北伐齐，齐威王使人说越王曰：“越不伐楚，大不王[①]，小不伯[②]。图越之所为不伐楚者[3]，为不得晋也[4]。韩、魏固不攻楚。韩之攻楚，覆其军，杀其将，则叶、阳翟危；魏亦覆其军，杀其将，则陈、上蔡不安。故二晋之事越也，不至于覆军杀将，马汗之力不效。所重于得晋者何也？”越王曰：“所求于晋者，不至顿刃接兵[5]，而况于攻城围邑乎？愿魏以聚大梁之下，愿齐之试兵南阳莒地，以聚常、郯之境，则方城之外不南，淮、泗之间不东，商、於、析、郦、宗胡之地，夏路以左，不足以备秦，江南、泗上不足以待越矣[6]。则齐、秦、韩、魏得志于楚也，是二晋不战而分地，不耕而获之。不此之为，而顿刃于河山之间以为齐秦用，所待者如此其失计，奈何其以此王也！”齐使者曰：“幸也越之不亡也！吾不贵其用智之如目，见毫毛而不见其睫也。今王知晋之失计，而不自知越之过，是目论也[7]。王所待于晋者，非有马汗之力也，又非可与合军连和也，将待之以分楚众也。今楚众已分，何待于晋？”越王曰：“奈何？”曰：“楚三大夫张九军[8]，北围曲沃、於中，以至无假之关者三千七百里，景翠之军北聚鲁、齐、南阳，分有大此者乎？且王之所求者，斗晋楚也；晋楚不斗，越兵不起，是知二五而不知十也。此时不攻楚，臣以是知越大不王，小不伯。复雠、庞、长沙，楚之粟也；竟泽陵，楚之材也。越窥兵通无假之关，此四邑者不上贡事于郢矣。臣闻之，图王不王，其敝可以伯[9]。然而不伯者，王道失也。故愿大王之转攻楚也。”

注释

①王：称王。

②伯：称霸。

③图：猜测，估计。

④不得晋：没有能和晋国联盟。此时，晋已分为韩、魏、赵三国，这里指韩、魏两国。

⑤顿刃：交战。

⑥待：抵御。

⑦目论：指目光短浅的看法、见解等。

⑧张：摆开。

⑨敝：降级，这里指不成功。

译文

句践去世，他的儿子王鼫与即位。王鼫与去世，儿子王不寿即位。王不寿去世，儿子王翁即位。王翁去世，儿子王翳即位。王翳去世，儿子王之侯即位，王之侯去世，儿子王无彊即位。

王无彊在位的时候，越国出兵北伐齐国，西征楚国，与中原各国争强。正当楚威王的时候，越国向北攻打齐国，齐威王派人游说越王说：“越国不攻打楚国，往大处说不能称王，往小处说不能称霸。估计越国之所以不攻打楚国，是因为得不到韩、魏两国的支持。韩国、魏国本来就不敢攻打楚国。韩国如果攻打楚国，军队就会覆灭，将领就会被杀，那么叶邑、阳翟就危险了；魏国如果攻打楚国，也会军队覆灭、将领被杀，那么陈邑、上蔡也都会不得安宁。所以韩、魏两国侍奉越国，就不至于军队覆灭、将领被杀，汗马功劳也就不会出现。您为什么重视得到韩国和魏国的支持呢？”越王说：“我所要求韩、魏的，并不是要他们与楚军短兵相接，更何况是去攻城围邑呢？我只是希望魏军聚集在大梁城下，齐军在南阳莒地练兵，屯兵在常邑、郯的边界，那么方城以外的楚军就被牵制，不再南下，淮水、泗水之间的楚军不再向东，商、於、析、郦、宗胡等地夏路以西地区的楚军不足以抵御秦国，江南及泗上的楚军就不足以对抗越国了。那么，齐、秦、韩、魏四国就可以在楚国实现自己的愿望，韩国、魏国不用打仗就能分到土地，无须耕种就能有所收获。现在，韩、魏不这样做，反而在黄河、华山之间用兵作战，被齐国和秦国所利用，所期待的韩魏如此失策，怎么能借助他们称王呢！”齐国使者说：“越国没有灭亡真是侥幸啊！我不看重那样使用智谋，因为智谋就好像眼睛一样，能看到毫毛却看不到自己的睫毛。现在越王只知道韩、魏两国失策了，却不知道自己的过错，这就与我刚才所说的‘能看到毫毛却看不到自己睫毛’的道理是一样的。大王您所期望于韩、魏两国的，并不是要他们效汗马功劳，也并不是与他们联合结盟，而是分散楚国的兵力。现在，楚国的兵力已经分散了，何必期待韩、魏的帮助呢？”越王说：“怎么办呢？”齐国使者说：“楚国的三个大夫已经分率所有军队，向北包围了曲沃、於中，直到无假关，战线长达三千七百里，而景翠的军队屯聚在北方的鲁国、齐国和南阳一带，兵力分散还有比这更严重的吗？况且大王您所期望的是使晋、楚两国相争斗；晋国、楚国不争斗，越国就不出兵，这就是只知道两个五却不知道十了。这时不攻打楚国，我因此知道越王往大处说不能称王，往小处说不能称霸。再说，雠邑、庞邑、长沙等地是楚国的产粮地区，竟泽陵是楚国产木材的地区。越国出兵打通无假关，这四个地方就不能再向楚国郢都进献粮食和木材了。我听说，图谋称王却不能称王，至少还可以称霸。然而连称霸主都不能，说明王道彻底丧失了。所以希望您转而攻打楚国吧。”

于是越遂释齐而伐楚。楚威王兴兵而伐之，大败越，杀王无彊，尽取故吴地至浙江[①]，北破齐于徐州。而越以此散，诸族子争立，或为王，或为君，滨于江南海上[②]，服朝于楚[③]。

后七世，至闽君摇，佐诸侯平秦。汉高帝复以摇为越王，以奉越后。东越、闽君，皆其后也。

注释

①浙江：指今浙江的钱塘江。

②滨：接近，靠近。

③服朝：臣服朝拜。

译文

于是越国就放弃齐国而去攻打楚国。楚威王起兵迎战越军，大败越军，杀死了王无彊，把越国所占领的原来吴国一直到浙江一带的土地全部攻下，往北在徐州大败齐军。越国从此分崩离析，各族子弟争夺权位，有的称王，有的称君，居住在长江以南的沿海地区，向楚国臣服朝拜。

后来过了七世，君位传到了闽君摇，他帮助诸侯推翻了秦朝。汉高祖刘邦又让摇做了越王，作为越国的后代继续侍奉越国祭祀。东越、闽君，都是越国的后代。

范蠡事越王句践，既苦身戮力[①]，与句践深谋二十余年，竟灭吴，报会稽之耻，北渡兵于淮以临齐、晋，号令中国，以尊周室，句践以霸[②]，而范蠡称上将军[③]。还反国，范蠡以为大名之下，难以久居，且句践为人可与同患，难与处安，为书辞句践曰[④]：“臣闻主忧臣劳，主辱臣死。昔者君王辱于会稽，所以不死，为此事也。今既以雪耻，臣请从会稽之诛。”句践曰：“孤将与子分国而有之。不然，将加诛于子。”范蠡曰：“君行令，臣行意。”乃装其轻宝珠玉，自与其私徒属乘舟浮海以行，终不反。于是句践表会稽山以为范蠡奉邑[⑤]。

注释

①戮力：努力，尽力。

②以：凭借，因此。

③上将军：古代武将官名，国家的军事长官。

④辞：告辞，辞别。

⑤表：表彰。奉邑：供给俸禄的封邑。

译文

范蠡侍奉越王句践，劳苦身心，努力不懈，与句践运筹谋划二十多年，终于灭亡了吴国，洗刷了会稽山的耻辱。越国军队向北进军，渡过了淮河，兵临齐国、晋国边境，号令中原各国，尊崇周王室，句践因此称霸，范蠡号称上将军。回国后，范蠡认为盛大的名位之下，难以长久安居，况且句践的为人，可以与他同患难，很难与他同安乐，写信辞别句践说："我听说，君主忧愁，臣子就该劳苦，君主受辱，臣子就该死。从前您在会稽山受辱，我之所以没有去死，是为了报仇雪恨。现在既然已经雪耻，臣请求您处罚我会稽山应该受到的罪罚。"句践说："我将要把国家分一半给你。如果你不接受，我就要加罪于你。"范蠡说："君主您下达您的命令，臣子仍然依从自己的意愿。"于是他收拾了细软珠宝，与随从乘船从海上离去，始终没有再回越国。于是句践为表彰范蠡，就把会稽山作为他的封邑。

范蠡浮海出齐，变姓名，自谓鸱夷子皮[①]，耕于海畔，苦身戮力，父子治产。居无几何，致产数十万。齐人闻其贤，以为相。范蠡喟然叹曰："居家则致千金，居官则至卿相，此布衣之极也。久受尊名，不祥。"乃归相印，尽散其财，以分与知友乡党[②]，而怀其重宝，间行以去[③]，止于陶[④]，以为此天下之中，交易有无之路通，为生可以致富矣[⑤]。于是自谓陶朱公。复约要父子耕畜[⑥]，废居[⑦]，候时转物[⑧]，逐什一之利。居无何，则致赀累巨万。天下称陶朱公。

注释

①鸱夷子皮：用牛皮做的革囊。伍子胥自杀，吴王夫差用鸱夷装了他的尸体，沉于江中。范蠡自称"鸱夷子皮"，是自以为罪同伍子胥，以伍子胥为戒。

②乡党：乡里乡亲。

③间行：潜行，从小路走。

④陶：今山东省定陶县。

⑤为生：指经商。

⑥约要：约定，约束。

⑦废居：即囤积。商人在货物价低时买进，价高时卖出。

⑧候时转物：等候时机转卖货物。

译文

范蠡乘船渡海来到了齐国，更名改姓，自称为鸱夷子皮，在海边耕种，吃苦耐劳，努力生产，父子合力治理产业。在那里住了没多久，就积累了财产数十万。齐国人听说他贤能，就请他做国相。范蠡叹息道："住在家里就能够积累千金，做官就能位至卿相，这是平民百姓能达到的顶点了。长久享受尊贵的名号是不吉祥的。"于是归还了相印，把家产全部散出去，分给知音好友和乡里乡亲，然后携带着贵重财宝，悄悄地离开，到陶地住下来，他认为这里是天下的中心，交易买卖的道路通畅，做生意可以发财致富。于是自称陶朱公。又约定好父子在这里耕种畜牧，买进卖出，等待时机转卖货物，以获得十分之一的利润。过了不久，又积累了数以亿计的资产。天下人都称道陶朱公。

朱公居陶，生少子。少子及壮，而朱公中男杀人[①]，囚于楚。朱公曰："杀人而死，职也[②]。然吾闻千金之子不死于市[③]。"告其少子往视之。乃装黄金千溢[④]，置褐器中，载以一牛车。且遣其少子，朱公长男固请欲行，朱公不听。长男曰："家有长子曰家督[⑤]，今弟有罪，大人不遣，乃遣少弟，是吾不肖。"欲自杀。其母为言曰："今遣少子，未必能生中子也，而先空亡长男，奈何？"朱公不得已而遣长子，为一封书遗故所善庄生。曰："至则进千金于庄生所，听其所为[⑥]，慎无与争事[⑦]。”长男既行，亦自私赍数百金[⑧]。

注释

①中男：次子。

②职：常理。

③市：闹市。

④溢：通“镒”。一镒二十两，亦有一镒二十四两之说。

⑤家督：古时长子代替父母管理家事，故称“家督”。

⑥听：听凭，任凭。

⑦慎：千万。

⑧赍 jī：携带。

译文

朱公住在陶地，生下了一个小儿子。小儿子长大后，朱公的二儿子杀了人，被囚禁在楚国。朱公说：“杀人者偿命，这是常理。但是我听说家有千金的儿子不会被杀死在闹市中。”于是告诉小儿子去探望二儿子。就准备好一千镒黄金，装在褐色的器具中，用一辆牛车载运。将要打发小儿子去的时候，朱公的大儿子坚决请求他去，朱公不同意。大儿子说：“家里的长子叫作家督，现在弟弟犯了罪，父亲不派我去，却派小弟去，这说明是我没出息。”他说完就想自杀。他的母亲就说：“现在派小儿子去，未必能救得了二儿子的命，却先失去了大儿子，怎么办呢？”朱公不得已就派大儿子去了，写了一封信给他从前的好友庄生，并对大儿子说："到楚国后，就把千金送到庄生家中，听从他的安排，千万不要与他发生争执。"大儿子走的时候，还私自携带了几百镒黄金。

至楚，庄生家负郭[①]，披藜藋到门[②]，居甚贫。然长男发书进千金，如其父言。庄生曰："可疾去矣，慎毋留！即弟出，勿问所以然。"长男既去，不过庄生而私留[③]，以其私赍献遗楚国贵人用事者。

庄生虽居穷阎[④]，然以廉直闻于国，自楚王以下皆师尊之。及朱公进金，非有意受也，欲以成事后复归之以为信耳。故金至，谓其妇曰："此朱公之金。有如病不宿诫[⑤]，后复归，勿动，"而朱公长男不知其意，以为殊无短长也[⑥]。

庄生间时入见楚王[⑦]。言"某星宿某[⑧]，此则害于楚"。楚王素信庄生，曰："今为奈何？"庄生曰："独以德为可以除之。"楚王曰："生休矣，寡人将行之。"王乃使使者封三钱之府[⑨]。楚贵人惊告朱公长男曰："王且赦。"曰："何以也？"曰："每王且赦，常封三钱之府。昨暮王使使封之。"朱公长男以为赦，弟固当出也，重千金虚弃庄生，无所为也，乃复见庄生。庄生惊曰："若不去邪？"长男曰："固未也。初为事弟，弟今议自赦[⑩]，故辞生去。"庄生知其意欲复得其金，曰：

"若自入室取金。"长男即自入室取金持去，独自欢幸。

注释

①负郭：背靠城墙，意即住在城外。

②披藜藋到门：拨开满地野草才能跨进家门。形容贫穷荒凉。

③过：造访，探望。

④穷阎：穷巷。阎，里巷。

⑤病不宿诫：疾病突然降临，不能预先告知。

⑥无短长：没有办法。

⑦间时：找好时机。

⑧某星宿某：某星运行到某处。

⑨三钱之府：储存钱币的仓库。古代钱币分为赤、白、黄三种。

⑩议：行将，将要。

译文

大儿子到了楚国，看见庄生的家靠近楚国都城的外墙，拨开野草才能到达庄生家门，他居住的条件十分贫困。然而大儿子呈上书信，献上千镒黄金，完全按照父亲所说的去做。庄生说："你赶快离开吧，千万不要在此停留！等弟弟被放出来后，也不要问缘由。"大儿子离开了庄生的家，不再去探望庄生，但私自留在了楚国，用他私自携带的黄金献给了楚国的贵族和当权者。

庄生虽然住在穷乡陋巷，但他由于廉洁正直而闻名全国，从楚王以下都尊奉他为老师。朱公献上黄金，他并非有意接受，只是想等事成之后再归还给他来表明自己的信用。所以黄金送来后，他对妻子说：“这是朱公的钱财，就像疾病突然降临一样，这些钱不知哪天要归还给他，不要动用。”但朱公的大儿子不知道庄生的心意，认为庄生对他弟弟的生死没有什么办法。

庄生找到机会便入宫拜见楚王，说：“某星宿移到某处，这对楚国有害。”楚王一向信任庄生，就问：“现在该怎么办？”庄生说：“只有实施恩德才可以消除灾难。”楚王说：“先生您不用多说了，我将实施恩德。”楚王就派使者查封贮藏三钱的仓库。楚国那位接受了朱公大儿子财物的权贵人士赶紧告诉朱公大儿子说：“楚王将要实行大赦了。”朱公大儿子问：“怎么见得呢？”那位权贵人士说：“每当楚王将要大赦的时候，常常先把贮藏三钱的仓库查封。昨晚楚王已经派了使者去查封了。”朱公的大儿子认为楚王既然要大赦，弟弟自然就会被释放了，他很看重那白白送给庄生的千镒黄金，没有发挥任何作用，于是又去见庄生。庄生惊讶地问：“你没有离开吗？”朱公的大儿子说：“本来我就没有离开。当初我是为我弟弟的事来，现在弟弟将要被释放出来了，所以我特意来向先生您辞行。”庄生知道他的意思是想把黄金要回去，就说：“你自己到屋里去取黄金吧。”朱公大儿子便进屋取走黄金带走了，自己还暗自欢喜庆幸。

庄生羞为儿子所卖[1]，乃入见楚王曰："臣前言某星事，王言欲以修德报之。今臣出，道路皆言陶之富人朱公之子杀人囚楚，其家多持金钱赂王左右，故王非能恤楚国而赦，乃以朱公子故也。"楚王大怒曰："寡人虽不德耳，奈何以朱公之子故而施惠乎！"令论杀朱公子[2]，明日遂下赦令。朱公长男竟持其弟丧归。

至，其母及邑人尽哀之，唯朱公独笑，曰："吾固知必杀其弟也！彼非不爱其弟，顾有所不能忍者也。是少与我俱，见苦，为生难，故重弃财。至如少弟者，生而见我富，乘坚驱良逐狡兔[3]，岂知财所从来，故轻弃之，非所惜吝。前日吾所为欲遣少子，固为其能弃财故也。而长者不能，故卒以杀其弟，事之理也，无足悲者。吾日夜固以望其丧之来也。"

故范蠡三徙[4]，成名于天下，非苟去而已，所止必成名。卒老死于陶，故世传曰陶朱公。

注释

①儿子：小孩子。卖：欺骗，戏弄。

②论：定罪。

③乘坚驱良：乘坐坚固的车，骑良马。

④三徙：指范蠡居越、居齐、居陶。

译文

庄生被小孩辈戏弄，觉得很羞耻，就又入宫见楚王说：“我上次所说的某星宿的事，您说要用施恩德来回报它。今天我出门，听路人都在说陶地的富翁朱公的儿子杀了人被囚禁在楚国，他家里拿出了很多钱贿赂大王身边的人，所以大王并不是为了体恤楚国人而实行大赦，而是因为朱公儿子的缘故。”楚王大怒道：“我虽然没有什么德行，怎么会因朱公的儿子而施恩惠呢！”就下令先杀掉了朱公的儿子，第二天才下达赦免的诏令。朱公的大儿子最终带着他弟弟的尸体回家了。

大儿子回到家后，他的母亲和乡邻们都很悲伤，只有朱公独自笑着说：“我早就知道他一定会害死他弟弟的！他不是不爱自己的弟弟，只是因为有舍不得放弃的东西。他从小就跟我一起，经受过各种辛苦，知道谋生的艰难，所以把钱财看得很重，舍不得花钱。至于他的小弟弟呢，一生下来就看到我的富有，乘坐坚固的好车，驾良马，到郊外打猎，哪里知道钱是从何处来的呢？所以把钱财轻易舍弃，毫不吝惜。原来我打算让小儿子去，就是因为他舍得花钱，而大儿子却舍不得，所以最终害死了自己的弟弟，这很合乎事理，没什么值得悲痛的。我本来日日夜夜等的就是二儿子的尸体送回来。”

所以范蠡三次搬家，都驰名天下，他不是随意离去的，而是每到一个地方，他就在那儿成名。最后老死在陶地，所以世人相传叫他陶朱公。

太史公曰：禹之功大矣，渐九川[①]，定九州，至于今诸夏艾安[②]。及苗裔句践，苦身焦思[③]，终灭强吴，北观兵中国[④]，以尊周室，号称霸王。句践可不谓贤哉！盖有禹之遗烈焉[⑤]。范蠡三迁皆有荣名，名垂后世。臣主若此，欲毋显得乎！

注释

①渐：疏通，疏导。

②艾 yì 安：政治安定。艾，通“乂”，治理。

③苦身焦思：指句践卧薪尝胆，焦思忧虑，奋发图强。

④中国：指中原地区华夏诸国。

⑤遗烈：传统。烈，业绩。

译文

太史公说：夏禹的功劳很大，疏导了九条大河，安定了九州大地，直到今天，中原各国都平安无事。到了他的后代句践，辛勤劳作，深谋远思，终于灭亡了强大的吴国，向北进兵到中原各国，尊奉周王室，号称霸王。句践能说不贤能吗！这大概也有夏禹的遗风吧。范蠡三次搬家都留下荣耀的名声，美名流传后世。臣子和君主能这样，想不让他们显赫，可能吗？

陈涉世家

题解

《陈涉世家》是秦末农民起义领袖陈涉、吴广的传记。按照《史记》的体例，“世家”是记述王侯的世系及其兴亡事迹的，陈涉出身雇农，未至王侯，司马迁却将其列入“世家”，是因为他认为陈涉有首举起义大旗，倾覆秦王朝之功，表明了作者对陈涉和他所发动起义的历史地位和意义的重视和肯定。

本篇详细地记述了陈胜、吴广起义的原因、经过和结局，对其他相继而起的各路起义军的胜败兴替亦有所提及，展现了秦末农民起义波澜壮阔的历史场面，是我国第一篇记载农民战争的历史文献，具有珍贵的史料价值。文章充分表现了我国劳动人民的智慧和反抗精神，指出了起义失败的原因，表明了农民阶级的局限性。

陈胜者，阳城人也，字涉。吴广者，阳夏人也，字叔。陈涉少时，尝与人佣耕[①]，辍耕之垄上[②]，怅恨久之，曰：“苟富贵[③]，无相忘。”庸者笑而应曰：“若为庸耕[④]，何富贵也？”陈涉太息曰：“嗟乎，燕雀安知鸿鹄之志哉[⑤]！”

注释

①尝：曾经。佣耕：被雇用去耕田。

②辍：停止。垄：田埂。

③苟：如果。

④庸：同“佣”，被雇用。

⑤燕雀：泛指小鸟。这里比喻见识短浅的人。鸿：大雁。鹄：天鹅。这里用“鸿鹄”比喻志向远大的人。

译文

陈胜，是阳城人，字涉。吴广，是阳夏人，字叔。陈涉年轻的时侯，曾经和别人一起被雇佣耕田，有一次他停止耕作走到田埂上休息时，感慨恼恨了好一会儿，说：“假如以后谁富贵了，大家彼此不要忘记了。”和他一起耕种的伙伴们笑着回答说：“你是被雇佣给人家耕地的，怎么能富贵呢？”陈涉长叹一声说：“唉！燕子、麻雀怎么能知道大雁、天鹅的远大志向呢！”

二世元年七月[①]，发闾左适戍渔阳[②]，九百人屯大泽乡[③]。陈胜、吴广皆次当行[④]，为屯长。会天大雨[⑤]，道不通，度已失期[⑥]。失期，法皆斩。陈胜、吴广乃谋曰：“今亡亦死[⑦]，举大计亦死[⑧]，等死，死国可乎[⑨]？”陈胜曰：“天下苦秦久矣。吾闻二世少子也，不当立，当立者乃公子扶苏。扶苏以数谏故，上使外将兵。今或闻无罪，二世杀之。百姓多闻其贤，未知其死也。项燕为楚将，数有功，爱士卒，楚人怜之。或以为死，或以为亡。今诚以吾众诈自称公子扶苏、项燕[10]，为天下唱[11]，宜多应者[12]。”吴广以为然。乃行卜[13]。卜者知其指意，曰：“足下事皆成，有功。然足下卜之鬼乎！”陈胜、吴广喜，念鬼[14]，曰：“此教我先威众耳。”乃丹书帛曰“陈胜王”，置人所罾鱼腹中[15]。卒买鱼烹食，得鱼腹中书，固以怪之矣。又间令吴广之次所旁丛祠中[16]，夜篝火，狐鸣呼曰[17]：“大楚兴，陈胜王。”卒皆夜惊恐。旦日[18]，卒中往往语,皆指目陈胜。

注释

①二世元年：公元前 209 年。

②发闾左：征调贫民百姓。闾左，代指居住在里门左边的贫民。秦时以右为贵，故富人居右，贫民居左。

③屯：驻扎。大泽乡：地名，在今安徽省宿州市南西寺坡镇的刘村附近。

④皆次当行：按照征发的编次，都在征发之列。

⑤会：正赶上。

⑥度 duó：估计。失期：过了期限，不能按时到达。

⑦亡：逃亡。

⑧举大计：指发动起义。

⑨死国：为国而死。

⑩诚：假如。诈：假冒，假托。

⑪唱：通“倡”，倡导，号召。

⑫宜：应该。

⑬行卜：占卦。

⑭念鬼：仔细考虑“卜之鬼”的意思。

⑮罾 zēng：渔网。这里指用渔网捕捉到的意思。

⑯间令：暗中指使。

⑰狐鸣：学狐狸叫。

⑱旦日：第二天早上。

译文

秦二世元年（公元前209年）七月，征贫民去防守渔阳，有九百人驻扎在大泽乡。陈胜、吴广都编在这次征发的队伍之中，当了屯长。正赶上天下大雨，道路不通，估计已经不能按时到达渔阳了。不能按时到达，按照法律是要被处斩的。陈胜、吴广就商量说：“现在逃跑也是死，发动起义也是死，同样都是死，为国而死可以吗？”陈胜说：“天下百姓受秦王朝残暴统治已经很久了。我听说秦二世是秦始皇的小儿子，本来不应当由他继位，应当继位的是公子扶苏。扶苏因为多次劝谏皇上的缘故，皇上派他到外地领兵去了。现在有人听说他没有什么罪，却被二世杀害了。老百姓大都听说他很贤德，不知道他已经死了。项燕是楚国的名将，多次立功，爱护士兵，楚国人都很爱戴他。有的人认为他已经死了，有的人认为他逃亡在外。现在假如我们假托公子扶苏和项燕的名义，号召天下人民起义，响应的人一定很多。”吴广认为很对。于是就去找人占卜吉凶，占卜的人知道他们的意图，就说道：“你们的事都能成功，能够建功立业。然而你们向鬼神问卜过吉凶了吗？”陈胜、吴广很高兴，仔细考虑占卜人所说的向鬼神问吉凶的意思，说：“这是教我们先借此在众人面前树立威望。”于是就用朱砂在白绸子上写上“陈胜王”三个字，塞进别人用渔网捕来的鱼肚子里。戍卒买鱼回来煮着吃，发现了鱼肚中的帛书，当然觉得很奇怪。陈胜又暗中指使吴广到驻地附近的一座草木丛生的古庙里，在夜里点起篝火，学着狐狸的声音叫喊道：“大楚兴起了，陈胜要称王了。”戍卒们深夜听到这种声音都很惊慌恐惧。第二天早上，戍卒们到处议论纷纷，都指指点点看着陈胜。

吴广素爱人，士卒多为用者。将尉醉，广故数言欲亡，忿恚尉[①]，令辱之，以激怒其众。尉果笞广。尉剑挺，广起，夺而杀尉。陈胜佐之，并杀两尉。召令徒属曰：“公等遇雨，皆已失期，失期当斩。藉弟令毋斩[②]，而戍死者固十六七[③]。且壮士不死即已，死即举大名耳[④]，王侯将相宁有种乎！”徒属皆曰：“敬受命。”乃诈称公子扶苏、项燕，从民欲也。袒右[⑤]，称大楚。为坛而盟，祭以尉首。陈胜自立为将军，吴广为都尉。攻大泽乡，收而攻蕲。蕲下，乃令符离人葛婴将兵徇蕲以东[⑥]。

攻铚、酂、苦、柘、谯皆下之。行收兵。比至陈，车六七百乘，骑千余，卒数万人。攻陈，陈守令皆不在，独守丞与战谯门中。弗胜，守丞死，乃入据陈。数日，号令召三老、豪杰与皆来会计事⑦。三老、豪杰皆曰："将军身被坚执锐⑧，伐无道，诛暴秦，复立楚国之社稷，功宜为王。"陈涉乃立为王，号为张楚。

注释

①忿恚 huì：使恼怒。

②藉：假使。

③十六七：十分之六七。

④举大名：举世扬名。

⑤袒右：露出右臂，作为起义的标志。

⑥将兵：率领军队。徇：攻占，这里是攻取降服的意思。

⑦三老：秦代掌教化的乡官。豪杰：地方名流，出众的人。

⑧被：通"披"，披着。

译文

吴广平常很关爱别人，戍卒中很多人都愿为他出力。押送队伍的将尉喝醉了酒，吴广故意多次说要逃跑，来激怒将尉，使他来侮辱自己，借以激怒众人。将尉果然鞭打吴广。将尉又拔出剑，吴广奋起夺过剑杀死了将尉。陈胜协助他，一起杀死了两个将尉。于是召集众人说道：

“你们各位在这里遇到了大雨，都误了期限，误了期限按照法律是要杀头的。即使不被杀头，但将来戍边死去的肯定也有十分之六七。况且壮士不死则已，要死就要举世扬名，王侯将相难道都是祖传的吗！”戍卒们都说：“我们恭敬地听从你的号令。”于是就假冒公子扶苏和楚将项燕的名义发动起义，以顺应人民的愿望。大家都露出右臂作为起义军的标志，号称大楚。他们筑起高台来宣誓，用将尉的头祭天。陈胜自立为将军，吴广为都尉。先攻占了大泽乡，接着带领大泽乡的人去攻打蕲县。攻克蕲县后，就派符离人葛婴率领军队攻取蕲县以东的地方。接连进攻铚、酂、苦、柘、谯等地方，都攻克了。他们一边进军，一边扩大队伍。等到达陈县的时候，已经拥有战车六七百辆，骑兵一千多，士卒好几万人。攻打陈县的时候，那里的郡守、县令都不在县城内，只有守丞领兵与起义军在城门下作战。郡丞没有取胜，兵败身死，于是起义军就进入城中占领了陈县。过了几天，陈胜号令召集掌管教化的三老和地方豪杰一起来开会议事。三老、豪杰们都说：“将军您身披铠甲，手执利器，诛灭无道昏君，讨伐暴虐的秦朝，重新建立了楚国的社稷，论功劳应该称王。”陈涉于是就自立为王，国号张楚。

当此时，诸郡县苦秦吏者，皆刑其长吏[①]，杀之以应陈涉。乃以吴叔为假王[②]，监诸将以西击荥阳。

令陈人武臣、张耳、陈馀徇赵地，令汝阴人邓宗徇九江郡。当此时，楚兵数千人为聚者，不可胜数。

葛婴至东城，立襄强为楚王。婴后闻陈王已立，因杀襄强，还报。至陈，陈王诛杀葛婴。陈王令魏人周市北徇魏地。吴广围荥阳。李由为三川守，守荥阳，吴叔弗能下。陈王征国之豪杰与计③，以上蔡人房君蔡赐为上柱国④。

注释

①刑：惩办。

②假王：代理王。

③征：召请。

④上柱国：战国时楚国官名，由军功卓著的人担任。

译文

就在这个时候，各郡县痛恨秦朝官吏暴政的人，都纷纷惩办了当地的官吏，杀死他们来响应陈涉。于是就以吴广为代理王，监督各将领率兵向西攻打荥阳。命令陈县人武臣、张耳、陈馀去攻占赵地，命令汝阴人邓宗攻占九江郡。这时，楚地几千人聚集在一起起义的，多得数不胜数。

葛婴到了东城，拥立襄强为楚王。葛婴后来听说陈胜已经自立为王，于是杀了襄强，回来向陈胜报告。到了陈县，陈胜就诛杀了葛婴。陈胜命令魏人周市向北攻取魏地。吴广围攻荥阳。当时李由任三川郡守，守卫荥阳，吴广久攻不下。陈胜召集国内的豪杰，与他们商量对策，任命上蔡人房君蔡赐为上柱国。

周文，陈之贤人也，尝为项燕军视日[①]，事春申君[②]，自言习兵[③]，陈王与之将军印，西击秦。行收兵至关[④]，车千乘，卒数十万，至戏，军焉[⑤]。秦令少府章邯免郦山徒、人奴产子生，悉发以击楚大军，尽败之。周文败，走出关，止次曹阳二三月[⑥]。章邯追败之，复走次渑池十余日。章邯击，大破之。周文自刭，军遂不战。

注释

①视日：占卜时日吉凶的官。

②春申君：战国时楚相黄歇的封号。

③习兵：熟习兵法战阵。

④关：指函谷关。

⑤军：驻扎。

⑥次：驻扎。

译文

周文，是陈县的贤人，曾经做过项燕军中占卜时日吉凶的官，在春申君门下做过事，他自称熟悉兵法战阵，陈胜就授予他将军印，率兵向西攻秦。他一边西进一边召集兵马，到达函谷关的时候，有战车千乘，士兵几十万人，到了戏亭，就驻扎了下来。秦朝命令少府章邯赦免在郦山服役的人及家奴所生的儿子，全部调集起来迎击张楚的大军，把楚军全部打败了。周文兵败后，逃出了函谷关，在曹阳驻扎了两三个月。章邯又追赶而来把他打败了，周文又逃到渑池驻留了十几天。章邯又来进攻，大败周文军队。周文自杀，他的军队也就不能作战了。

武臣到邯郸，自立为赵王，陈馀为大将军，张耳、召骚为左右丞相。陈王怒，捕系武臣等家室[①]，欲诛之。柱国曰[②]："秦未亡而诛赵王将相家属，此生一秦也。不如因而立之[③]。"陈王乃遣使者贺赵，而徙系武臣等家属宫中，而封耳子张敖为成都君，趣赵兵亟入关[④]。赵王将相相与谋曰："王王赵[⑤]，非楚意也。楚已诛秦，必加兵于赵。计莫如毋西兵，使使北徇燕地以自广也[⑥]。赵南据大河[⑦]，北有燕、代，楚虽胜秦，不敢制赵。若楚不胜秦，必重赵。赵乘秦之弊，可以得志于天下。"赵王以为然，因不西兵，而遣故上谷卒史韩广将兵北徇燕地。

注释

①捕系：逮捕囚禁。

②柱国：指上柱国蔡赐。

③因而：就此。

④趣：通“促”，催促。亟：迅速，赶快。

⑤王王：前一个“王”用作名词，指武臣；后一个“王”用作动词，称王的意思。

⑥使使：前一个“使”用作动词，派遣的意思；后一个“使”用作名词，指使者。

⑦大河：指黄河。

译文

武臣到了邯郸，就自立为赵王，陈馀做大将军，张耳、召骚为左、右丞相。陈胜知道后非常恼怒，逮捕囚禁了武臣等人的家属，打算杀死他们。上柱国蔡赐说：“秦朝还没有灭亡就杀了赵王将相的家属，这等于又生出一个与我们为敌的秦国来。不如趁这个机会就此封立他。”陈胜于是就派遣使者到赵国去祝贺，而把武臣等人的家属迁禁在宫中，同时封张耳的儿子张敖为成都君，催促赵国的军队速进军函谷关。赵王武臣的将相们商议说：“大王在赵地称王，并不是楚国的本意。等楚国灭了秦以后，一定会进军攻打赵国。最好的办法莫过于不向西进军，而是派人向北攻取燕地以扩大我们自己的地盘。赵国南面据黄河天险，北面占有燕、代广大地区，楚国即使战胜了秦国，也不敢来压制赵国。如果楚国不能战胜秦国，必定会看重赵国。到时候，赵国趁着秦国的疲惫，就可以在天下得志称雄了。”赵王认为很有道理，因而不向西进军，而派原在上谷郡做过卒吏的韩广率兵北上攻取燕地。

燕故贵人豪杰谓韩广曰："楚已立王，赵又已立王。燕虽小，亦万乘之国也，愿将军立为燕王。"韩广曰："广母在赵，不可。"燕人曰："赵方西忧秦[①]，南忧楚，其力不能禁我。且以楚之强，不敢害赵王将相之家，赵独安敢害将军之家！"韩广以为然，乃自立为燕王。居数月[②]，赵奉燕王母及家属归之燕[③]。

当此之时，诸将之徇地者，不可胜数。周市北徇地至狄，狄人田儋杀狄令，自立为齐王，以齐反击周市。市军散，还至魏地，欲立魏后故宁陵君咎为魏王。时咎在陈王所，不得之魏[④]。魏地已定，欲相与立周市为魏王，周市不肯。使者五反[⑤]，陈王乃立宁陵君咎为魏王，遣之国。周市卒为相[⑥]。

注释

①方：正在。

②居数月：过了几个月。

③奉：护送。

④之：到……去。

⑤五反：往返五次。反，同"返"。

⑥卒：最后，终于。

译文

燕国原来的贵族豪杰劝韩广说："楚国已经立了王，赵国也已立了王。燕国地方虽然小，过去也曾是个拥有万辆兵车的国家，希望将军自立为燕王。"韩广说："我的母亲还在赵国，我不能这么做。"燕人说："赵国现在正西面担心秦国，南面担心楚国，他的力量无法阻止我们。况且以楚国的强大，都不敢杀害赵王将相的家属，赵国又怎么敢杀害将军的家属呢？"韩广认为有道理，于是就自立为燕王。过了几个月，赵国派人把燕王的母亲及其家属护送到了燕国。

这个时候，到各地攻城略地的将领，不计其数。周市北上攻战到了狄县，狄县人田儋杀死了狄县县令，自立为齐王，凭借齐地的力量来反击周市。周市的军队溃散了，退回到魏地，打算拥立魏王的后代宁陵君咎做魏王。当时咎在陈王那里，不能回到魏地去。魏地平定之后，大家想共同拥立周市为魏王，周市不肯接受。使者先后往返五次，陈王才答应立宁陵君咎为魏王，遣送他回到魏国。周市最后做了魏国的相。

将军田臧等相与谋曰："周章军已破矣，秦兵旦暮至，我围荥阳城弗能下，秦军至，必大败。不如少遗兵[①]，足以守荥阳，悉精兵迎秦军。今假王骄，不知兵权[②]，不可与计，非诛之，事恐败。"因相与矫王令以诛吴叔[③]，献其首于陈王。陈王使使赐田臧楚令尹印，使为上将。田臧乃使诸将李归等守荥阳城，自以精兵西迎秦军于敖仓④。与战，田臧死，军破。章邯进兵击李归等荥阳下，破之，李归等死。

注释

①遗：留下。

②兵权：用兵策略。

③矫：假冒，假托。

④敖仓：秦朝设置的粮仓，因在敖山上，故称敖仓，故地在今河南荥阳东北。后来泛指粮仓。

译文

将军田臧等人一起谋划说："周文的军队已经溃败，秦国的军队早晚就要到来，我们围攻荥阳城久攻不下，秦国的军队一到，我们一定会大败。不如留下少量部队，足以守住荥阳就可以了，把其余全部精锐部队用来迎击秦军。现在代理王吴广骄横，又不懂得用兵策略，无法和他商量议事，不杀了他，我们的计划恐怕会失败。"于是他们就假冒陈王的命令杀了吴广，把他的头献给了陈王。陈王派遣使者赏赐给田臧楚令尹的大印，任命他做上将军。田臧于是就派将领李归等人驻守荥阳城，自己率精锐的部队西进到敖仓迎战秦军。双方交战，田臧战死，军队溃散。章邯趁机领兵到荥阳城下攻打李归等人，打败了他们，李归等人战死。

阳城人邓说将兵居郯[1]，章邯别将击破之[2]，邓说军散走陈。铚人伍徐将兵居许，章邯击破之，伍徐军皆散走陈。陈王诛邓说。

注释

①郯：县名，在今山东省郯城县。按，当时章邯的军队并没有到达那里，不当在郯交战。“郯”当为“郏”字之误。郏，古地名，在今河南省郏县。

②别将：其他将领。

译文

阳城人邓说率领军队驻守在郯城，被章邯所带的一位副将击败，邓说率军逃到陈县。铚人伍徐率军驻守在许县，也被章邯的军队打败了，伍徐的军队都溃逃到了陈县。陈王诛杀了邓说。

陈王初立时，陵人秦嘉、铚人董緤、符离人朱鸡石、取虑人郑布、徐人丁疾等皆特起[1]，将兵围东海守庆于郯。陈王闻，乃使武平君畔为将军[2]，监郯下军。秦嘉不受命，嘉自立为大司马，恶属武平君[3]。告军吏曰：“武平君年少，不知兵事[4]，勿听！”因矫以王命杀武平君畔。

注释

①特起：各自起兵。

②畔：武平君的字。

③恶：厌恶，怨恨。

④不知兵事：不懂得军事。

译文

陈胜刚刚自立为王的时候，陵县人秦嘉、铚县人董緤、符离人朱鸡石、取虑人郑布、徐县人丁疾等都各自起兵反秦，他们率领军队把东海郡郡守庆围困在郯城。陈王听说后，就派武平君畔为将军，监督统率郯城下的各路军队。秦嘉不接受陈王的命令，自立为大司马，厌恶隶属于武平君畔。他告诉军吏说："武平君太年轻，不懂得军事，不要听他的！"接着就假托陈王的命令杀死了武平君畔。

章邯已破伍徐，击陈，柱国房君死。章邯又进兵击陈西张贺军。陈王出监战，军破，张贺死。

腊月，陈王之汝阴[①]，还至下城父[②]，其御庄贾杀以降秦[③]。陈胜葬砀，谥曰隐王[④]。

注释

①汝阴：秦县名，在今安徽省阜阳市。

②下城父：古地名，在今安徽省涡阳县。

③御：驾车的人。

④隐王：因陈涉功业未就，故谥号曰“隐”。

译文

章邯打败伍徐的军队以后，接着进攻陈县，陈王的上柱国房君蔡赐战死。章邯又进军攻打西面的张贺的部队。陈王亲自出来督战，楚军战败，张贺战死。

十二月，陈王退到了汝阴，回到下城父，他的车夫庄贾杀害了他而投降了秦军。陈胜被埋葬在砀县，谥号叫隐王。

陈王故涓人将军吕臣为仓头军[①]，起新阳，攻陈下之，杀庄贾，复以陈为楚。

初，陈王至陈，令铚人宋留将兵定南阳，入武关。留已徇南阳，闻陈王死，南阳复为秦。宋留不能入武关，乃东至新蔡，遇秦军，宋留以军降秦。秦传留至咸阳，车裂留以徇[②]。

注释

①涓人：亲近的侍臣。仓头军：头裹青巾的军队。

②车裂：古代的一种酷刑，用五马分尸。徇：示众。

译文

陈王以前的侍臣吕臣将军组织了一支头裹青巾的“仓头军”，在新阳起兵攻打陈县，攻克后，杀死了庄贾，又以陈县为楚都。

当初，陈王到陈县的时候，命令铚县人宋留率军去平定南阳，并进兵武关。宋留已经攻占了南阳，听到陈王被杀的消息，南阳又被秦军夺回。宋留不能攻入武关，就向东到了新蔡，又遇上了秦军，宋留带领军队投降了秦军。秦军押解宋留到了咸阳，将他五马分尸示众。

秦嘉等闻陈王军破出走，乃立景驹为楚王，引兵之方与，欲击秦军定陶下。使公孙庆使齐王，欲与并力俱进。齐王曰：“闻陈王战败，不知其死生，楚安得不请而立王①！”公孙庆曰：“齐不请楚而立王，楚何故请齐而立王！且楚首事②，当令于天下。”田儋诛杀公孙庆。

注释

①安得：怎么能够。

②首事：指首先起义反秦。

译文

秦嘉等人听说陈王的军队战败逃走，于是就拥立景驹为楚王，率领军队到了方与，准备在定陶附近袭击秦军。派公孙庆出使齐国，想联合齐王一起进攻秦军。齐王说："听说陈王战败了，到现在生死不明，楚国怎么能不来向我请示就自立为王呢？"公孙庆说："齐国不请示楚国就自立为王了，楚国为什么要向齐国请示才可以立王呢？况且楚是首先起义反秦的，理当号令天下。"田儋杀死了公孙庆。

秦左右校复攻陈①，下之。吕将军走，收兵复聚。鄱盗当阳君黥布之兵相收②，复击秦左右校，破之青波，复以陈为楚。会项梁立怀王孙心为楚王。

注释

①左右校：左右校尉，这里指他们所率领的军队。

②鄱盗、黥布：皆指英布。英布曾在鄱阳一带为盗贼，故称"鄱盗"。又因被黥刑，故称"黥布"。

译文

秦朝的左右校尉率军再次进攻陈县，占领了它。将军吕臣兵败逃走，又重新集结兵马，并与当年在鄱阳为盗后来被封为当阳君的黥布的军队联合起来，又攻击秦左右校尉的军队，在青波打败了他们，再次将陈县作为楚都。这时正好项梁拥立楚怀王的孙子心为楚王。

陈胜王凡六月[①]。已为王，王陈。其故人尝与庸耕者闻之，之陈，扣宫门曰："吾欲见涉。"宫门令欲缚之。自辩数[②]，乃置[③]，不肯为通。陈王出，遮道而呼涉[④]。陈王闻之，乃召见，载与俱归。入宫，见殿屋帷帐，客曰："夥颐[⑤]！涉之为王沈沈者[⑥]！"楚人谓多为夥，故天下传之，夥涉为王，由陈涉始。客出入愈益发舒[⑦]，言陈王故情。或说陈王曰："客愚无知，颛妄言[⑧]，轻威[⑨]。"陈王斩之。诸陈王故人皆自引去，由是无亲陈王者。陈王以朱房为中正，胡武为司过[⑩]，主司群臣。诸将徇地，至，令之不是者，系而罪之，以苛察为忠[⑪]。其所不善者，弗下吏[⑫]，辄自治之。陈王信用之。诸将以其故不亲附，此其所以败也。

陈胜虽已死，其所置遣侯王将相竟亡秦[⑬]，由涉首事也。高祖时为陈涉置守冢三十家砀，至今血食[⑭]。

注释

①王：称王。凡：总共。

②辩数：反复申辩。

③置：放开。

④遮道：拦路。

⑤夥颐：意思是真多呀。

⑥沈沈：形容宫室宏伟，富丽堂皇。

⑦发舒：放纵，随便。

⑧颛妄言：专会胡说八道。颛，通“专”。

⑨轻威：轻视威严，损害威望。

⑩司过：监察百官的官员。

⑪苛察：苛刻地考察，寻求过失。

⑫下吏：交给司法官。

⑬置遣：设置派遣，这里指项羽、刘邦等人。竟：终于。

⑭血食：享受祭祀。古时祭祀要宰杀牲畜作祭品，故称“血食”。

译文

陈胜称王一共六个月。当了王之后，以陈县为国都。从前曾经和他一起被雇佣给人家耕田的朋友听说他做了王，来到了陈县，敲打着宫门说：“我要见陈涉。”守宫门的官员要把他捆绑起来。他自己反复辩说，才放开他，但仍然不肯替他通报。等到陈王出门时，他拦路呼喊陈涉。陈王听见了，才召见了他，和他同乘一辆车子回宫。进入王宫，看见宫殿的房屋、帷帐之后，客人说：“夥颐！陈涉做了大王，宫殿真是高大宏伟、富丽堂皇啊！”楚地人称“多”为“夥”，所以天下流传的“夥涉为王”的俗语，就是从陈涉开始的。这个客人在宫中进进出出越来越放纵随便，常常跟别人讲陈涉从前的一些旧事。有人就对陈王说：“您的客人愚昧无知，专会胡说八道，有损于您的威严。”陈王就把客人杀掉了。从此以后，陈王过去的那些朋友都纷纷自动离去，因此再也没有亲近陈王的人了。陈王任命朱房为中正，胡武为司过，专门监察群臣的过失。将领们攻占了土地回到陈县后，凡是有不服从命令的，就抓起来治罪，把苛刻地寻求群臣的过失当作对陈王的忠心。凡是朱房、胡武不喜欢的人，一旦犯错，不交给负责法令的官吏审理，就擅自审判惩治。陈王却很信任他们。将领们因此就不再亲近他了。这就是陈王失败的原因。

陈胜虽然已经死了，但是他所封立派遣的王侯将相终于灭亡了秦朝，这是由于陈涉首先起义造成的。汉高祖时，在砀县安置了三十户人家看守陈涉的坟墓，到现在仍然按时杀牲祭祀他。

管晏列传

题解

《管晏列传》是春秋时期齐国政治家管仲和晏婴的合传。管仲和晏婴是春秋时期齐国的贤才，管仲辅佐齐桓公成为春秋首霸，晏婴协助齐景公在春秋后期维护齐国的稳定。二人的事迹在《左传》中有不少记载，《史记·齐太公世家》亦有所涉及，故而本传记只“论其轶事”，没有全面系统地记述二人的主要政绩。文章详略得当，重点突出，对管仲主要是突出了他与鲍叔牙之间的深厚友谊和辅佐齐桓公成就霸业及治国才干；对晏婴主要是突出了他的为人行事，特别是不拘一格地举荐贤才。这些都表现了作者对二人的无限崇仰和赞美，同时也凝聚着对自己身世的感慨，表达了作者的社会理想。

管仲夷吾者，颍上人也。少时常与鲍叔牙游[①]，鲍叔知其贤。管仲贫困，常欺鲍叔[②]，鲍叔终善遇之[③]，不以为言。已而鲍叔事齐公子小白[④]，管仲事公子纠[⑤]。及小白立，为桓公，公子纠死，管仲囚焉。鲍叔遂进管仲[⑥]。管仲既用，任政于齐[⑦]，齐桓公以霸，九合诸侯[⑧]，一匡天下[⑨]，管仲之谋也。

注释

①游：交往。

②欺：占上风，占便宜。

③终：一直，始终。

④公子小白：即齐桓公。

⑤公子纠：齐桓公之兄。

⑥进：举荐，推荐。

⑦任政：主持国家政事。

⑧合：会盟。

⑨匡：匡正，整顿。

译文

管仲名叫夷吾，是颍上人。他年轻的时候，经常和鲍叔牙交往，鲍叔牙知道他是个贤能的人。管仲家中贫困，经常占鲍叔牙的便宜，但鲍叔牙一直很友好地对待他，不因为这些事而有所介意。不久，鲍叔牙侍奉齐国公子小白，管仲侍奉公子纠。等到小白即位，成为齐桓公后，桓公让鲁国人杀了公子纠，管仲被囚禁。鲍叔牙于是向齐桓公举荐管仲。管仲被任用后，在齐国主持国家政事，齐桓公凭借管仲的辅佐而称霸，多次会盟诸侯，匡正天下，这都是靠管仲的智谋。

管仲曰："吾始困时，尝与鲍叔贾[①]，分财利多自与，鲍叔不以我为贪，知我贫也。吾尝为鲍叔谋事而更穷困[②]，鲍叔不以我为愚，知时有利不利也[③]。吾尝三仕三见逐于君[④]，鲍叔不以我为不肖，知我不遭时也[⑤]。吾尝三战三走[⑥]，鲍叔不以我为怯，知我有老母也。公子纠败，召忽死之[⑦]，吾幽囚受辱，鲍叔不以我为无耻，知我不羞小节而耻功名不显于天下也[⑧]。生我者父母，知我者鲍子也。”

注释

①尝：曾经。贾：经商，做买卖。

②谋事：出主意，出谋划策解决问题。更穷困：处境更加不利。

③时：时运，运气。

④三：泛指多次。仕：做官。见：被。

⑤遭：逢，遇到。

⑥走：逃跑。

⑦召忽：齐人，原与管仲一起辅佐公子纠，公子纠争位失败，齐桓公即位后，令鲁人杀公子纠，召忽自杀。

⑧羞：以……为羞。耻：以……为耻。

译文

管仲说：“我当初贫困时，曾经和鲍叔牙一起做买卖，分钱财的时候我自己总是多要一点，鲍叔牙并不认为我贪财，他知道我家里确实很穷。我曾经替鲍叔牙出谋划策，却反而使他处境更加不利，鲍叔牙不认为我愚笨，他知道这是因为时运有时顺利，有时不顺利。我曾经多次做官却多次都被国君驱逐，鲍叔牙不认为我没有才能，他知道我没有碰到好时机。我曾经多次打仗多次逃跑，鲍叔牙不认为我胆小，他知道我家里有老母亲需要赡养。公子纠失败后，召忽为此自杀，我被囚禁遭受侮辱，鲍叔牙不认为我没有廉耻，他知道我不会因为小的过失而感到羞愧，却以功名不显扬于天下而感到耻辱。生养我的是父母，了解我的是鲍叔牙啊。”

鲍叔既进管仲，以身下之[①]。子孙世禄于齐[②]，有封邑者十余世，常为名大夫。天下不多管仲之贤而多鲍叔能知人也[③]。

注释

①以身下之：指鲍叔甘心官居管仲之下。

②世禄：世代享受俸禄。

③多：称赞，赞颂。

译文

鲍叔牙举荐管仲后，自己甘心位居管仲之下。他的子孙在齐国世世代代享有俸禄，得到封邑的有十几代，许多是著名的大夫。天下人不称赞管仲的才能，而赞颂鲍叔牙能够知人善任。

管仲既任政相齐，以区区之齐在海滨[1]，通货积财[2]，富国强兵，与俗同好恶[3]。故其称曰："仓廪实而知礼节[4]，衣食足而知荣辱，上服度则六亲固[5]。四维不张[6]，国乃灭亡。下令如流水之原[7]，令顺民心。"故论卑而易行[8]。俗之所欲，因而予之；俗之所否，因而去之[9]。

注释

①区区：狭小的样子。

②通货：流通货物。积财：积累财富。

③俗：指百姓。

④仓廪：泛指仓库。

⑤上：国君。服：行事，行为。度：合乎法度。六亲：指父、母、兄、弟、妻、子。固：稳固。

⑥四维：指礼、义、廉、耻。

⑦原：通"源"，源头。

⑧论卑：政令不唱高调，符合民情。

⑨去：废除。

译文

管仲出任齐相执政以后，凭借着在海边的小小的齐国，流通货物，积累财富，使得国富兵强，与百姓同好恶。所以他说："粮仓充实了，百姓就会懂得礼节；衣食充足了，百姓就能辨别荣辱；国君的作为合乎法度，上下左右的人才能团结。不提倡礼义廉耻，国家就会灭亡。下达政令就像流水的源头，要让它顺应民心。”所以政令符合下情就容易执行。百姓想要的，就顺着他们的心愿给他们；百姓所反对的，就顺应民意废除。

其为政也，善因祸而为福，转败而为功。贵轻重[①]，慎权衡[②]。桓公实怒少姬，南袭蔡，管仲因而伐楚，责包茅不入贡于周室。桓公实北征山戎，而管仲因而令燕修召公之政。于柯之会，桓公欲背曹沬之约，管仲因而信之，诸侯由是归齐。故曰：“知与之为取[③]，政之宝也。”

注释

①贵轻重：重视分辨轻重缓急。

②慎权衡：慎重地权衡利弊。

③与之为取：给予是为了索取。

译文

管仲执政，善于把祸转化为福，把失败转化为成功。他重视分辨轻重缓急，慎重地权衡事情的利弊。齐桓公本来是因为少姬改嫁而发怒，因而向南袭击蔡国，管仲就趁势攻打楚国，责备楚国没有向周王室进贡包茅。桓公实际上是向北讨伐山戎，而管仲就趁机让燕国实行召公时期的政教。在柯地会盟时，桓公想背弃曹沬逼迫他所订立的盟约，管仲就顺应形势让他信守盟约，各诸侯国因此都归顺齐国。所以说："懂得给予是为了索取的道理，这是为政的法宝。"

管仲富拟于公室[①]，有三归、反坫[②]，齐人不以为侈[③]。管仲卒，齐国遵其政，常强于诸侯。后百余年而有晏子焉。

注释

①拟：比拟，相等。

②三归：三处庭院，指管仲有三房家室。反坫 diàn：古代堂屋两柱之间的土台，用于放置供祭祀、宴会所用的礼器和酒。

③侈：奢侈，放纵。

译文

管仲的财富可以跟国君相比拟，拥有三房家室和国君的宴饮设备，齐国人却不认为他奢侈。管仲死后，齐国仍然遵循他的政策，因此常常比其他诸侯国强大。一百多年以后，齐国又出了个晏婴。

晏平仲婴者，莱之夷维人也。事齐灵公、庄公、景公，以节俭力行重于齐[①]。既相齐，食不重肉[②]，妾不衣帛[③]。其在朝，君语及之[④]，即危言[⑤]；语不及之，即危行[⑥]。国有道，即顺命[⑦]；无道，即衡命[⑧]。以此三世显名于诸侯。

注释

①力行：努力工作。重：受到尊重。

②重肉：两种肉食。

③衣：穿。

④君语及之：国君说话涉及他。

⑤危言：正直地发表意见。

⑥危行：正直地行事。

⑦顺命：服从命令。

⑧衡命：权衡命令，斟酌而行。

译文

晏平仲，名婴，是莱地夷维人。他曾经辅佐了齐灵公、庄公、景公三位国君，因为节约俭朴、努力工作而受到齐国人的尊重。他做了齐国宰相之后，吃饭没有两种重样的肉食，他的妻妾不穿丝绸衣服。在朝廷上，国君说话涉及他，他就正直地发表自己的意见；国君的话不涉及他，他就正直地行事。国君有法度，他就服从国君的命令；国君没有法度，他就权衡命令，斟酌而行。因此，他连续三朝为官，名声显扬于各国诸侯。

越石父贤，在缧绁中[①]。晏子出，遭之涂[②]，解左骖赎之[③]，载归。弗谢[④]，入闺[⑤]。久之[⑥]，越石父请绝。宴子戄然[⑦]，摄衣冠谢曰[⑧]：“婴虽不仁，免子于厄[⑨]，何子求绝之速也？”石父曰：“不然。吾闻君子诎于不知己而信于知己者[⑩]。方吾在缧绁中，彼不知我也。夫子既已感寤而赎我[⑪]，是知己；知己而无礼，固不如在缧绁之中。”晏子于是延入为上客[⑫]。

注释

①缧绁 léixiè：原意是指拘系犯人的绳子，这里引申为囚禁。

②遭之涂：在路上遇到了他。遭，遇到。涂，通“途”，路上。

③骖：古代马车一车三马或四马，中间的一匹或两匹叫服马，左右两旁的马叫骖马。

④谢：告，打招呼。

⑤闺：内室。

⑥久之：指晏子在内室停留的时间较长。

⑦戄然：吃惊的样子。

⑧摄：整理。谢：道歉。

⑨厄：困境，灾难。

⑩诎：通“屈”，受委屈。信：通“伸”，受尊重。

⑪感寤：认识，了解。

⑫延：请。

译文

越石父是个有贤德的人，犯了罪被囚禁。晏子外出，在路上遇到了他，就解下自己马车左侧的马，把他赎了出来，用车拉回家。晏子没有向越石父打招呼，就走进内室，过了很久都没出来，越石父就请求与晏子断绝往来。晏子非常吃惊，匆忙整理好衣帽道歉说："我即使算不上宽厚仁慈，但也帮助您从困境中解救出来，您为什么这么快就要绝交呢？"越石父说："不是这样的，我听说君子在不了解自己的人那里会受委屈，而在了解自己的人面前就会受尊重。当我被囚禁的时候，那些人不了解我。你既然已经有所感悟并把我赎了出来，这就是了解我；了解我却不能以礼相待，我还不如被囚禁着。"晏子于是就请他进去，待为贵宾。

晏子为齐相，出，其御之妻从门间而窥其夫[①]。其夫为相御[②]，拥大盖[③]，策驷马，意气扬扬[④]，甚自得也。既而归，其妻请去[⑤]。夫问其故。妻曰："晏子长不满六尺[⑥]，身相齐国，名显诸侯。今者妾观其出，志念深矣[⑦]，常有以自下者[⑧]。今子长八尺，乃为人仆御，然子之意自以为足，妾是以求去也。"其后夫自抑损[⑨]。晏子怪而问之，御以实对。晏子荐以为大夫。

注释

①御：车夫。门间：门缝。窥：偷看。

②御：驾车。

③拥：抱持。大盖：高贵车子上的伞盖。

④扬扬：得意的样子。

⑤去：离开。

⑥六尺：先秦时期的一尺约相当于现在的二十三公分，六尺则不足一米四，个矮。

⑦志念：志向。

⑧自下：自谦。

⑨自抑损：谦恭自抑，不敢自大。

译文

晏子做齐国宰相的时候，一次外出时，他的车夫的妻子从门缝里偷偷地看她的丈夫。她的丈夫给宰相驾车，头上遮着大伞，挥动着鞭子打着四匹马，神气十足，非常得意。车夫回到家里，他的妻子就要求离开，车夫问她原因，她说："晏子身高不到六尺，却做了齐国的宰相，名扬天下。今天我看他外出，志向思虑都非常深远，还总是很自谦的样子。现在你身高八尺，才不过给人家做仆役驾车，而你心里还很满足，所以我要离去。"从这之后，车夫就谦虚恭谨起来。晏子感到很奇怪，就问他，车夫把实情告诉了晏子。晏子就推荐他做了大夫。

太史公曰：吾读管氏《牧民》《山高》《乘马》《轻重》《九府》[1]，及《晏子春秋》[2]，详哉其言之也。既见其著书，欲观其行事，故次其传[3]。至其书，世多有之，是以不论，论其轶事。

注释

①《牧民》《山高》《乘马》《轻重》《九府》：都是《管子》中的篇名。

②《晏子春秋》：书名，作者旧说是晏婴，但实为后人依托并采缀晏子言行所作。

③次：编次、编列。

译文

太史公说：我读了管仲的《牧民》《山高》《乘马》《轻重》《九府》等文章，还有《晏子春秋》，书中所说的已经非常详细了！看了他们的著作，就想了解他们的事迹，所以编写了他们的传记。至于他们的著作，社会上已经有很多了，因此不再论述，只论述他们的轶事。

管仲，世所谓贤臣，然孔子小之[1]。岂以为周道衰微，桓公既贤，而不勉之至王，乃称霸哉？语曰[2]：“将顺其美[3]，匡救其恶[4]，故上下能相亲也[5]。”岂管仲之谓乎？

注释

①小之：认为他器量狭小。见《论语·八佾》篇“管仲之器小哉”所语。

②“语曰”云云：引自《孝经·事君》。

③将顺：顺势助成。

④匡救：匡正挽救。

⑤上下：君臣上下。

译文

管仲是世人所说的贤臣，但是孔子却看不起他，难道是因为周朝的统治衰败，桓公很贤能，管仲没有勉励他成为帝王，而只是辅佐他成为霸主呢？古语说：“要顺势助成君主的美德，匡正挽救他的过错，这样君臣上下才能亲密无间。”这大概就是说的管仲吧？

方晏子伏庄公尸哭之，成礼然后去[1]，岂所谓“见义不为无勇”者邪[2]？至其谏说，犯君之颜[3]，此所谓“进思尽忠，退思补过”者哉[4]！假令晏子而在，余虽为之执鞭，所忻慕焉[5]。

注释

①成礼然后去：据《左传·襄公二十五年》记载，齐国大夫崔杼弑杀庄公，晏婴抱着庄公的尸体痛哭，尽了君臣之礼，然后离去。

②见义不为无勇：引自《论语·为政》。

③犯：冒犯。

④进思尽忠，退思补过：引自《孝经·事君》。

⑤忻：通“欣”，高兴。慕：羡慕，向往。

译文

当初晏子伏在庄公的尸体上痛哭，完成了做臣子的礼节后才离去，这难道是人们所说的“见义不为，就是没有勇气”的表现吗？至于晏子直言进谏，敢于冒犯国君的威严，这就是人们所说的“在朝就想要竭尽忠心，退隐就想要弥补过失”的人吧！假使晏子现在还活着的话，我即使替他挥鞭赶车，也是我所高兴和向往的啊！

商君列传

题解

商鞅，本名公孙鞅，因是卫国人，故又称卫鞅，后受封于商、於等地，因而又称商鞅或商君。他是战国时期杰出的政治家、思想家、改革家，法家的代表人物。《商君列传》记述了商鞅因在魏国不受重用，愤而入秦，辅佐秦孝公实行变法，使秦国由弱变强，为以后秦统一全国奠定了基础；商鞅在变法的过程中，措施十分坚决，无论王公贵族还是平民百姓，一旦违反新法皆严加惩处。这样，就侵犯了贵族们的利益，因此在秦孝公死后，商鞅的政敌发动政变，商鞅被车裂而死。

司马迁对商鞅变法给予了充分的肯定，但是对其个人品格却不予赞赏，认为他“无资刻薄”，这体现了司马迁作为一名史学家，对历史人物评价的客观性和实事求是的精神。

商君者①，卫之诸庶孽公子也②，名鞅，姓公孙氏，其祖本姬姓也③。鞅少好刑名之学④，事魏相公叔座为中庶子⑤。公叔座知其贤，未及进。会座病，魏惠王亲往问病，曰：“公叔病有如不可讳，将奈社稷何？”公叔曰：“座之中庶子公孙鞅，年虽少，有奇才，愿王举国而听之。”王嘿然。王且去[6]，座屏人言曰[7]：“王即不听用鞅，必杀之，无令出境。”王许诺而去。公叔座召鞅谢曰：“今者王问可以为相者，我言若，王色不许我。我方先君后臣，因谓王即弗用鞅，当杀之。王许我。汝可疾去矣，且见禽[8]。”鞅曰：“彼王不能用君之言任臣，又安能用君之言杀臣乎？”卒不去。惠王既去，而谓左右曰：“公叔病甚，悲乎，欲令寡人以国听公孙鞅也，岂不悖哉！”

注释

①商君：秦孝公后封商鞅于商地，故号商君。君，古代的封号。

②卫：战国时期的诸侯国之一，在今河南省境内。庶孽：旁支侧出或者非正室所生之子。

③姬：周王朝的姓氏。卫国为周武王之弟康叔的封地，故为姬姓。

④刑名之学：即法家学说。主张循名责实，慎赏明罚，因此而得名。

⑤中庶子：官名，执掌公族事务。

⑥且：将要。

⑦屏：屏退。

⑧禽：通“擒”。

译文

商君，是卫国国君妾所生之子，名叫鞅，姓公孙，他的祖先本来姓姬。商鞅年轻时就喜欢刑名之学，在魏国丞相公叔座手下担任中庶子的官职。公叔座知道他很有才能，还没来得及向国君推荐他。恰逢这时候公叔座生病，魏惠王亲自来探望公叔座的病情，说：“公叔您的病情假如不能控制，那国家怎么办呢？”公叔回答：“我手下的中庶子公孙鞅，年纪虽小，却有奇才，希望国君您能把国家大事托付给他。”魏王默然。魏王将要离开的时候，公叔座把其他人支开，说：“大王您如果不任用公孙鞅，那一定要杀死他，不要让他离开魏国。”魏王答应之后离开了。公叔座把公孙鞅招来谢罪说：“刚才大王问我谁可以担任相国，我推荐了你，但是看大王的脸色好像不会听我的。我当先忠于君主，后顾及臣子，因此我告诉大王假如不能重用你，就杀了你。大王答应了我。你现在赶紧离开，否则就会被抓。”公孙鞅说：“大王既然不能听您的话重用我，又怎么会听您的话杀我呢？”最终也没有离开。魏惠王离开公叔座家后，告诉身边的人说：“公叔病得真是厉害啊，真令人伤心。他竟然让我把国事交给公孙鞅，这不是糊涂嘛！”

公叔既死，公孙鞅闻秦孝公下令国中求贤者，将修缪公之业[①]，东复侵地[②]，乃遂西入秦，因孝公宠臣景监以求见孝公。孝公既见卫鞅[③]，语事良久，孝公时时睡，弗听。罢而孝公怒景监曰：“子之客妄人耳[④]，安足用邪！”景监以让卫鞅[⑤]。卫鞅曰：“吾说公以帝道[⑥]，其志不开悟矣。”后五日，复求见鞅[⑦]。鞅复见孝公，益愈[⑧]，然而未中旨[⑨]。罢而孝公复让景监，景监亦让鞅。鞅曰：“吾说公以王道而未入也[⑩]。请复见鞅。”鞅复见孝公，孝公善之而未用也。罢而去。孝公谓景监曰：“汝客善，可与语矣。”鞅曰：“吾说公以霸道[⑪]，其意欲用之矣。诚复见我，我知之矣。”卫鞅复见孝公。公与语，不自知膝之前于席也[⑫]。语数日不厌。景监曰：“子何以中吾君？吾君之欢甚也。”鞅曰：“吾说君以帝王之道比三代，而君曰：‘久远，吾不能待。且贤君者，各及其身显名天下，安能邑邑待数十百年以成帝王乎[⑬]？’故吾以强国之术说君，君大说之耳。然亦难以比德于殷周矣。”

注释

①缪公之业：即秦穆公时期的霸业。缪，通“穆”。秦穆公时，任用贤臣，拓展疆土，成为春秋五霸之一。秦穆公死后，秦国国力开始衰弱。

②东复侵地：即收复被晋国占领的河西地区。此地本为晋国所有，晋献公死后，国家内乱，流亡在外的晋国公子夷吾为了争取秦国的支持，表示如果能够被立为晋君，将献晋国所有的黄河以西的八个城池给秦国。但夷吾即位之后，背弃了自己

的诺言。公元前646年，晋国恩将仇报，趁秦国饥荒，兴兵攻秦，结果夷吾反被秦国生擒。此时晋国只好与秦国盟誓，献出河西之地。后来晋国趁秦国内乱，又把本已割让给秦国的河西之地夺回。

③卫鞅：即商鞅。战国时期常在名前冠以国名、封地名。

④妄人：空谈而不切实际的人。

⑤让：责备。

⑥说 shuì：游说。帝道：尧舜等五帝治理国家的方法。

⑦复求见鞅：景监劝说孝公再次召见公孙鞅。

⑧益愈：稍微好一些。

⑨中旨：符合孝公的心意。

⑩王道：三王之道，即夏、商、周三代开国君主治理国家的方法。

⑪霸道：五霸之道，即春秋时期五霸如何强国的方法。

⑫膝之前于席：膝盖跪到了席子边缘，意为听商鞅的谈论入迷，向他靠近。

⑬邑邑：郁闷不乐的样子。

译文

公叔去世之后，公孙鞅听说秦孝公下令在秦国寻求贤者，想要重新恢复秦穆公时期的霸业，收复东边被侵占的土地，于是就向西进入秦国，凭着秦孝公宠臣景监的关系求见秦孝公。孝公见到卫鞅之后，和他谈了很久，却不断地打瞌睡，不能听尽他的话。之后，秦孝公怒斥景监说："你的客人不过是个妄谈无知的人罢了，怎么能值得任用啊！"景监拿这话来责备卫鞅。卫鞅说："我用帝道来游说国君，看来他并不能明白。"又过了五天，景监再次请求孝公召见卫鞅。卫鞅再次见到秦孝公，这次谈论稍好一些，但还是不符合秦孝公的心意。召见结束之后秦孝公再次责备景监，景监又责备卫鞅。卫鞅说："我向国君进言王道，看来他还是没有听进去。请您让国君再次召见我。"卫鞅再次见到秦孝公，孝公认为他讲得很好，但是却没有采纳。谈论结束，卫鞅离开后，孝公对景监说："你的客人很好，可以跟他交谈了。"（景监告诉卫鞅），卫鞅说："我向国君进言霸道，看他的样子是想施行。如果国君能够再次见我，我就知道国君的心意了。"卫鞅再次求见孝公。孝公和他谈论政事，不知不觉自己的膝盖就挪到席子前头靠近卫鞅了。孝公和卫鞅谈论了好几天都没有厌烦。景监问卫鞅："你是用什么打动了国君？国君和你交谈十分开心。"卫鞅说："我用五帝、三王治理国家的方法来游说国君，让他建立像夏、商、周三代一样的盛世。但是国君说：'时间太长了，我不能等待。而且贤君都在他们在世时就已经扬名天下，怎么能够郁闷不乐地等待数十年甚至上百年才成就帝王的基业呢！'所以我用强国的策略来游说他，国君这才十分高兴。但是国君的道德功业也难以与殷、周比肩了。"

孝公既用卫鞅，鞅欲变法，恐天下议己[①]。卫鞅曰："疑行无名[②]，疑事无功。且夫有高人之行者，固见非于世[③]；有独知之虑者，必见敖于民[④]。愚者暗于成事[⑤]，知者见于未萌[⑥]。民不可与虑始而可与乐成[⑦]。论至德者不和于俗，成大功者不谋于众。是以圣人苟可以强国，不法其故[⑧]；苟可以利民，不循其礼。"孝公曰："善。"甘龙曰："不然。圣人不易民而教[⑨]，知者不变法而治。因民而教，不劳而成功；缘法而治者，吏习而民安之。"卫鞅曰："龙之所言，世俗之言也。常人安于故俗，学者溺于所闻[⑩]。以此两者居官守法可也，非所与论于法之外也。三代不同礼而王[⑪]，五伯不同法而霸[⑫]。智者作法，愚者制焉[⑬]；贤者更礼，不肖者拘焉[⑭]。"杜挚曰："利不百，不变法；功不十，不易器。法古无过，循礼无邪。"卫鞅曰："治世不一道，便国不法古。故汤武不循古而王，夏殷不易礼而亡。反古者不可非，而循礼者不足多[⑮]。"孝公曰："善。"以卫鞅为左庶长，卒定变法之令。

注释

①恐天下议己：秦孝公想任用商鞅变法，恐群臣百姓议论自己。天下，秦国大臣百姓。

②疑：犹豫不定。

③见非于世：受到世人的非议。
④见敖于民：受到百姓的嘲笑。敖，通“謷”，意为嘲笑。
⑤暗：动词，不清楚，不明白。
⑥知者：即智者。萌：萌发，察觉。
⑦虑：考虑，谋划。
⑧法：效法，仿效。故：成法，原来的法度。
⑨易民：改变民风民俗。教：进行教化。
⑩溺：沉迷不悟。
⑪三代：即夏、商、周三代的开国君主。王：称王。
⑫五伯：即春秋时期的五个霸主。关于春秋五霸，有齐桓公、晋文公、秦穆公、吴王夫差、越王勾践和齐桓公、晋文公、秦穆公、宋襄公、楚庄王两种说法。
⑬制：受制于。
⑭不肖者：不成材的人。
⑮多：称赞，赞叹。

译文

秦孝公已经任用了卫鞅，卫鞅想要改革国政，孝公担心秦国臣民议论自己。卫鞅说：“行动犹豫不定就不会成就功名，做事迟疑不定就不会有功绩。况且有高于常人的行动，本来就会受到世人的非难；有自己独到的见解，也一定会受到愚昧百姓的诋毁。愚昧的人对已经做成的事还弄不明白，聪明人却能够在事情尚未萌发时就已觉察到。百姓只可以跟他们分享成功的利益，却不能和他们一起谋划行动。讲论高深道理的人不会迎合世俗，成就大功业的人不会同一般人商量谋划。因此圣人只要能让国家富强，就可以不必效法陈规；只要是有利于百姓的事，就可以不必遵循旧礼。”孝公说：“讲得好。”甘龙说：“不对。圣人不改变民俗而能够施行教化，智者不改变法度而能使国家得到治理。根据民俗而进行教化，可以不费力就能成功。沿袭国家法度治理政事，官吏习惯而民众安定。”卫鞅说：“甘龙说的是世俗的看法。平常的人安于旧俗，学者囿于书本知识。这两种人，居官守法是可以的，但是却不能和他们谈论常法以外的事情。三代礼制不同，却都成就了各自的王业；五霸法制各异，也都成就了各自的霸业。智者制定法度，愚人受制；贤人变更旧礼制，庸人为它所拘束。”杜挚说：“获利不能达到百倍，就不能够变更法度；功效不能达到十倍，就不要改换旧的器物。遵循古制没有过错，因循旧礼，也不会有偏差。”商鞅说：“治理国家不能只用一种方法，做便利国家的事也不能只效法古代。因此商汤、周武王不遵循古法而称王，夏桀、商纣没有变易礼法却亡国。反对遵循古法的人不应该受到非议，而主张遵循旧礼的也不值得称赞。”孝公说：“讲得好。”让卫鞅担任左庶长，最终制定了变法的命令。

令民为什伍[①]，而相牧司连坐[②]。不告奸者腰斩[③]，告奸者与斩敌首同赏，匿奸者与降敌同罚。民有二男以上不分异者[④]，倍其赋。有军功者，各以率受上爵[⑤]；为私斗者，各以轻重被刑大小[⑥]。僇力本业[⑦]，耕织致粟帛多者复其身[⑧]。事末利及怠而贫者[⑨]，举以为收孥[⑩]。宗室非有军功论[⑪]，不得为属籍[⑫]。明尊卑爵秩等级，各以差次名田宅[⑬]，臣妾衣服以家次[⑭]。有功者显荣，无功者虽富无所芬华[⑮]。

注释

①什伍：户籍管理方式，五家为一伍，设伍长；十家为一什，设什长。

②牧司：监督，检举。连坐：一人犯法，其他人也跟着受到惩罚。坐，因犯……罪。

③奸：坏人，犯法的人。腰斩：古代的一种酷刑，用斧头从腰部将犯人砍为两截。

④分异：分家。

⑤率：标准。

⑥被：遭遇，受到。

⑦僇力：即“戮力”，合力，并力。本业：即农耕。商鞅变法以农耕为本业，以经商为末业，认为经商并不能创造社会财富。

⑧复：免除。

⑨事末利：从事工商业生产的人。事，从事。末利，即工商业。怠：懒惰。

⑩收孥：拘系本人妻子，没入官府作为奴婢。

⑪宗室：国君亲属，即王族。

⑫属籍：王室的谱牒，“不能为属籍”即不能享受一些王族的待遇。

⑬名：占有。

⑭衣服：穿衣服。此处“衣”意为穿。

⑮芬华：拥有令人尊崇的地位。

译文

根据新法，让百姓五家作为一“伍”，十家成为一“什”，什伍内部的百姓相互监督，一家犯法十家连带着被治罪。不告发奸佞行为的要被判处腰斩的刑罚，告发犯罪行为的受到和斩杀敌人首级一样的奖赏，包庇藏匿犯罪行为的人，要受到和阵前投敌一样的处罚。百姓家里有两个以上成年男子而不分家另立户籍的，要加倍收取赋税。立了军功的人，各按标准受赏爵。为了私利而进行争斗的，各按情节轻重受到处罚。努力从事农耕，因为勤劳耕织而收获粮食、布帛多的，将免除自身的赋税徭役。从事商贾获利和因懒惰而导致贫穷的，全家将会被官府收为奴婢。宗室子弟如果没有军功被论列，就不能够列入宗室的谱牒。新法明确规定了尊卑的爵位等级，各按等级的高低占有田地房宅，奴婢的数量以及衣着也都根据主人家的爵禄等级而享用。有军功的享受荣华，没有军功的，即使富有，也无法拥有令人尊崇的地位。

令既具[①]，未布[②]，恐民之不信，已乃立三丈之木于国都市南门[3]，募民有能徙置北门者予十金[4]。民怪之[5]，莫敢徙。复曰“能徙者予五十金”。有一人徙之，辄予五十金[6]，以明不期[7]。卒下令。

注释

①具：准备就绪。

②布：颁布施行。

③市：市场，在国都城墙的外侧。

④金：古代货币单位。

⑤怪：感到奇怪。

⑥辄：立刻。

⑦期：同“欺”，欺骗。

译文

新法已经制定好，还没有颁布实施，害怕百姓不相信，于是就在国都市场的南门立了一根三丈长的木头，招募百姓中能够把它搬到北门的，给予十金的赏赐。老百姓很奇怪，没有人敢搬动木头。又宣布：“有能搬动木头的，给予五十金的赏赐。”有一个人把木头搬到了北门，于是就给了五十金，表明令出必行，不会欺骗百姓。最终颁布了新法。

令行于民期年[1]，秦民之国都言初令之不便者以千数。于是太子犯法[2]。卫鞅曰：“法之不行，自上犯之。”将法太子③。太子，君嗣也，不可施刑，刑其傅公子虔④，黥其师公孙贾⑤。明日，秦人皆趋令⑥。行之十年，秦民大说，道不拾遗，山无盗贼，家给人足。民勇于公战，怯于私斗，乡邑大治。秦民初言令不便者有来言令便者，卫鞅曰“此皆乱化之民也”，尽迁之于边城。其后民莫敢议令。

注释

①期jī年：一周年。

②于是：当时。

③法：惩治，处理。

④傅：与“师”同为古代教育太子的官职。

⑤黥：墨刑，具体步骤为先在囚犯脸上刺字，然后涂上墨。

⑥趋令：遵从法令。

译文

新法在百姓中颁行实施有一年，秦国民众到京都来说新法制定不合理的有好几千人。正好此时太子触犯了新法。卫鞅说：“法令之所以不能很好地贯彻执行，是因为从上层起就有人触犯了它。”于是就准备依法处罚太子。太子是国君的继承人，不能够施加刑罚，于是就处罚了太傅公子虔，对太师公孙贾处以墨刑。第二天开始，秦国百姓都开始遵循新法令了。新法施行了有十年，秦国百姓都非常满意，大路上丢了东西都没有人捡，山里也没有抢劫的盗贼，百姓们也都过得富足安定。人民勇于为国作战，而不敢因私争斗，乡镇安定和谐。秦国那些最初说新法不便利的人，现在又有人来说新法便利，卫鞅说“这些都是扰乱教化的人”，把他们都迁徙到边境居住。自此以后，百姓没有敢议论新法的了。

于是以鞅为大良造[①]。将兵围魏安邑[②]，降之。居三年，作为筑冀阙宫庭于咸阳[③]，秦自雍徙都之。而令民父子兄弟同室内息者为禁。而集小都乡邑聚为县，置令、丞，凡三十一县。为田开阡陌封疆[④]，而赋税平。平斗桶权衡丈尺。行之四年，公子虔复犯约，劓之[⑤]。居五年，秦人富强，天子致胙于孝公[⑥]，诸侯毕贺。

注释

①大良造：秦二十等爵位中的第十六等。

②安邑：当时的魏国国都，在今山西夏县西北。

③作为筑：造作、营建、修筑。冀阙：宫殿门前两侧的楼台。冀，高大。阙，宫殿，楼台。

④阡陌：纵横交错的田埂。阡，南北向的田埂。陌，东西向的田埂。封疆：堆积泥土作为地界的标志。

⑤劓：古代酷刑的一种，割去鼻子。

⑥致胙：送来献祭的肉。胙，祭祀用过的肉。送胙肉表示特殊的恩宠。

译文

于是任命商鞅为大良造。（商鞅担任大良造之后）领兵围攻魏国的国都安邑，使它投降。过了三年，在咸阳建造宫殿楼台，将秦国的国都从雍迁徙到这里。下令禁止百姓父子兄弟同居一室。把小的村镇的百姓聚集起来，合并为县，设置县令、县丞，一共设置了三十一个县。废除以前田地的疆界，重新划分田地，使赋税平衡。统一度量衡。施行了四年，公子虔又犯法了，被处以劓刑。过了五年，秦国富强起来，周天子派人给秦孝公送来献祭的肉，其他的诸侯都来祝贺他。

其明年，齐败魏兵于马陵[①]，虏其太子申，杀将军庞涓。其明年，卫鞅说孝公曰："秦之与魏，譬若人之有腹心疾，非魏并秦，秦即并魏。何者？魏居领阨之西[②]，都安邑，与秦界河而独擅山东之利[③]。利则西侵秦，病则东收地[④]。今以君之贤圣，国赖以盛。而魏往年大破于齐，诸侯畔之[⑤]，可因此时伐魏。魏不支秦，必东徙。东徙，秦据河山之固，东乡以制诸侯[⑥]，此帝王之业也。"孝公以为然，使卫鞅将而伐魏。魏使公子卬将而击之。军既相距[⑦]，卫鞅遗魏将公子卬书曰[⑧]："吾始与公子欢，今俱为两国将，不忍相攻，可与公子面相见，盟，乐饮而罢兵，以安秦魏。"魏公子卬以为然。

会盟已，饮，而卫鞅伏甲士而袭虏魏公子卬，因攻其军，尽破之以归秦。魏惠王兵数破于齐秦[9]，国内空，日以削[10]，恐，乃使使割河西之地献于秦以和。而魏遂去安邑，徙都大梁[11]。梁惠王曰："寡人恨不用公叔座之言也。"卫鞅既破魏还，秦封之於、商十五邑[12]，号为商君。

注释

①齐败魏兵于马陵：此即战国时期有名的马陵之战，魏国在此次战役中损失惨重，失去战国早期的霸主地位。

②领阨：山岭要害之处。领，通"岭"。阨，要塞。

③山东：崤山以东。

④病：不利。收地：扩展疆域。

⑤畔：通"叛"。魏国在三家分晋之后，通过李悝的变法，成为强国，是当时的盟主。

⑥乡：通"向"。

⑦相距：两军对阵。距，通"拒"。

⑧遗：赠送。

⑨数：多次。

⑩削：国力削弱。

⑪大梁：古地名，在今河南开封。

⑫於：古地名，在今河南陕县东。商：古地名，在今陕西商洛市境。

译文

第二年，齐国在马陵打败魏国的军队，俘虏了魏太子申，杀掉了魏国将军庞涓。下一年，卫鞅劝秦孝公说："秦国和魏国的关系，就像人有心腹疾病一样，不是魏国兼并秦国，就是秦国灭掉魏国。为什么这么说呢？魏国在山岭险要之地的西部，建都在安邑，与秦国以黄河为界，占有了崤山以东的地利。条件有利，就可以向西侵略秦国；条件不利，就在东边扩展领土。现在凭借国君您的贤明，国家得以强盛。而魏国因为去年大败于齐，诸侯都背叛了它，可趁这个时候攻打魏国。魏国不能抵挡秦国的进攻，必然向东迁徙。魏国东迁，那么秦国就可以占有崤山、黄河的地利，向东可以控制诸侯，这是帝王之业啊！"秦孝公认为卫鞅说得很对，因此就派他为将攻打魏国。魏国任命公子卬为将来抗击秦军。两军对峙，卫鞅派人给魏将公子卬送信说："我当初和公子你交好，现在都成了两国的将领，不忍心相互攻杀。可以和公子见面，相互盟誓，欢饮之后退兵，让秦魏两国相安。"公子卬认为卫鞅的说法很对。会盟结束之后，在饮酒的时候，卫鞅埋伏的士兵突然袭击并俘虏了公子卬，趁机攻打魏军，彻底打败了魏军之后才回国。魏惠王屡次被齐、秦两国打败，国内空虚，国力日渐衰弱，十分害怕，于是就派遣使者割让黄河以西的魏国领土给秦国，以求与秦国关系的缓和。而魏国也离开安邑，把都城迁徙到大梁城。魏惠王说："我真后悔当时没有听公叔座的话啊。”卫鞅打败魏国，回国之后，秦国把於、商等十五邑封给他，封号为商君。

商君相秦十年，宗室贵戚多怨望者[①]。赵良见商君，商君曰：“鞅之得见也，从孟兰皋[②]。今鞅请得交，可乎？”赵良曰：“仆弗敢愿也[③]。孔丘有言曰：‘推贤而戴者进[④]，聚不肖而王者退。’仆不肖，故不敢受命。仆闻之曰：‘非其位而居之曰贪位，非其名而有之曰贪名。’仆听君之义，则恐仆贪位贪名也。故不敢闻命。”商君曰：“子不说吾治秦与[⑤]？”赵良曰：“反听之谓聪[⑥]，内视之谓明[⑦]，自胜之谓强[⑧]。虞舜有言曰：‘自卑也尚矣[⑨]。’君不若道虞舜之道，无为问仆矣。”商君曰：“始秦戎翟之教，父子无别，同室而居。今我更制其教，而为其男女之别，大筑冀阙，营如鲁卫矣。子观我治秦也，孰与五羖大夫贤[⑩]？”赵良曰：“千羊之皮，不如一狐之掖[⑪]；千人之诺诺，不如一士之谔谔[⑫]。武王谔谔以昌，殷纣墨墨以亡[⑬]。君若不非武王乎，则仆请终日正言而无诛[⑭]，可乎？”商君曰：“语有之矣，貌言华也[⑮]，至言实也，苦言药也，甘言疾也[⑯]。夫子果肯终日正言，鞅之药也。鞅将事子，子又何辞焉！”赵良曰：“夫五羖大夫，荆之鄙人也[⑰]。闻秦缪公之贤而愿望见，行而无资，自粥于秦客[⑱]，被褐食牛[⑲]。期年，缪公知之，举之牛口之下，而加之百姓之上，秦国莫敢望焉。相秦六七年，而东伐郑，三置晋国之君，一救荆国之祸。发教封内[20]，而巴人致贡；施德诸侯，而八戎来服[21]。由余闻之[22]，款关请见[23]。五羖大夫之相秦也，劳不坐乘，暑不张盖，行于国中，不从车乘，不操干戈，功名藏于府库，德行施于后世。五羖大夫死，秦国男女流涕，童子不歌谣，舂者不相杵。此五羖大夫之德也。今君之见秦王也，因嬖人景监以为主[24]，非所以为名也。相秦不以百姓为事，而大筑冀阙，非所以为功也。刑黥太子之师傅，残伤民以骏刑，是积怨畜祸也。教之化民也深于命，民之效上也捷于令。今君又左建外易[25]，非所以为教也。君又南面而称寡人，日绳秦之贵公子。《诗》曰：'相鼠有体，人而无礼，人而无礼，何不遄死。'以《诗》观之，非所以为寿也。公子虔杜门不出已八年矣，君又杀祝欢而黥公孙贾。《诗》曰：'得人者兴，失人者崩。'此数事者，非所以得人也。君之出也，后车十数，从车载甲，多力而骈胁者为骖乘[26]，持矛而操闟戟者旁车而趋[27]。此一物不具，君固不出。《书》曰：'恃德者昌，恃力者亡。'君之危若朝露，尚将欲延年益寿乎？则何不归十五都，灌园于鄙，劝秦王显岩穴之士[28]，养老存孤，敬父兄，序有功，尊有德，可以少安。君尚将贪商於之富，宠秦国之教，畜百姓之怨，秦王一旦捐宾客而不立朝[29]，秦国之所以收君者[30]，岂其微哉？亡可翘足而待。”商君弗从。

注释

①怨望：怨恨。望，埋怨。

②从：自，由。

③仆：古代男子对自己的谦称。

④戴：受到拥戴。

⑤说：通“悦”，高兴。

⑥反听：能够听取别人的反面意见。

⑦内视：反省自己。

⑧自胜：克制自己。

⑨自卑：谦虚。

⑩五羖 gǔ 大夫：即秦穆公时期的大臣百里奚。百里奚原为虞国大臣，晋国灭掉虞国后，百里奚被晋国俘虏。后来作为晋公女儿的陪嫁家奴来到秦国，但不久即逃离秦国，在楚国的宛地被楚人捉住。秦穆公听说了百里奚的才能，就用五张黑色公羊皮把百里奚作为奴隶赎回。回到秦国后，百里奚即受到秦穆公的重用。

⑪掖：同“腋”。

⑫谔谔：直言争辩的样子。

⑬墨墨：通“默默”，即不说话。

⑭诛：责怪。

⑮貌言华：表面上好听的话好像花朵一样。华，同“花”。

⑯甘言疾：献媚奉承的话会使人生病。

⑰荆之鄙人：楚国乡间的人。荆，即楚国的简称。鄙，鄙野，相对城市而言。

⑱粥 yù：通"鬻"，卖。

⑲被褐食牛：穿着褐衣喂牛。被，通"披"。食，给……吃。

⑳封内：境内。

㉑八戎：泛指西戎部落。

㉒由余：本为晋国人，后逃到西戎担任大臣。因熟悉西戎情况，被秦穆公设计招降。

㉓款关：叩关。

㉔嬖人：宠爱的近侍。

㉕左建外易：所建之事，所变之法，都与情理相违背。左，不正，歪。外，排斥。易，改变。

㉖骈胁：肌肉壮健。骖乘：乘车时居于右者，即陪乘。

㉗阘 xī：长戟。

㉘显：使……显扬。岩穴之士：隐居山林的贤能之士。

㉙捐宾客：舍弃宾客，即死亡。

㉚收：逮捕，拘压。

译文

商君担任秦相十年，很多的王室贵族都怨恨他。赵良去见商君，商君说："我能够见到您，是通过孟兰皋的介绍，现在我请求和您交个朋友，怎么样？"赵良回答说："这是我不敢奢望的。孔子说过：'推重贤才，有才能且受到民众拥戴的人就会前来；招揽不贤之人，那些有志节的人就会隐退。’我没有才，所以不敢从命。我听到过这样的说法：‘不该占有的职位而去占有叫做贪位，不该享有的名声而去享有叫做贪名。’我要是接受您的情谊，那恐怕就是贪名贪位了。所以我不敢从命。”商鞅说：“您不高兴我对秦国的治理吗？”赵良说：“能够听进反面意见的被称为聪，能够反省自己的叫做明，善于克制自己的被称为强。虞舜曾说过：‘能够谦虚也是很高尚的。’您不如遵从虞舜的说法去做，不需要问我了。”商君说：“当初，秦国的习俗和夷狄一样，父子之间没有区别，男女老少同居一室。如今我改变了教化，从而使秦国男女有别，大规模建造宫殿，把秦国营建得像鲁国、卫国一样了。您看我治理秦国，和五羖大夫相比，谁更贤能一些？”赵良说：“一千张羊皮也抵不上一领狐腋的价值；一千个随声应和的人也比不上一个人的正义直言有用。周武王因为能够听进大臣的直言，所以国家才昌盛；殷纣王因为迫使大臣们不敢讲话而亡国。假如您不反对武王的做法，那么请允许我整日直言而不受到责备，可以吗？”商鞅说：“俗话说，表面上动听的话好像是花朵，真实诚挚的话好比果实，听起来刺耳的话是治病良药，媚人的甜言蜜语使人生病。您如果真肯终日正义直言，那就是我治病的良药了。我将要侍奉您，您又何必推辞呢？”赵良说：“那五羖大夫，是楚国偏僻的乡下人。听说秦穆公贤明，就想去当面拜见，要去却没有路费，就把自己卖给秦国人，穿着粗布短衣给人家喂牛。整整过了一年，秦穆公知道了这件事，把他从牛嘴下面提拔起来，凌驾于万人之上，秦国人没有谁不满意。他出任秦相六七年，向东讨伐过郑国，三次拥立晋国的国君，一次出兵救楚。在境内施行德化，巴国前来纳贡；施德政于诸侯，四方少数民族前来朝见。由余听到这种情形，前来敲门投奔。五羖大夫出任秦相，劳累不坐车，酷暑炎热不打伞，走遍国中，不用随从车辆，不带武装防卫，他的功名载入史册，藏于府库，他的德行施教于后代。五羖大夫死时，秦国不论男女都痛哭流涕，连小孩子也不唱歌谣，正在舂米的人也因悲哀而停止哼唱。这就是五羖大夫的德行啊。如今您得以见秦君，靠的是秦君宠臣景监推荐介绍，这就说不上什么名声了。身为秦国国相不为百姓造福而大规模地营建宫阙，这就说不上为国家建立功业了。惩治太子的师傅，用严刑酷法残害百姓，这是积累怨恨、聚积祸患啊。教化百姓比命令百姓更深入人心，百姓模仿上边的行为比命令百姓更为迅速。如今您却违情背理地建立权威变更法度，这不是对百姓施行教化啊。您又在商、於封地南面称君，天天用新法来逼迫秦国的贵族子弟。《诗经》上说：‘相鼠还懂得礼貌，人反而没有礼仪，人既然失去了礼仪，为什么不快快地死呢？’照这句诗看来，实在是不能恭维您了。公子虔闭门不出已经八年了，您又杀死祝欢而用墨刑惩处公孙贾。《诗经》上说：‘得到人心的振兴，失掉人心的灭亡。’这几件事，都是不得人心的呀。您一出门，后边跟着数十辆车辆，车上都是顶盔贯甲的卫士，身强力壮的人做贴身警卫，持矛操戟的人紧靠您的车子奔随。这些防卫缺少一样，您必定不敢出门。《尚书》上说：‘凭靠施德的昌盛，凭靠武力的灭亡。’您的处境就好像早晨的露水一样，有着很快就会消亡的危险，您还打算要延年益寿吗？何不把商於十五邑封地交还秦国，到偏僻荒远的地方浇园自耕，劝秦王重用那些隐居山林的贤才，赡养老人，抚育孤儿，使父兄相互敬重，依功序爵，尊崇有德之士，这样才可以稍保平安。您若还要贪图商於的富有，以独揽秦国的政教为荣宠，聚集百姓的怨恨，秦王一旦去世而不再当朝，秦国想要拘捕您的人难道能少吗？您丧身的日子就指日可待了。”但商君没有听从赵良的劝告。

后五月而秦孝公卒，太子立。公子虔之徒告商君欲反[①]，发吏捕商君。商君亡至关下[②]，欲舍客舍[③]。客人不知其是商君也[④]，曰：“商君之法，舍人无验者坐之[⑤]。”商君喟然叹曰[⑥]：“嗟乎，为法之敝一至此哉[⑦]！”去之魏。魏人怨其欺公子卬而破魏师，弗受。商君欲之他国。魏人曰：“商君，秦之贼[⑧]。秦强而贼入魏，弗归，不可。”遂内秦[⑨]。商君既复入秦，走商邑，与其徒属发邑兵北出击郑[⑩]。秦发兵攻商君，杀之于郑黾池[⑪]。秦惠王车裂商君以徇[⑫]，曰：“莫如商鞅反者！”遂灭商君之家。

注释

①徒：党羽。反：谋反。

②亡：逃亡。

③舍：住宿。客舍：旅店。先秦时期，除国家开设的驿站之外，另有供来往商旅歇息的私人旅社。

④客人：旅店主人。

⑤验：身份凭证。

⑥喟 kuì 然：形容叹气的样子。

⑦敝：害处。

⑧贼：逃犯。

⑨内：同“纳”。

⑩徒属：追随者。郑：郑县，今陕西华县，在商邑北。

⑪黾池：地名，在今河南渑池县西。

⑫车裂：古代一种酷刑，用五匹马拴着囚犯的四肢和头部，让马驶向五个方向，撕裂犯人。徇：巡行示众。

译文

五个月后，秦孝公去世，太子即位。公子虔等一班人要告发商君谋反，派人去逮捕商君。商鞅逃到边境关下，想要留宿在旅店。旅店主人不知道他是商鞅，说：“商君有令，住店的人如果没有证件，店主人要连带判罪。”商鞅长叹说：“唉，制定新法的遗害竟然到了这个地步。”于是离开秦国到了魏国。魏国人怨恨他欺骗公子卬而打败魏军，拒绝接纳他。商鞅想到其他国家去，魏国人说：

"商鞅，秦国的逃犯。秦国强大而逃窜到魏国，魏国不送还，不行。"于是就把商鞅送回秦国。商鞅回到秦国之后，潜逃回商邑，和他的部署发动邑兵向北攻击郑县。秦国发兵攻击商君，把他杀死在郑县的黾池地区。秦惠王把商鞅五马分尸示众，说："不要像商鞅一样谋反。"于是就诛灭了商鞅全家。

太史公曰：商君，其天资刻薄人也[①]。迹其欲干孝公以帝王术[②]，挟持浮说，非其质矣[③]。且所因由嬖臣[④]，及得用，刑公子虔，欺魏将卬，不师赵良之言，亦足发明商君之少恩矣[⑤]。余尝读商君《开塞》《耕战》书[⑥]，与其人行事相类。卒受恶名于秦，有以也夫[⑦]！

注释

①天资：天性。刻薄：冷酷无情，少恩寡义。

②迹：考察，追究。干：求，求取。

③质：内心，本意。

④且所因由嬖臣：此句为被动倒装句，且省略一个动词，原句顺序应为"且因由嬖臣所（引）"，意思是况且他是凭借嬖臣的推荐。因，凭借。嬖臣，受到宠幸的近臣。

⑤发明：证明。

⑥《开塞》《耕战》书：商鞅死后，法家后学将他的

变法理论辑成《商君书》，其中第三篇为《农战》，第七篇为《开塞》。《耕战》即《农战》。

⑦有以：有缘故。

译文

太史公说：商君是个天性冷酷无情的人。考究他向秦孝公游说帝王之术来求官，采取浮华不实的言辞，并不是他的本质。况且他是凭嬖臣的推荐而受到重用，受到重用以后，处罚公子虔，欺骗魏将卬，不听从赵良的话，这也足以证明商君刻薄少恩了。我曾经读商君的《开塞》《耕战》等篇，和他本人的所作所为是相似的。他最终在秦国获取恶名，这是有原因的啊！

廉颇蔺相如列传

题解

《廉颇蔺相如列传》是战国时期赵国将相廉颇、蔺相如、赵奢、李牧四人的合传，通过这四人的传记，展示了赵国中晚期的兴衰存亡历程。赵王任用他们，赵国就强大，不用他们，赵国就衰弱败亡。作者用具体的历史事实有力地证明了能否正确任用军事将领，事关国家存亡。文章对四位人物的刻画形象鲜明，个性突出。通过对完璧归赵、渑池之会、将相和三个故事的叙述，歌颂了蔺相如为维护国家荣誉和利益，置个人生死于度外，在对敌斗争中的无畏和智勇精神，以及廉颇勇于承认错误的磊落精神。通过对赵奢、赵括父子指挥战争的不同方式和经历的记述，使赵奢的出奇制胜与赵括的纸上谈兵形成鲜明的对比。李牧是赵国的最后一位名将，作战讲究战术，善于后发制人，为国建立无数战功，但终因谗言被杀，赵国也随之灭亡。

本文是《史记》中的名篇，艺术价值极高，廉颇与蔺相如也是《史记》中最光辉、刻画最为成功的人物形象，故事情节扣人心弦，描写生动，文字感人，耐人回味。

廉颇者，赵之良将也。赵惠文王十六年[①]，廉颇为赵将伐齐，大破之，取阳晋[②]，拜为上卿[③]，以勇气闻于诸侯。蔺相如者，赵人也，为赵宦者令缪贤舍人[④]。

注释

①赵惠文王十六年：公元前 283 年。

②阳晋：齐邑，在今山东省菏泽市郓城县西。

③拜：授给官职。上卿：古代官名，相当于丞相。

④宦者令：宦官的首领。舍人：门客。

译文

廉颇是赵国优秀的将领。赵惠文王十六年（公元前 283 年），廉颇任赵国将军，率兵攻打齐国，大败齐军，夺取了阳晋，被封为上卿，凭借着勇气出众而闻名于各诸侯国。蔺相如是赵国人，是赵国宦官首领缪贤家的门客。

赵惠文王时，得楚和氏璧[①]。秦昭王闻之，使人遗赵王书[②]，愿以十五城请易璧[③]。赵王与大将军廉颇诸大臣谋：欲予秦，秦城恐不可得，徒见欺[④]；欲勿予，即患秦兵之来[⑤]。计未定，求人可使报秦者，未得。宦者令缪贤曰："臣舍人蔺相如可使。"王问："何以知之？"对曰："臣尝有罪[6]，窃计欲亡走燕[7]，臣舍人相如止臣，曰：'君何以知燕王？'臣语曰：'臣尝从大王与燕王会境上，燕王私握臣手，曰"愿结友"。以此知之，故欲往。'相如谓臣曰：'夫赵强而燕弱，而君幸于赵王[8]，故燕王欲结于君。今君乃亡赵走燕[9]，燕畏赵，其势必不敢留君，而束君归赵矣[10]。君不如肉袒伏斧质请罪[11]，则幸得脱矣[12]。'臣从其计，大王亦幸赦臣。臣窃以为其人勇士，有智谋，宜可使[13]。"于是王召见，问蔺相如曰："秦王以十五城请易寡人之璧，可予不[14]？"相如曰："秦强而赵弱，不可不许。"王曰："取吾璧，不予我城，奈何？"相如曰："秦以城求璧而赵不许，曲在赵[15]。赵予璧而秦不予赵城，曲在秦。均之二策[16]，宁许以负秦曲[17]。"王曰："谁可使者？"相如曰："王必无人，臣愿奉璧往使[18]。城入赵而璧留秦；城不入，臣请完璧归赵[19]。"赵王于是遂遣相如奉璧西入秦。

注释

①和氏璧：据《韩非子·和氏篇》记载，楚人卞和在山中得到璞（含玉的石头），献给楚厉王，厉王派玉匠鉴别，说是石块。厉王以为受到了卞和的欺骗，就下令砍断了卞和的左足。楚武王即位，卞和又献璞，玉匠仍说是石块，卞和又被砍断了右足。楚文王即位，卞和抱璞在山中大哭。文王

令匠人把璞剖开，里边果然是一块宝玉，经雕琢加工成一块玉璧，命名为和氏之璧。

②遗：送。

③易：交换。

④徒：白白地。见：被。

⑤患：忧虑，担心。

⑥尝：曾经。

⑦窃计：偷偷打算。

⑧幸：受宠信。

⑨乃：竟然。

⑩束：捆绑。

⑪肉袒：脱去上衣，露出上体，表示服罪。斧质：古代杀人刑具。

⑫幸：侥幸。

⑬宜：应该。

⑭不：通“否”。

⑮曲：理亏。

⑯均：权衡，衡量。

⑰负秦曲：使秦国承担理亏的责任。

⑱奉：恭敬地捧着。

⑲完璧归赵：把璧完整地送归赵国。

译文

赵惠文王的时候，得到了楚国的和氏璧。秦昭王听说了这件事后，就派人给赵王送了一封信，表明愿意用十五座城来交换和氏璧。赵王与大将军廉颇等诸位大臣商量：要是把和氏璧给秦国，秦国的城池恐怕不可能得到，白白地被欺骗；要是不给，又害怕秦军前来攻打。计策还没有确定，想找一个可以派到秦国去回复的使者，却没能找到。宦者令缪贤说："我的门客蔺相如可以出使。"赵王问："你怎么知道他可以呢？"缪贤回答说："我曾经犯过罪，偷偷地打算逃到燕国去，我的门客蔺相如劝阻我，说：'您怎么知道燕王会收留您呢？'我回答说：'我曾经随大王在边境上与燕王会见，燕王私下握着我的手说"愿意跟您交个朋友"。因此我相信他会收留我，所以想逃到那里去。'蔺相如对我说：'赵国强而燕国弱，而您又受宠于赵王，所以燕王才想要和您结交。现在您是从赵国逃到燕国去，燕国害怕赵国，按照这种形势，燕王肯定不敢收留您，而会把您捆绑起来送回赵国。您不如脱掉上衣，露出肩背，伏在斧刃之下请罪，这样也许会侥幸得到赦免。'我听从了他的计策，大王您也开恩赦免了我。我私下里认为这个人是勇士，而且有智谋，应该可以出使。"于是赵王召见他，问蔺相如说："秦王想用十五座城池来交换我的和氏璧，能不能给他呢？"蔺相如说："秦国强大而赵国弱小，不能不答应他。"赵王说："秦王得了我的和氏璧，却不给我城池，怎么办？"蔺相如说："秦国请求用城池换璧，赵国如果不答应，那么是赵国理亏；赵国给了和氏璧而秦国不给赵国城池，那么是秦国理亏。权衡一下这两种对策，宁可答应它，让秦国来承担理亏的责任。"赵王说："谁可以出使呢？"

蔺相如说："大王如果确实没有更合适的人选，我愿手捧和氏璧出使秦国。秦国的城池归属了赵国，我就把和氏璧留给秦国；如果没有归属赵国，我一定把和氏璧完好地带回赵国。"赵王于是就派蔺相如带着和氏璧，西行出使秦国。

秦王坐章台见相如①，相如奉璧奏秦王②。秦王大喜，传以示美人及左右③，左右皆呼万岁。相如视秦王无意偿赵城，乃前曰："璧有瑕④，请指示王。"王授璧，相如因持璧却立⑤，倚柱，怒发上冲冠，谓秦王曰："大王欲得璧，使人发书至赵王，赵王悉召群臣议，皆曰'秦贪，负其强⑥，以空言求璧，偿城恐不可得'。议不欲予秦璧。臣以为布衣之交尚不相欺⑦，况大国乎！且以一璧之故逆强秦之欢⑧，不可。于是赵王乃斋戒五日⑨，使臣奉璧，拜送书于庭⑩。何者？严大国之威以修敬也⑪。今臣至，大王见臣列观⑫，礼节甚倨⑬；得璧，传之美人，以戏弄臣。臣观大王无意偿赵王城邑，故臣复取璧。大王必欲急臣⑭，臣头今与璧俱碎于柱矣！"相如持其璧睨柱⑮，欲以击柱。秦王恐其破璧，乃辞谢固请⑯，召有司案图⑰，指从此以往十五都予赵。相如度秦王特以诈详为予赵城⑱，实不可得，乃谓秦王曰："和氏璧，天下所共传宝也⑲，赵王恐，不敢不献。赵王送璧时，斋戒五日，今大王亦宜斋戒五日，设九宾于廷[20]，臣乃敢上璧。”秦王度之，终不可强夺，遂许斋五日，舍相如广成传[21]。相如度秦王虽斋，决负约不偿城，乃使其从者衣褐[22]，怀其璧，从径道亡[23]，归璧于赵。

注释

①章台：秦宫台名，是秦离宫中的一座台观建筑物。

②奏：进献。

③美人：指嫔妃。左右：指近臣。

④瑕：玉上的小斑点。

⑤却立：后退几步站住。

⑥负：倚仗。

⑦布衣之交：平民之间的交往。

⑧逆：触犯。

⑨斋戒：古人在祭祀之前，要先沐浴更衣，戒酒，戒荤，戒女色，以清净心志，表示对神的恭敬。

⑩庭：朝堂。

⑪严：尊重。修敬：致敬。

⑫列观：一般的台观，指会见的场所不正式。

⑬倨：傲慢。

⑭急：逼迫。

⑮睨：斜视。

⑯辞谢固请：道歉并请蔺相如息怒，不要撞柱。

⑰有司：主管某方面事务的官吏。

⑱度：估计。特：只是，不过。详：通“佯”，假装。

⑲共传：公认。

⑳九宾：当时外交上最隆重的礼节，由九名迎宾礼官依次传呼引客上殿。

㉑舍：安排住宿。广成：宾馆名。传：宾馆。

㉒褐：粗布短衣，泛指普通百姓的衣服。

㉓径道：小路。

译文

秦王坐在章台上接见了蔺相如，蔺相如捧着和氏璧献给秦王。秦王非常高兴，把和氏璧递给妃嫔们和左右侍从看，他们都高呼万岁。蔺相如看出秦王没有交给赵国城池的意思，就走上前去说："璧上有个小斑点，请让我指给大王看。"秦王把和氏璧交给他，蔺相如手拿和氏璧退后几步站定，靠在柱子上，怒发冲冠，对秦王说："大王想得到和氏璧，派人送信给赵王，赵王召集全体大臣商议，大家都说：'秦国贪婪，倚仗自己的强大，想用空话来骗取和氏璧，答应给我们的城池恐怕是不能得到的。'决定不想把和氏璧给秦国。我认为平民百姓之间的交往尚且不互相欺骗，何况是大国呢！再说因为一块玉璧就惹得强大的秦国不高兴，这是不应该的。于是赵王斋戒了五天，派我捧着宝璧，在殿堂上恭敬地拜见，呈送国书。为什么要这样呢？是为了尊重大国的威望并表示敬意呀。现在我来到贵国，大王却只在一般的台观接见我，礼节非常傲慢；您得到和氏璧后，传给妃嫔们观看，这样来戏弄我。我看您没有打算给赵国十五座城池的意思，所以我就又把和氏璧要回来了。大王您如果一定要逼我，我的头今天就会和宝璧一起撞碎在这柱子上！”说完，蔺相如手拿着和氏璧，斜视着庭柱，就要往庭柱上撞。秦王怕他撞坏了和氏璧，就向他道歉，再三请求他不要如此，召来有关负责人查看地图，指明从某地到某地的十五座城池给赵国。蔺相如估计秦王只不过是用欺诈的手段假装给赵国城池，实际上赵国还是不可能得到城池的，于是就对秦王说：“和氏璧是天下公认的宝物，赵王因为害怕贵国，才不敢不奉送给您。赵王献出和氏璧之前，斋戒了五天，如今大王也应该斋戒五天，在朝堂上安排九宾大典，我才敢献上和氏璧。”秦王估计这件事，终究不可以强力夺取，于是就答应斋戒五天，把蔺相如安置在广成宾馆。蔺相如估计秦王虽然答应斋戒，但肯定会违背约定不给赵国城池，便派他的随从穿上粗布衣服，怀揣着和氏璧，从小路逃出，把和氏璧送回了赵国。

秦王斋五日后，乃设九宾礼于廷，引赵使者蔺相如。相如至，谓秦王曰：“秦自缪公以来二十余君，未尝有坚明约束者也[①]。臣诚恐见欺于王而负赵，故令人持璧归，间至赵矣[②]。且秦强而赵弱，大王遣一介之使至赵[③]，赵立奉璧来。今以秦之强而先割十五都予赵，赵岂敢留璧而得罪于大王乎？臣知欺大王之罪当诛，臣请就汤镬[④]，唯大王与群臣孰计议之[5]。”秦王与群臣相视而嘻[6]。左右或欲引相如去[7]，秦王因曰：“今杀相如，终不能得璧也，而绝秦赵之欢，不如因而厚遇之[8]，使归赵，赵王岂以一璧之故欺秦邪！”卒廷见相如，毕礼而归之。

相如既归，赵王以为贤大夫使不辱于诸侯，拜相如为上大夫[9]。秦亦不以城予赵，赵亦终不予秦璧。

注释

①坚明约束：坚决明确地遵守信约。

②间至：抄小路回到。

③一介：一个。

④汤镬 huò：盛开水的大鼎，用以烹人。古代有一种酷刑为烹刑，即把犯人投入开水锅中煮死。

⑤孰：通“熟”，仔细，认真。

⑥嘻：苦笑之声。

⑦引：拉去受刑。

⑧遇：款待。

⑨上大夫：古代官名。古代卿、大夫均分为上、中、下三级，上大夫位次于卿。

译文

秦王斋戒五天后，于是在朝堂上安排了九宾大典，派人去请赵国的使者蔺相如。蔺相如来到后，对秦王说：“秦国自穆公以来的二十几位君主，不曾有坚守盟约的。我实在是害怕被大王欺骗而对不起赵国，所以派人带着和氏璧回去，从小路已经回到赵国了。况且秦强赵弱，大王派一位使者到赵国，赵国马上就把和氏璧送来。现在凭您秦国的强大，先把十五座城池割让给赵国，赵国怎么敢留下和氏璧而得罪大王呢？我知道欺骗大王罪当被诛杀，我甘愿下汤锅被烹，只希望大王您和群臣们仔细商议这件事。”秦王和群臣面面相觑，发出一片惊怪之声。秦王的侍卫有人要把蔺相如拉下去处死，秦王趁机说：“现在杀了蔺相如，也终归还是得不到和氏璧，反而破坏了秦国和赵国之间的交情，不如借此机会好好地款待他，放他回到赵国，赵王怎么会为了一块玉璧而欺骗秦国呢！”最终还是在朝堂上接见了蔺相如，典礼结束后让他回国。

蔺相如回到赵国后，赵王认为他是位贤能的大夫，出使外国，不受诸侯的欺辱，于是就封蔺相如为上大夫。秦国没有把城池给赵国，赵国也没有送给秦国和氏璧。

其后秦伐赵，拔石城[①]。明年，复攻赵，杀二万人。

秦王使使者告赵王，欲与王为好会于西河外渑池[②]。赵王畏秦，欲毋行，廉颇、蔺相如计曰：“王不行，示赵弱且怯也。”赵王遂行，相如从。廉颇送至境，与王诀曰[③]：“王行，度道里会遇之礼毕[④]，还，不过三十日。三十日不还，则请立太子为王，以绝秦望。”王许之，遂与秦王会渑池。秦王饮酒酣，曰："寡人窃闻赵王好音，请奏瑟。"赵王鼓瑟[5]。秦御史前书曰[6]："某年月日，秦王与赵王会饮，令赵王鼓瑟。"蔺相如前曰："赵王窃闻秦王善为秦声，请奏盆缻秦王[7]，以相娱乐。"秦王怒，不许。于是相如前进缻，因跪请秦王。秦王不肯击缻。相如曰："五步之内，相如请得以颈血溅大王矣！"左右欲刃相如[8]，相如张目叱之[9]，左右皆靡[10]。于是秦王不怿[11]，为一击缻。相如顾召赵御史书曰[12]："某年月日，秦王为赵王击缻。"秦之群臣曰："请以赵十五城为秦王寿[13]。"蔺相如亦曰："请以秦之咸阳为赵王寿。"秦王竟酒[14]，终不能加胜于赵[15]。赵亦盛设兵以待秦，秦不敢动。

注释

①拔：攻取。石城：赵邑名，在今河南省林州西南。

②好会：友好的会面。西河：陕西东部韩城以南黄河西岸地区。渑池：秦邑名，在今河南省渑池县。

③诀：诀别，告别。

④道里：路程。

⑤瑟：古乐器名，形状与古琴相似，身长大，通常有二十五弦。

⑥御史：官名，战国时负责掌管图书文籍、记载国家大事的史官。

⑦奏：进献。一作"奉"。缻 fǒu：盛酒浆的瓦器。

⑧刃：杀。

⑨叱：喝骂。

⑩靡：后退。

⑪不怿：不情愿，不高兴。

⑫顾召：回过头命令。

⑬寿：献礼祝寿。

⑭竟酒：宴会结束。

⑮加胜：超过，占上风。

译文

后来秦国攻打赵国，攻占了石城。第二年，秦国再次攻打赵国，又杀死了赵国两万人。

秦王派使者通知赵王，想和赵王在西河外的渑池进行一次友好会见。赵王害怕秦国，不想去。廉颇、蔺相如商议说："大王如果不去，就显得赵国既软弱又胆怯。"赵王于是前去，蔺相如随行。廉颇送到边境，和赵王诀别说："大王此行，估计路程和会见礼仪结束，再加上返回的时间，不会超过三十天。如果三十天后还没回来，就请您允许我们立太子为王，以断绝秦国想要用您要挟赵国的妄想。"赵王同意了，就去与秦王在渑池会见。秦王喝酒喝得正高兴的时候，说："我私下里听说赵王爱好音乐，请您弹瑟吧！"赵王弹奏了瑟。秦国的史官走上前来写道："某年某月某日，秦王与赵王一起饮酒，令赵王弹瑟。"蔺相如走上前说："赵王私下里听说秦王擅长奏秦地的乐曲，请让我献上盆缶让您演奏，来互相娱乐一下。"秦王发怒，不答应。于是蔺相如向前递上瓦缶，并跪下请秦王演奏。秦王不肯击缶，蔺相如说：“五步之内，我蔺相如要把脖颈的鲜血溅在大王身上了！”左右侍从想要杀蔺相如，蔺相如瞪大双眼大喝一声，吓得他们倒退下去。于是秦王很不高兴，但也只好敲了一下缶。蔺相如回头令赵国史官写道：“某年某月某日，秦王为赵王击缶。”秦国的大臣们说：“请赵国用十五座城池为秦王献礼祝寿。”蔺相如也说：“请秦国用咸阳为赵王献礼祝寿。”一直到酒宴结束，秦王始终也未能压倒赵国。赵国也部署了大批军队来防备秦国，因而秦国也不敢轻举妄动。

既罢归国，以相如功大，拜为上卿，位在廉颇之右①。廉颇曰：“我为赵将，有攻城野战之大功，而蔺相如徒以口舌为劳，而位居我上，且相如素贱人②，吾羞，不忍为之下。”宣言曰：“我见相如，必辱之。”相如闻，不肯与会。相如每朝时，常称病，不欲与廉颇争列。已而相如出，望见廉颇，相如引车避匿③。于是舍人相与谏曰：“臣所以去亲戚而事君者，徒慕君之高义也。今君与廉颇同列，廉君宣恶言而君畏匿之，恐惧殊甚④，且庸人尚羞之⑤，况于将相乎！臣等不肖，请辞去。”蔺相如固止之⑥，曰：“公之视廉将军孰与秦王？”曰：“不若也。”相如曰：“夫以秦王之威，而相如廷叱之，辱其群臣，相如虽驽⑦，独畏廉将军哉？顾吾念之，强秦之所以不敢加兵于赵者，徒以吾两人在也。今两虎共斗，其势不俱生。吾所以为此者，以先国家之急而后私仇也。”廉颇闻之，肉袒负荆[8]，因宾客至蔺相如门谢罪。曰：“鄙贱之人，不知将军宽之至此也。”卒相与欢，为刎颈之交[9]。

注释

①右：秦汉以前以右为尊。

②素：向来。贱：指出身低贱。

③引车：把车掉转方向。避匿：躲避。

④恐惧殊甚：过于害怕。

⑤庸人：普通人。

⑥固：坚决。

⑦驽：劣马。比喻人蠢笨无能。

⑧负荆：身背荆条，表示承认错误，愿受惩罚。

⑨刎颈之交：誓同生死的好朋友。

译文

渑池之会结束后回到赵国，由于蔺相如功劳大，被封为上卿，官位在廉颇之上。廉颇说：“我是赵国的大将，有攻城野战的大功，而蔺相如只不过是靠耍嘴皮子立了点功，可官位却在我之上，况且蔺相如本来是个卑贱的人，我感到羞耻，不能忍受地位在他之下。”扬言说：“我遇到蔺相如，一定要羞辱他。”蔺相如听到后，不肯和他相见。每当朝会的时候，蔺相如常常推说有病，不愿和廉颇争列次。没过多久，蔺相如外出，远远地看到了廉颇，就急忙掉转车头回避。于是蔺相如的门客就一起劝谏说："我们之所以离开亲人来投奔侍奉您，就是因为仰慕您高尚的节操义气。现在您与廉颇官位相同，廉颇口出恶言，可您却害怕躲避他，您怕得也太过分了，普通人尚且感到羞耻，更何况是身为将相的人呢！我们这些人没出息，请求告辞离去！"蔺相如坚决地挽留他们，说："诸位认为廉将军和秦王相比谁更厉害？"门客回答说："廉将军比不了秦王。"蔺相如说："以秦王那样的威势，我却敢在朝廷上叱责他，羞辱他的群臣，我蔺相如虽然蠢笨无能，难道偏偏会害怕廉将军吗？我所考虑的是，强秦之所以不敢对赵国用兵，就是因为有我们两人在。现在如果我们两个人相斗，就如同两只老虎争斗，势必不能共存。我之所以一直忍让，就是为了把国家的安危放在前面，而把个人的恩怨放在后面。"廉颇听说了这些话后，就脱去上衣，露出上身，背着荆条，由宾客带着来到蔺相如的门前请罪。他说："我是个鄙贱的人，想不到将军您的胸襟如此宽厚！"二人终于相互和好，成为生死与共的好友。

是岁，廉颇东攻齐，破其一军。居二年，廉颇复伐齐幾[①]，拔之。后三年，廉颇攻魏之防陵、安阳[②]，拔之。后四年，蔺相如将而攻齐，至平邑而罢[③]。其明年，赵奢破秦军阏与下[④]。

注释

①幾：古邑名，原属魏，后属齐，在今河北省大名县东南。

②防陵：魏邑，在今河南省安阳市南。安阳：魏邑，在今河南省安阳市西南。

③平邑：在今河南省南乐县东北。

④阏与：原韩邑，后属赵，在今山西省和顺县西北。

译文

这一年，廉颇向东进攻齐国，打败了齐国的一支军队。过了两年，廉颇又攻打齐国的幾邑，攻占了它。此后三年，廉颇攻打魏国的防陵、安阳，都攻克了。又过了四年，蔺相如率兵攻打齐国，打到平邑才撤兵。第二年，赵奢在阏与大败秦军。

赵奢者，赵之田部吏也①。收租税而平原君家不肯出租，奢以法治之，杀平原君用事者九人②。平原君怒，将杀奢。奢因说曰③："君于赵为贵公子，今纵君家而不奉公则法削④，法削则国弱，国弱则诸侯加兵，诸侯加兵是无赵也，君安得有此富乎？以君之贵，奉公如法则上下平，上下平则国强，国强则赵固，而君为贵戚，岂轻于天下邪⑤？"平原君以为贤，言之于王。王用之治国赋⑥，国赋大平，民富而府库实。

注释

①田部吏：征收田赋的官员。

②用事者：管事的人。

③因说：趁机劝说。

④法削：法制削弱，不能实行。

⑤轻于天下：被天下人轻视。

⑥治国赋：主管国家的税收。

译文

赵奢，原是赵国的一个征收田赋的官吏。一次他收租税的时候，平原君家不肯缴纳，赵奢依法处治，杀了平原君家九个管事的人。平原君大怒，要杀赵奢。赵奢趁机劝说道："您是赵国的贵公子，现在要是纵容您家里不奉公守法，法令就会削弱，法令削弱了国家就会衰弱，国家衰弱了诸侯就会出兵入侵，诸侯出兵入侵赵国就会灭亡，您还怎么保有这些财富呢？以您这样尊贵的身份和地位，能奉公守法，那么举国上下都会公平，上下公平国家就会强盛，国家强盛赵国就会稳固，而您又身为赵国贵戚，难道还怕被天下人轻视吗？"平原君认为他很贤德，就把他推荐给了赵王。赵王任用他掌管全国的赋税，结果全国的赋税非常公平合理，百姓富足，国库充实。

秦伐韩，军于阏与。王召廉颇而问曰："可救不？”对曰：“道远险狭，难救。”又召乐乘而问焉，乐乘对如廉颇言。又召问赵奢，奢对曰：“其道远险狭，譬之犹两鼠斗于穴中，将勇者胜。”王乃令赵奢将，救之。

兵去邯郸三十里，而令军中曰：“有以军事谏者死。”秦军军武安西[①]，秦军鼓噪勒兵[②]，武安屋瓦尽振[③]。军中候有一人言急救武安[④]，赵奢立斩之。坚壁[⑤]，留二十八日不行，复益增垒[⑥]。秦间来入[⑦]，赵奢善食而遣之。间以报秦将，秦将大喜曰：“夫去国三十里而军不行[⑧]，乃增垒，阏与非赵地也。”赵奢既已遣秦间，乃卷甲而趋之[⑨]，二日一夜至，令善射者去阏与五十里而军。军垒成，秦人闻之，悉甲而至[⑩]。军士许历请以军事谏，赵奢曰：“内之[⑪]。”许历曰：“秦人不意赵师至此，其来气盛，将军必厚集其阵以待之[⑫]。不然，必败。”赵奢曰：“请受令[⑬]。”许历曰：“请就鈇质之诛[⑭]。”赵奢曰：“胥后令邯郸[⑮]。”许历复请谏，曰：“先据北山上者胜，后至者败。”赵奢许诺，即发万人趋之。秦兵后至，争山不得上，赵奢纵兵击之，大破秦军。秦军解而走，遂解阏与之围而归。

赵惠文王赐奢号为马服君[⑯]，以许历为国尉[⑰]。赵奢于是与廉颇、蔺相如同位。

注释

①武安：赵邑，在今河北省武安市西南。

②鼓噪勒兵：击鼓呐喊，进行操练。

③振：通“震”，震动。

④候：侦察敌情的军士。

⑤坚壁：坚守营垒。

⑥增垒：加固营垒。

⑦间：间谍。

⑧国：国都。

⑨卷甲：脱去铠甲。趋：快速前进。

⑩悉甲：全副装备。

⑪内：通“纳”，进来。

⑫厚集其阵：集中兵力防御。

⑬受令：接受建议。

⑭铁质：腰斩刑具，处死。

⑮胥：通“须”，等待。

⑯马服：山名，在今河北省邯郸市西北。

⑰国尉：仅次于将军的军官。

译文

秦国攻打韩国，军队驻扎在阏与。赵王召见廉颇问道：“可不可以去援救呢？”廉颇回答说：“道路遥远，而且艰险狭窄，很难援救。”又召见乐乘问这件事，乐乘的回答和廉颇一样。又召见赵奢来问，赵奢回答说：“道路遥远，地险路狭，就像是两只老鼠在洞里争斗，勇猛的那个将会得胜。”赵王便派赵奢率兵，去救援阏与。

军队离开邯郸三十里，赵奢就向军队下令说：“有以军事进谏的处以死刑。”秦军驻扎在武安以西，秦军击鼓呐喊，操练士兵，把武安城中的屋瓦都震动了。赵军中有个侦察人员请求立即援救武安，赵奢立即把他斩首了。赵军坚守营垒，停留了二十八天，没有向前进发，并且加筑营垒。秦军的间谍潜入赵军的营地，赵奢用很好的饭食好好地款待他，并把他遣送回去。间谍把这些情况报告给秦国的将领，秦国的将领非常高兴，说：“离开国都三十里军队就不前进了，反而忙着增修营垒，阏与不会成为赵国的地方了。”赵奢遣送秦国的间谍后，就下令士兵卸下铠甲，快速向阏与前进。两天一夜就到达了前线，命令擅长射箭的士兵在距离阏与五十里的地方扎营驻军。军营筑成后，秦军得知了这一情况，立即全军赶来。军士许历请求以军事进谏，赵奢说：“让他进来。”许历说：“秦国的军队没有料到赵军会来到这里，现在他们来势凶猛，将军一定要集中兵力严阵以待。不然的话，一定会失败的。”赵奢说：“我愿意接受你的建议。”许历说：“请按军令将我处死。”赵奢说：“等回到邯郸以后再处理吧。”许历又提了个建议，说：“先占领北山的人得胜，后到的失败。”赵奢同意，立即派出一万人迅速占领了北山。秦兵后到，与赵军争夺北山但攻不上去，赵奢指挥士兵，展开猛烈攻击，大败秦军。秦军四散逃跑，于是赵奢解除了阏与之围凯旋回国。

赵惠文王赐给赵奢马服君的封号，并任命许历为国尉。赵奢因此与廉颇、蔺相如职位相同。

后四年，赵惠文王卒，子孝成王立。七年，秦与赵兵相距长平[①]，时赵奢已死，而蔺相如病笃[②]，赵使廉颇将攻秦，秦数败赵军，赵军固壁不战。秦数挑战，廉颇不肯。赵王信秦之间。秦之间言曰：“秦之所恶[③]，独畏马服君赵奢之子赵括为将耳。”赵王因以括为将，代廉颇。蔺相如曰：“王以名使括，若胶柱而鼓瑟耳[④]。括徒能读其父书传，不知合变也[⑤]。”赵王不听，遂将之。

注释

①距：通“拒”，抵御。长平：原韩邑，后属赵，在今山西省高平市西北。

②病笃：病得很严重。

③恶：憎恨，畏忌。

④胶柱：把瑟的弦柱粘死，不能转动，无法调节弦的高低。“胶柱鼓瑟”比喻守死法，不知变通。这里比喻赵括只会死读书，不知变通，不会打仗。

⑤合变：应变。

译文

四年以后，赵惠文王去世，他的儿子赵孝成王即位。赵孝成王七年，秦军与赵军在长平对峙，这时赵奢已经死了，蔺相如也病得很严重，赵王派廉颇率兵攻打秦军，秦军几次击败赵军，赵军坚守营垒不出战。秦军多次挑战。廉颇置之不理。赵王听信了秦国间谍散布的谣言。秦国间谍说："秦国最担心害怕的是让马服君赵奢的儿子赵括担任将军。"赵王于是就任命赵括为将军，取代了廉颇。蔺相如说："大王根据赵括的名声来任用他，就好像用胶把调弦的柱粘死再去弹瑟一样，不知变通。赵括只会读他父亲留传下来的书，却不懂得灵活应变。"赵王不听，终究还是任命赵括为将。

赵括自少时学兵法，言兵事，以天下莫能当[①]。尝与其父奢言兵事，奢不能难[②]，然不谓善[③]。括母问奢其故，奢曰："兵，死地也，而括易言之。使赵不将括即已，若必将之，破赵军者必括也。"及括将行，其母上书言于王曰："括不可使将。"王曰："何以？"对曰："始妾事其父，时为将，身所奉饭饮而进食者以十数[④]，所友者以百数，大王及宗室所赏赐者尽以予军吏士大夫，受命之日，不问家事。今括一旦为将，东向而朝[⑤]，军吏无敢仰视之者。王所赐金帛，归藏于家，而日视便利田宅可买者买之。王以为何如其父？父子异心，愿王勿遣。"王曰："母置之，吾已决矣。"括母因曰："王终遣之，即有如不称[⑥]，妾得无随坐乎[⑦]？"王许诺。

注释

①当：比得上。

②难：驳倒。

③不谓善：不以为然。

④十数：几十人。

⑤东向：坐西面东。古时帝王以南向为尊，公侯将相则以东向为尊。

⑥称：称职。

⑦随坐：连坐。

译文

赵括从小就学习兵法，谈论军事，以为天下没人能比得过他。他曾与父亲赵奢谈论军事，赵奢也不能驳倒他，可赵奢却并不称赞他。赵括的母亲问赵奢这是什么原因，赵奢说："用兵打仗，是生死攸关的大事，然而赵括却把这事说得那么轻松。假如赵国不用赵括为将也就罢了，要是一定用他为将，使赵军破灭的肯定就是他。"等到赵括将要出发的时候，他的母亲上书给赵王说："赵括不可以做将领。"赵王说："为什么？"赵括的母亲回答说："过去我侍奉他父亲，那时他父亲正是将军，他亲自捧着食物侍候吃喝的人数以十计，被他当做朋友看待的数以百计，大王和宗室们赏赐的东西他全都分给军吏和僚属们，一旦接受命令，就不再过问家事。现在赵括刚做了将军，就面向东坐接见部下，军吏们没有一个敢抬头看他的。大王赏赐的金玉布帛，他都带回去藏在家里，还天天访查便宜合适的田地房产，能买的就都买下来。大王认为他哪里像他父亲？父子二人的心思不同，希望大王不要派遣他领兵。”赵王说：“您就不要管这件事了，我已经决定了。”赵括的母亲于是说：“您一定要派遣他去，如果他有不称职的地方，我能不受牵连吗？”赵王答应了。

赵括既代廉颇，悉更约束[①]，易置军吏[②]。秦将白起闻之，纵奇兵[③]，详败走[④]，而绝其粮道，分断其军为二，士卒离心。四十余日，军饿，赵括出锐卒自搏战[⑤]，秦军射杀赵括。括军败，数十万之众遂降秦，秦悉坑之[⑥]。赵前后所亡凡四十五万。明年，秦兵遂围邯郸，岁余，几不得脱[⑦]。赖楚、魏诸侯来救[⑧]，乃得解邯郸之围。赵王亦以括母先言，竟不诛也。

注释

①约束：军规，军令。

②易置：更换。

③纵：调遣。

④详：通“佯”，假装。

⑤锐卒：精兵。

⑥坑：坑杀，活埋。

⑦几不得脱：差点被灭亡。

⑧赖：幸亏。楚、魏诸侯来救：魏信陵君、楚春申君救赵，秦兵才解邯郸之围。

译文

赵括代替廉颇之后，把原有的规章制度全都改变了，撤换了大批军官。秦将白起听到了这些情况，就派出一支奇兵，假装失败逃走，截断了赵军运粮的道路，把赵军一分为二，赵国军队军心涣散。被困四十多天后，赵军粮食用尽，将士饥饿难当，赵括派出精锐士兵亲自率领与秦军搏杀，秦军射死了赵括。赵括的军队战败，几十万人于是投降秦军，秦军把他们全部活埋了。赵国前后损失了士兵四十五万人。第二年，秦军包围了邯郸，长达一年多，赵国几乎无法保全，幸亏楚国、魏国军队前来援救，才得以解除邯郸之围。赵王也因为赵括的母亲有言在先，终于没有诛杀她。

自邯郸围解五年，而燕用栗腹之谋[①]，曰“赵壮者尽于长平，其孤未壮”[②]，举兵击赵。赵使廉颇将，击，大破燕军于鄗，杀栗腹，遂围燕。燕割五城请和，乃听之。赵以尉文封廉颇为信平君，为假相国[③]。

注释

①栗腹：燕国国相。

②孤：指死于长平之战的赵军士卒的遗孤。

③假：代理。

译文

邯郸解围五年之后，燕国采纳了栗腹的计谋，说“赵国的壮丁全都死在长平了，他们遗留的孤儿尚未成人”，燕王便发兵攻打赵国。赵王派廉颇率兵迎战，在鄗城大败燕军，杀死了栗腹，于是包围了燕国的都城。燕国割让五座城请求讲和，赵王才答应停战。赵王把尉文封给廉颇，并封他为信平君，让他任代理相国。

廉颇之免长平归也，失势之时，故客尽去。及复用为将，客又复至。廉颇曰：“客退矣！”客曰：“吁！君何见之晚也[①]？夫天下以市道交[②]，君有势，我则从君，君无势则去，此固其理也，有何怨乎？”居六年，赵使廉颇伐魏之繁阳[③]，拔之。

注释

①见：见识。晚：迟钝，落后。

②市道：买卖交易的法则，即互相利用，唯利是图。

③繁阳：魏邑，在今河南省内黄县西北。

译文

廉颇在长平被免职回来，失去权势的时候，原来的门客都离开了。等到重新被任用为将军，门客们又都回来了。廉颇说：“你们都请回吧！”门客们说：“唉！您的见识怎么这么落后呢？天下朋友相交都是按照市场交易的法则进行的，您有权势，我们就跟随您，您没有权势，我们就离开您，这本来就是很普通的道理，您又有什么可抱怨的呢？”过了六年，赵国派廉颇攻打魏国的繁阳，攻取了它。

赵孝成王卒，子悼襄王立，使乐乘代廉颇。廉颇怒，攻乐乘，乐乘走。廉颇遂奔魏之大梁①。其明年，赵乃以李牧为将而攻燕，拔武遂、方城②。

廉颇居梁久之，魏不能信用。赵以数困于秦兵，赵王思复得廉颇，廉颇亦思复用于赵。赵王使使者视廉颇尚可用否。廉颇之仇郭开多与使者金③，令毁之④。赵使者既见廉颇，廉颇为之一饭斗米，肉十斤，被甲上马⑤，以示尚可用。赵使还报王曰：“廉将军虽老，尚善饭，然与臣坐，顷之三遗矢矣⑥。”赵王以为老，遂不召。

楚闻廉颇在魏，阴使人迎之。廉颇一为楚将，无功，曰：“我思用赵人。”廉颇卒死于寿春⑦。

注释

①大梁：魏国都城，即今河南省开封市。

②武遂：燕邑，在今河北省徐水县西。方城：燕邑，

在今河北省固安县南。

③郭开：赵王宠臣，奸佞小人，是秦国的内奸。

④毁：诋毁。

⑤被：同“披”。

⑥矢：通“屎”。

⑦寿春：战国晚期楚国都城，即今安徽省寿县。

译文

赵孝成王去世，他的儿子悼襄王即位，派乐乘代替廉颇。廉颇很生气，攻打乐乘，乐乘逃跑了。廉颇于是投奔魏国的大梁。第二年，赵国便任命李牧为将进攻燕国，攻下了武遂、方城。

廉颇居住在大梁很长一段时间了，魏国不能信任重用他。赵国由于多次被秦兵围困，赵王想重新起用廉颇，廉颇也想再被赵国任用。赵王派使者去探望廉颇，看他还能不能任用。廉颇的仇人郭开用很多钱财贿赂使者，让他说廉颇的坏话。赵国使者见到廉颇后，廉颇当着他的面一顿饭吃了一斗米、十斤肉，披甲上马，表示自己还可以被任用。赵国使者回去后向赵王报告说：“廉将军虽然已经老了，饭量还很不错，可是和我一起坐着，一会儿就拉了三次屎。”赵王认为廉颇老了，就没有召回他。

楚国听说廉颇在魏国，暗中派人去迎接他。廉颇虽然做了楚国的将军，但没有什么战功，他说：“我想指挥赵国的士兵。”廉颇最后死在了寿春。

李牧者，赵之北边良将也。常居代、雁门[①]，备匈奴。以便宜置吏[②]，市租皆输入莫府[③]，为士卒费。日击数牛飨士[④]，习射骑，谨烽火，多间谍，厚遇战士。为约曰："匈奴即入盗，急入收保[⑤]，有敢捕虏者斩。"匈奴每入，烽火谨，辄入收保[⑥]，不敢战。如是数岁，亦不亡失[⑦]。然匈奴以李牧为怯，虽赵边兵亦以为吾将怯。赵王让李牧[⑧]，李牧如故。赵王怒，召之，使他人代将。

注释

①代、雁门：代郡和雁门郡。在今山西省大同市以北地区。

②便宜置吏：根据实际情况，自行任用官吏。

③莫府：即幕府。莫，通"幕"。古代将帅出征时，办公机构设在帐幕中，称为幕府。后代指将军的办事机构。

④飨：犒赏。

⑤急入收保：迅速进入营垒，谨守城堡。

⑥辄：立即。

⑦不亡失：没有伤亡和损失。

⑧让：责备。

译文

李牧，是赵国北部边境上的良将。常年驻守在代郡和雁门郡一带，防备匈奴的进攻。他有权根据实际情况设置官吏，从市场上收来的租税都送到李牧的幕府中，作为士兵的开销。他每天杀几头牛犒赏士兵，教士兵练习射箭、骑马，小心谨慎地看守烽火台，派出很多侦察敌情的人员，厚待战士们。他制定规章说："匈奴如果入侵，要赶快退回堡垒防守，有胆敢去捕捉敌人的就斩首。"所以匈奴每次入侵，由于烽火台及时传来警报，守兵总是立即退入营垒固守，不敢交战。像这样过了好几年，也没有什么损失。可是匈奴却认为李牧胆小，就连赵国守边的士兵也认为是自己的主将胆小怯战。赵王责备李牧，李牧依然如此。赵王发怒，把他召回，派别人代替他。

岁余，匈奴每来，出战。出战，数不利，失亡多，边不得田畜①。复请李牧。牧杜门不出②，固称疾。赵王乃复强起使将兵③。牧曰："王必用臣，臣如前，乃敢奉令。"王许之。

李牧至，如故约。匈奴数岁无所得。终以为怯。边士日得赏赐而不用，皆愿一战。于是乃具选车得千三百乘④，选骑得万三千匹，百金之士五万人⑤，彀者十万人⑥，悉勒习战⑦。大纵畜牧，人民满野。匈奴小入，详北不胜⑧，以数千人委之⑨。单于闻之[10]，大率众来入。李牧多为奇陈[11]，张左右翼击之，大破杀匈奴十余万骑。灭襜褴[12]，破东胡[13]，降林胡[14]，单于奔走。其后十余岁，匈奴不敢近赵边城。

注释

①田畜：耕田畜牧。

②杜门不出：闭门不与人交往。

③乃复：一再。强：勉强。

④具：准备。选车：精选的兵车。

⑤百金之士：勇士。

⑥彀 gòu 者：善于射箭的人。

⑦悉：全部。勒：组织起来。习战：操练战术。

⑧详北：假装败走。详，通“佯”。北，败北。

⑨委：抛弃。

⑩单于：匈奴的首领。

⑪陈：同“阵”。

⑫襜褴：部族名，在代地的北面。

⑬东胡：部族名，在匈奴之东，是乌桓、鲜卑的祖先。

⑭林胡：部族名，活动地区在今山西朔州以北至内蒙古境内。

译文

在这之后的一年多，匈奴每次来侵犯，赵军都出兵交战。每次出战，往往不能取得胜利，损失却很多，边境地区无法耕田、放牧。赵王只好再请李牧出任。李牧闭门不出，坚决称病推脱。赵王一再地极力请李牧出任，让他领兵。李牧说："大王一定要任用我，我还是像以前那样，才敢奉命。"赵王答应了他的要求。

李牧到达边境，还按照以前的规章办事。匈奴一连好几年都没有什么收获，但他们始终认为李牧胆怯。边境的士兵每天都能得到赏赐但却不用打仗，都愿意打一仗。于是李牧就精心挑选了战车一千三百辆，精选了骑兵战马一万三千匹，敢于冲锋陷阵的勇士五万人，善于射箭的士兵十万人，全部组织起来进行训练。同时让大批牲畜到处放牧，放牧的人民满山遍野。匈奴小规模入侵，李牧就故意假装失败，把几千人丢弃给匈奴。单于听到了这个消息后，就率领大军来入侵。李牧设置了许多灵活多变的阵势，从左右两翼包抄反击敌军，大败匈奴，杀死了十多万匈奴骑兵。灭了襜褴，打败了东胡，迫使林胡投降，单于逃跑了。这之后的十多年，匈奴都不敢接近赵国的边境城镇。

赵悼襄王元年，廉颇既亡入魏，赵使李牧攻燕，拔武遂、方城。居二年，庞暖破燕军[①]，杀剧辛[②]。后七年，秦破杀赵将扈辄于武遂[③]，斩首十万。赵乃以李牧为大将军，击秦军于宜安[④]，大破秦军，走秦将桓齮[⑤]。封李牧为武安君。居三年，秦攻番吾[⑥]，李牧击破秦军，南距韩、魏。

注释

①庞暖：赵国将领。

②剧辛：燕国将领。

③武遂：涉上文“武遂、方城”而误，应作“武城”，在今河北省磁县西南。

④宜安：赵邑，在今河北省藁城市西南。

⑤走：赶跑。桓齮：即杀扈辄的秦将。

⑥番吾：赵邑，在今河北省平山县南。

译文

赵悼襄王元年，廉颇已经逃到了魏国之后，赵国派李牧攻打燕国，攻克了武遂、方城。过了两年，赵将庞暖打败了燕国军队，杀死了燕将剧辛。又过了七年，秦军在武遂打败并杀死了赵将扈辄，斩杀了赵国士兵十万人。赵国便派李牧为大将军，在宜安进攻秦军，大败秦军，赶走了秦将桓齮。李牧因此被封为武安君。三年后，秦军进攻赵国的番吾，李牧击败秦军，在南方还与韩国和魏国对峙。

赵王迁七年，秦使王翦攻赵，赵使李牧、司马尚御之。秦多与赵王宠臣郭开金，为反间，言李牧、司马尚欲反。赵王乃使赵葱及齐将颜聚代李牧[①]。李牧不受命，赵使人微捕得李牧[②]，斩之。废司马尚。后三月，王翦因急击赵，大破杀赵葱，虏赵王迁及其将颜聚，遂灭赵。

注释

①颜聚：原为齐将，后归赵。

②微捕：暗中查访，缉捕。

译文

赵王迁七年，秦国派王翦攻打赵国，赵国派李牧、司马尚抵御秦军。秦国用很多金钱贿赂了赵王的宠臣郭开，让他散布流言说李牧、司马尚要谋反。赵王于是派赵葱和齐国将军颜聚取代李牧。李牧不接受命令，赵王便派人暗中逮捕了李牧，把他杀了，罢免了司马尚。三个月后，王翦趁机快速猛攻赵国，大败赵军，杀死了赵葱，俘虏了赵王迁和他的将军颜聚，于是灭亡了赵国。

太史公曰：知死必勇，非死者难也，处死者难[①]。方蔺相如引璧睨柱，及叱秦王左右，势不过诛，然士或怯懦而不敢发[②]。相如一奋其气，威信敌国[③]，退而让颇[④]，名重太山[⑤]，其处智勇，可谓兼之矣！

注释

①处死：如何对待死。

②发：表现。

③信：伸张。

④退：谦逊推让。

⑤太山：即泰山。

译文

太史公说：一个人如果明知道将要死，那就一定要勇敢；死并不是难事，而怎样对待死才是难事。当蔺相如手举和氏璧斜视庭柱，以及呵斥秦王左右侍从的时候，就形势来说，最多不过是被杀而已，然而对于一般士人来说，往往会因为胆小懦弱而不敢如此表现。蔺相如一旦鼓足全身的勇气，所形成的那种威力就能够伸张出来压倒敌国。后来又对廉颇谦逊退让，他的声名比泰山还要重，他处事的智谋和勇气，可以说是两者兼而有之啊！

淮阴侯列传

题解

韩信是我国古代杰出的军事家，一代名将。《淮阴侯列传》记述了韩信一生的主要事迹。早年穷困受辱；先追随项梁、项羽，未被重用，后转投刘邦麾下，几经曲折，拜为大将，得展其才，辅助刘邦平定天下，建立了赫赫战功；韩信功高威盛，与刘邦的矛盾日益尖锐，刘邦对韩信的怀疑和顾忌日益加深，终被吕后、刘邦、萧何等杀害。传记突出展现了韩信卓越的军事才能，对韩信为刘邦、吕后所杀害的悲惨结局，寄予了无限的同情和惋惜。

本篇传记对人物形象的刻画极为成功，对韩信登台拜将时的精彩议论的记述，表现了韩信的韬略和大将之才。本文细节描写也很精彩，如通过对韩信受胯下之辱时动作的描写，表现了其心理活动。文章详略得当，行文流畅。

淮阴侯韩信者①，淮阴人也。始为布衣时②，贫无行③，不得推择为吏④，又不能治生商贾⑤，常从人寄食饮，人多厌之者。常数从其下乡南昌亭长寄食⑥，数月，亭长妻患之，乃晨炊蓐食⑦。食时信往，不为具食⑧。信亦知其意，怒，竟绝去。

注释

①淮阴：地名，在今江苏淮安市西南。

②布衣：没有官职的普通百姓。

③行：德行。

④推择为吏：推举担任官吏。

⑤治生商贾：以做买卖维持生计。

⑥南昌：亭名。亭：秦时十里设一亭，置亭长一人。

⑦晨炊蓐食：早晨很早就做好早饭，在床上吃。蓐，草席。

⑧具：准备。

译文

淮阴侯韩信，淮阴人。当初还是平民的时候，贫穷而没有好的品行，不能够被推举为官吏，也不能够做买卖维持生计，常常寄居在别人家吃闲饭，人们都很讨厌他。他曾经多次到他们下乡南昌亭的亭长家吃闲饭，接连数月，亭长的妻子厌恶他，早上就很早起来做饭，然后端到床上去吃。等到吃饭时韩信来了，不给他准备饭菜。韩信也明白她的用意，一怒之下，终于离开再也没有回来。

信钓于城下[①]，诸母漂[②]，有一母见信饥，饭信，竟漂数十日[③]。信喜，谓漂母曰：“吾必有以重报母。”母怒曰：“大丈夫不能自食，吾哀王孙而进食④，岂望报乎！”

淮阴屠中少年有侮信者⑤，曰：“若虽长大⑥，好带刀剑，中情怯耳⑦。”众辱之曰：“信能死⑧，刺我；不能死，出我袴下⑨。”于是信孰视之⑩，俯出袴下，蒲伏⑪。一市人皆笑信，以为怯。

注释

①钓于城下：在城下钓鱼。淮阴城北临淮水，韩信离开下乡之后在此城下钓鱼。

②母：对老年妇女的尊称。漂：在水里冲洗丝絮等物。

③竟：周，遍，一共。

④王孙：对年轻人的尊称，即公子。

⑤屠：以宰杀牲畜为业的人。

⑥长大：又高又大。

⑦中情：内心。

⑧能死：不怕死。

⑨袴：通“胯”，两腿间。

⑩孰：通“熟”，仔细。

⑪蒲伏：即匍匐。

译文

韩信在淮阴城下钓鱼，有几位老大娘在漂洗衣物。有一位老大娘见韩信饥饿，就拿饭给韩信吃。一共漂洗了数十天，天天都是这样。韩信十分高兴，对这位老太太说:“我将来必定重重地感谢你老人家。”这位老大娘生气地说:“大丈夫不能自己养活自己,我是可怜你这位公子才给你饭吃,难道是希望你以后报答吗?”

淮阴城的屠户中有个年轻人侮辱韩信说:“你虽然长得又高又大,喜欢佩戴着刀剑,但你内心却是十分胆怯。”又当众侮辱韩信说:“韩信你要是有胆量,就用剑刺我;你要是没胆量,就从我胯下钻过去。”于是韩信仔细看了他一番,低下身去,趴在地上,从他的胯下爬了过去。街市上的人都笑话韩信,以为他胆小。

及项梁渡淮①,信杖剑从之②,居戏下③,无所知名④。项梁败⑤,又属项羽,羽以为郎中⑥。数以策干项羽,羽不用。汉王之入蜀⑦,信亡楚归汉⑧,未得知名,为连敖⑨。坐法当斩,其辈十三人皆已斩⑩,次至信,信乃仰视,适见滕公⑪,曰:“上不欲就天下乎⑫?何为斩壮士?”滕公奇其言,壮其貌,释而不斩。与语,大说之。言于上,上拜以为治粟都尉⑬,上未之奇也。

注释

①项梁渡淮:项梁在吴中起义之后,渡江对秦作战。

②仗剑:执剑。

③戏 huī:同“麾”。麾为军中作战的旗子,麾下即部下的意思。

④无所知名：没有什么名声。

⑤项梁败：项梁渡江之后，多次击败秦军。后因轻敌，在定陶被秦将章邯打败，项梁战死。项梁败当指此事。

⑥郎中：负责皇帝身边宿卫的官吏。

⑦汉王之入蜀：汉王即刘邦。刘邦和项羽曾在楚怀王前立下誓约，先入关者为关中王。秦朝灭亡之后，项羽实力最强，大封起义将领。因忌讳刘邦实力，不愿将刘邦分封在富庶的关中，因此借口蜀地也是关中，将刘邦分封为汉王。

⑧楚：项羽分封时封自己为西楚霸王。

⑨连敖：负责管理粮仓的官吏。

⑩辈：同类人，同伴。

⑪滕公：即西汉开国功臣夏侯婴。曾被刘邦赐予滕公的封爵，因此被称为滕公。

⑫上：即皇上，此处指刘邦。就天下：夺取天下。

⑬治粟都尉：负责管理粮饷的官吏。

译文

等到项梁渡江作战的时候，韩信带着宝剑投奔了他，在他麾下，但是没什么名气。项梁败亡之后，韩信又归为项羽的部下，项羽任命他为郎中。韩信曾多次向项羽进献计策，但项羽都没有采用。汉王回到蜀中封地时，韩信又脱离楚军归顺了刘邦。因为没有什么名气，只做了连敖的小官。后来韩信犯法应当被处斩，同伙十三个人都被杀了，轮到韩信的时候，他抬头仰视，正好看见滕公，说：“汉王难道不想成就一统天下的功业吗？为什么要把壮士处斩？”滕公觉得他的话不同凡响，又见他相貌堂堂，就放了他。滕公和韩信交谈，十分欣赏他。滕公把这件事报告给了汉王，汉王任命韩信为治粟都尉，但是并没有察觉韩信有突出的才能。

信数与萧何语，何奇之。至南郑①，诸将行道亡者数十人②，信度何等已数言上③，上不我用④，即亡。何闻信亡，不及以闻，自追之。人有言上曰：“丞相何亡。”上大怒，如失左右手。居一二日，何来谒上⑤，上且怒且喜，骂何曰：“若亡，何也？”何曰：“臣不敢亡也，臣追亡者。”上曰：“若所追者谁何？”曰：“韩信也。”上复骂曰：“诸将亡者以十数，公无所追；追信，诈也。”何曰：“诸将易得耳。至如信者，国士无双⑥。王必欲长王汉中，无所事信；必欲争天下，非信无所与计事者。顾王策安所决耳⑦。”王曰：“吾亦欲东耳，安能郁郁久居此乎？”何曰：“王计必欲东，能用信，信即留；不能用，信终亡耳。”王曰：“吾为公以为将⑧。”何曰：“虽为将，信必不留。”王曰：“以为大将。”何曰：“幸甚。”于是王欲召信拜之。何曰：“王素慢无礼⑨，今拜大将如呼小儿耳，此乃信所以去也。王必欲拜之，择良日，斋戒⑩，设坛场[11]，具礼，乃可耳。”王许之。诸将皆喜，人人各自以为得大将。至拜大将，乃韩信也，一军皆惊。

注释

①南郑：地名，在今陕西省汉中市。

②行：等。

③度：揣测。

④上不我用：倒装句，上不用我。

⑤谒：下属拜见长官。

⑥国士无双：国内杰出的人物，没有能够和他相比的。

⑦顾：只是。

⑧吾为公以为将：我因为您而拜韩信为将军，意即看萧何的面子。

⑨素：一直，向来。

⑩斋戒：古人在举行祭祀等大典前，先行沐浴、更衣、独宿、素餐以清心洁身，表示敬重。

⑪坛场：指拜将场所。坛，土台。

译文

韩信多次与萧何交谈，萧何也十分欣赏他。等到汉王的队伍到达南郑的时候，这些将领们在行进路途中已经逃亡了数十个了。韩信看到萧何等人已经多次向刘邦推荐自己，而刘邦却没重用自己，于是也逃亡了。萧何听说韩信逃跑了，来不及把这件事汇报给刘邦，就亲自去追韩信了。有人向汉王汇报说："丞相萧何逃跑了。"刘邦听了大怒，好像失去了自己的左右手一样。过了一两天，萧何回来拜见汉王。汉王既生气又高兴，责骂萧何说："你逃亡，这是为什么啊？"萧何说："我不敢逃亡，我是去追逃亡的人。"汉王问："你所追的逃亡的人是谁？"萧何回答说："是韩信。"汉王再次责骂说："各路将领逃亡的数以十计，你都没有去追，却说是去追韩信，这肯定是骗我的。"萧何说："那些将领都容易再找到。但是像韩信这样的人，国中的杰出人士再没有第二个了。大王您如果只是想在汉中长期称王，那就没有用到韩信的地方了；如果您一定想争霸天下，那除了韩信就没有可以一起谋划的人了。只看大王您的决策是什么样的了。"汉王说："我也想向东争霸天下，怎么可能郁郁不得志地久居在此呢？"萧何说："大王您考虑一定向东发展，能重用韩信，韩信就会留下来；如果不能重用他，他最终还是会再次逃亡的。"汉王说："我看在您的面子上任命他为将军。"萧何说："即使做了将军，韩信也必然不会留下。"汉王说："任命他为大将军。"萧何说："这样最好。"于是汉王准备召见韩信而委任他为大将军。萧何说："大王您对人一直都傲慢无礼，现在任命韩信为大将军却像呼唤小孩子，这就是韩信为什么一定要离开的原因啊！大王如果一定要拜他为大将军，那就要选择佳期，斋戒之后，设立坛场，举行完备的礼仪，这样才行。"汉王答应了。各个将领都很高兴，每个人都以为自己能够担任大将军。等到任命大将军的时候，原来是韩信，全军的人都很吃惊。

信拜礼毕，上坐。王曰："丞相数言将军，将军何以教寡人计策？"信谢[①]，因问王曰："今东乡争权天下[②]，岂非项王邪？"汉王曰："然。"曰："大王自料勇悍仁强孰与项王？"汉王默然良久，曰："不如也。"信再拜贺曰[③]："惟信亦为大王不如也。然臣尝事之，请言项王之为人也。项王暗噁叱咤[④]，千人皆废[⑤]，然不能任属贤将[⑥]，此特匹夫之勇耳[⑦]。项王见人恭敬慈爱，言语呕呕[⑧]，人有疾病，涕泣分食饮，至使人有功当封爵者，印刓敝[⑨]，忍不能予，此所谓妇人之仁也。项王虽霸天下而臣诸侯，不居关中而都彭城[⑩]。有背义帝之约[⑪]，而以亲爱王，诸侯不平。诸侯之见项王迁逐义帝置江南[⑫]，亦皆归逐其主而自王善地。项王所过无不残灭者，天下多怨，百姓不亲附，特劫于威强耳。名虽为霸，实失天下心。故曰其强易弱。今大王诚能反其道：任天下武勇，何所不诛！以天下城邑封功臣，何所不服！以义兵从思东归之士，何所不散！且三秦王为秦将，将秦子弟数岁矣，所杀亡不可胜计，又欺其众降诸侯，至新安，项王诈坑秦降卒二十余万[⑬]，唯独邯、欣、翳得脱[⑭]，秦父兄怨此三人，痛入骨髓。今楚强以威王此三人，秦民莫爱也。大王之入武关，秋毫无所害，除秦苛法，与秦民约，法三章耳[15]，秦民无不欲得大王王秦者。于诸侯之约，大王当王关中，关中民咸知之。大王失职入汉中[16]，秦民无不恨者。今大王举而东，三秦可传檄而定也[17]。”于是汉王大喜，自以为得信晚。遂听信计，部署诸将所击。

注释

①谢：推辞。

②乡：通“向”。

③贺：赞同。

④喑噁叱咤：满怀怒气地咆哮。

⑤废：偃伏，不敢动。

⑥任属：信任托付。

⑦特：只是。

⑧呕呕：温和的样子

⑨印刓 wán 敝：官印都玩弄坏了，意为对分封官职爵位十分吝啬。刓，同“玩”。

⑩都彭城：在彭城建都。彭城，地名，在今江苏徐州市，项羽的老家。

⑪义帝之约：项羽和刘邦入关前，楚怀王曾和他们立下“先入关者王之”的誓约。义帝，即原楚怀王的孙子心。项梁起事之后，听从范增的建议，立心为楚怀王。秦灭后，项羽尊其为义帝。

⑫江南：长江以南的地区。项羽分封诸侯之后，将义帝迁居在长沙郴县，中途令吴芮、黥布将其杀害。

⑬项王诈坑秦降卒二十余万：巨鹿之战后，二十多万秦军在章邯的带领下向项羽投降，和楚军一起向西攻打秦军。当军队行进到新安时，项羽听到了降卒们的怨言，怕入秦之后不好控制，将他们全部活埋。

⑭唯独邯、欣、翳得脱：新安坑杀秦军降卒时，只有章邯、司马欣、董翳等将领得以逃脱。

⑮法三章：即约法三章，“杀人者死，伤人及盗抵罪”。

⑯失职：指失去应得的封地和关中王的职权。

⑰三秦：项羽后来为了防止刘邦回到中原，将秦国故地分为三份，章邯为雍王、董翳为翟王、司马欣为塞王，抵挡刘邦。传檄：发布文书、文告。

译文

任命韩信为大将军的仪式结束后，汉王入座。汉王说：“萧丞相多次向我称道将军，将军用什么计策教我呢？”韩信谦让一番，趁势问汉王：“现在向东争霸天下，难道敌人不是项王么？”汉王说：“是的。”韩信说：“大王您自己想想，您在勇敢、强悍、仁厚、兵力方面和项王相比，谁更强一些？”汉王沉默了好一会儿，说：“我不如项王。”韩信拜了两拜之后赞许地说：“我也认为您不如他。但是我曾经侍奉过项王，请允许我讲讲项王的为人。项王他发怒呵斥时，吓得上千人都不敢出声，但他不能放手任用手下有才能的将领，这只是匹夫之勇。项王待人恭敬仁爱，言语温和，有人生病，他会心疼得流眼泪，并把自己的食物分给他，但是到了属下立了战功，应该加官晋爵时，他却把刻好的大印放在手里，都磨得失去棱角了，也不舍得给人，这就是常人所说的妇人之仁啊。项王虽然称霸天下，让诸侯臣服，但是他没有定都关中而是定都彭城，违背了在义帝面前立下的誓约，将自己的亲信分封为王，诸侯内心都愤愤不平。诸侯们看到项王把义帝迁徙驱逐到江南偏僻的地方，也都回去驱逐自己的国君，占据了好地方自立为王。项王军队所经过的地方，没有不横遭摧残毁灭的，天下人大都怨恨他，百姓也不愿归附，只不过迫于威势，勉强服从罢了。项王名义上虽然是霸主，但实际上却失去了天下的民心。所以说他的优势很容易转化为劣势。如今大王如果能够反其道而行：任用天下英勇善战的人才，有什么不可以被诛灭的呢？用天下的城邑分封给有功之臣，有什么人不心服口服呢？以正义之师，顺从将士东归的心愿，有什么样的敌人不能击溃呢？况且项羽分封的三个王，原来都是秦朝的将领，率领秦地的子弟打了好几年仗，被杀死和逃跑的多到没法计算，又欺骗他们的部下向诸侯投降。到达新安，项王狡诈地活埋了已投降的秦军二十多万人，唯独章邯、司马欣和董翳得以留存，秦地的父老兄弟把这三个人恨入骨髓。而今项羽凭恃着威势，强行封立这三个人为王，秦地的百姓没有谁爱戴他们。而大王进入武关，秋毫无犯，废除了秦朝的苛酷法令，与秦地百姓约法三章，秦地百姓没有不想要大王在秦地做王的。根据诸侯的成约，大王理当在关中做王，关中的百姓都知道这件事，大王失掉了应得的爵位进入汉中，秦地百姓没有不怨恨的。如今大王举兵向东挺进，只要一道文书，三秦封地就可以平定了。”于是汉王十分高兴，认为得到韩信太晚了。就听从韩信的谋划，部署各路将领攻击的目标。

八月，汉王举兵东出陈仓①，定三秦②。汉二年，出关③，收魏、河南，韩、殷王皆降。合齐、赵共击楚。四月，至彭城，汉兵败散而还。信复收兵与汉王会荥阳，复击破楚京、索之间，以故楚兵卒不能西。

汉之败却彭城④，塞王欣、翟王翳亡汉降楚，齐、赵亦反汉与楚和。六月，魏王豹谒归视亲疾，至国，即绝河关反汉⑤，与楚约和。汉王使郦生说豹⑥，不下。其八月，以信为左丞相，击魏。魏王盛兵蒲坂，塞临晋，信乃益为疑兵，陈船欲渡临晋，而伏兵从夏阳以木罂缻渡军⑦，袭安邑。魏王豹惊，引兵迎信，信遂虏豹，定魏为河东郡。汉王遣张耳与信俱，引兵东，北击赵、代⑧。后九月，破代兵，禽夏说阏与⑨。信之下魏破代，汉辄使人收其精兵，诣荥阳以距楚。

注释

①陈仓：地名，在今陕西宝鸡市西南。

②定三秦：公元前 206 年，刘邦用韩信计，明修栈道，迷惑项羽，暗度陈仓，进入关中，打败雍王章邯入咸阳，塞王司马欣、翟王董翳投降。

③出关：出函谷关。函谷关为向东出入关中的必经之地。

④汉之败却彭城：公元前 205 年，刘邦出关之后，以项羽无故谋害义帝等理由，联合诸侯，攻打楚地，占领彭城。但项羽趁刘邦得胜放松警惕的时机，回师攻打彭城，刘邦大败。

⑤绝：关闭。河关：即蒲津关，亦名临晋关，在今陕西大荔县东的黄河西岸。

⑥郦生：即谋士郦食其。本为陈留人，刘邦攻打陈留时，投奔刘邦，为刘邦出谋划策。

⑦木罂缻 fǒu：木盆木桶。

⑧代：陈馀驱赶张耳，重立赵歇为赵王后，赵王封陈馀为代王，号成安君，王代地。陈馀后来派夏说为代相，治理代地。

⑨阏与：地名，在今山西和顺县。

译文

八月，汉王率军通过陈仓道向东进军，平定了三秦。汉二年，大军又出函谷关，收服了魏王、河南王，韩王和殷王也都投降了汉王。汉军于是联合齐、赵两国军队共同攻打楚军。四月，大军到达彭城。汉军兵败，溃散而还。韩信又聚集溃散的人马与汉王在荥阳会合，在京城、索县之间又摧垮楚军。因此楚军始终不能西进。

汉军在彭城败退之后，塞王司马欣、翟王董翳又叛汉降楚，齐国和赵国也背叛汉王跟楚国和解。六月，魏王豹请假回国，探视父母的疾病，一回到封国，立即切断黄河渡口临晋关的交通要道，反叛汉王，与楚军订立合约。汉王派郦食其游说魏王豹，没有成功。这年八月，汉王任命韩信为左丞相，攻打魏王豹。魏王把主力部队驻扎在蒲坂，堵塞了黄河渡口临晋关。韩信就增设疑兵，故意排列开战船，假装要在临晋渡河，而隐蔽的部队却从夏阳用木制的盆瓮偷偷浮水渡河，偷袭安邑。魏王豹大惊，带领军队迎击韩信，韩信就俘虏了魏王豹，平定了魏地，改设为河东郡。汉王派张耳和韩信一起，领兵向东进发，向北进击赵国和代国。这年闰九月，打垮了代国军队，在阏与擒获了代相夏说。韩信攻克魏国、代国后，汉王就立刻派人调走韩信的精锐部队，开往荥阳去抵御楚军。

信与张耳以兵数万，欲东下井陉击赵[①]。赵王、成安君陈馀闻汉且袭之也[②]，聚兵井陉口，号称二十万。广武君李左车说成安君曰[③]：“闻汉将韩信涉西河[④]，虏魏王，禽夏说，新喋血阏与[⑤]，今乃辅以张耳，议欲下赵，此乘胜而去国远斗，其锋不可当。臣闻千里馈粮[⑥]，士有饥色，樵苏后爨[⑦]，师不宿饱[⑧]。今井陉之道，车不得方轨[⑨]，骑不得成列，行数百里，其势粮食必在其后。愿足下假臣奇兵三万人[10]，从间道绝其辎重[11]；足下深沟高垒[12]，坚营勿与战。彼前不得斗，退不得还，吾奇兵绝其后，使野无所掠，不至十日，而两将之头可致于戏下。愿君留意臣之计。否，必为二子所禽矣。”成安君，儒者也，常称义兵不用诈谋奇计，曰：“吾闻兵法十则围之，倍则战[13]。今韩信兵号数万，其实不过数千。能千里而袭我，亦已罢极[14]。今如此避而不击，后有大者[15]，何以加之[16]！则诸侯谓吾怯，而轻来伐我。”不听广武君策，广武君策不用。

注释

①井陉：即井陉口，在今河北井陉县西北。

②且：将要。

③李左车：陈馀的谋士，封号为广武君。

④西河：即黄河，因黄河在赵国之西，故又称西河。

⑤喋血：形容两军激战时流血很多。

⑥馈粮：运送粮食。

⑦樵苏后爨 cuàn：砍柴割草后才能做饭。樵，砍柴。苏，割草。

⑧宿：平素。

⑨车不得方轨：两车不能并排行走。方，本指两舟并行。轨，车子两轮之间的距离，此处指车。

⑩假：借，暂时调拨。

⑪间道：隐蔽的小道。辎重：军需物资。

⑫足下：对对方的尊称。

⑬倍则战：一倍于敌人，就可以作战。

⑭罢极：十分疲惫。罢，通“疲”。

⑮后有大者：后面再有更加厉害的军队。

⑯加：对付。

译文

韩信和张耳率领好几万人马，想要向东突破井陉口，攻击赵国。赵王、成安君陈馀听说汉军将要袭击赵国，在井陉口聚集兵力抵御汉军，号称有二十万大军。广武君李左车向成安君献计说：“听说韩信渡过西河，俘虏了魏王豹，擒获了夏说，新近又血洗阏与，如今又加上张耳的辅助，计划攻破赵国。这是借着胜利的锐气离开本国远征，其锋芒不可阻挡。可是，我听说越过千里运送粮食，士兵们就会面带饥色，临时砍柴割草烧火做饭，军队就不能经常吃饱。眼下井陉口这条道路，窄得两辆战车不能并行，骑兵不能排成行列，行进的军队迤逦数百里，我猜想他们运粮食的队伍一定放在最后。希望您拨给我奇兵三万人，从隐蔽的小路去断绝他们的粮草供应。您就深挖战壕，高筑营垒，坚守军营，不与交战。他们向前不能战斗，向后无法退却，我出奇兵截断他们的后路，使他们在荒野什么东西也抢掠不到，用不了十天，韩信、张耳两人的人头就会送到将军帐下。希望您仔细考虑我的计策。否则，一定会被他们二人俘虏。”成安君，是信奉儒家学说的刻板书生，经常说仁义之师不用阴谋诡计，说:“我听说兵书上讲，兵力十倍于敌人，就可以包围它，超过敌人一倍就可以交战。现在韩信的军队号称数万，实际上不过数千。能够千里跋涉来攻打我们，已经十分疲惫。如今像这样回避不出击，那以后再有更强大的军队来犯，又怎么对付呢？诸侯们将会认为我胆小，轻易地来攻打我们。”因此不采纳广武君的计谋。

韩信使人间视[①]，知其不用，还报，则大喜，乃敢引兵遂下[②]。未至井陉口三十里，止舍[③]。夜半传发[④]，选轻骑二千人，人持一赤帜，从间道萆山而望赵军[⑤]，诫曰：“赵见我走，必空壁逐我[⑥]，若疾入赵壁，拔赵帜，立汉赤帜。”令其裨将传飧[⑦]，曰：“今日破赵会食！”诸将皆莫信，详应曰[⑧]：“诺。”谓军吏曰：“赵已先据便地为壁，且彼未见吾大将旗鼓[⑨]，未肯击前行，恐吾至阻险而还。”信乃使万人先行，出，背水陈[⑩]。赵军望见而大笑。平旦[⑪]，信建大将之旗鼓，鼓行出井陉口，赵开壁击之，大战良久。于是信、张耳详弃鼓旗，走水上军。水上军开入之，复疾战。赵果空壁争汉鼓旗，逐韩信、张耳。韩信、张耳已入水上军，军皆殊死战，不可败。信所出奇兵两千骑，共候赵空壁逐利，则驰入赵壁，皆拔赵旗，立汉赤帜二千。赵军已不胜，不能得信等，欲还归壁，壁皆汉赤帜，而大惊，以为汉皆已得赵王将矣，兵遂乱，遁走[12]，赵将虽斩之，不能禁也。于是汉兵夹击，大破虏赵军，斩成安君泜水上，禽赵王歇。

注释

①间视：暗中探听，窥伺。

②乃：才。

③止舍：停止行军，驻扎下来。

④传发：传令出发。

⑤萆山：隐蔽在山上。萆，通“蔽”，隐蔽。

⑥壁：军营。

⑦裨将：偏将，副将。传飧：传令做饭。

⑧详应：假装答应。详，通“佯”，假装。

⑨大将旗鼓：主将的旗帜和仪仗。

⑩背水陈：背靠河流布阵。陈，同“阵”，打仗时的战斗队列。

⑪平旦：天刚亮。

⑫遁走：潜逃。

译文

韩信派人暗中窥探，知道广武君的计策没有被采纳，探子回来报告之后，韩信十分高兴，然后才敢领兵前进。走到离井陉口三十里的地方，停军驻扎下来。半夜传令军中，选择轻骑兵两千人，每人带一个红色旗帜，从小道出发埋伏在山上，关注赵军动静，并告诫这些轻骑兵说："赵军看到我军退败，一定会倾巢出动追赶我军，你们赶快趁机进入赵军营垒，拔掉赵军的旗帜，插上汉军的红色旗帜。"又让偏将传令做饭，说："今天打败赵军之后会餐。"各个将领都不信，假装答应说："好。"韩信又对军中下级官吏说："赵军已经先占据了有利地形安营扎寨，而且他们没见我军主将的旗帜和仪仗，就不肯攻击我军的先头部队，怕我们到了险要的地方退回去。"于是就派出一万人先行出击，出了井陉口，背靠河水摆开战斗队列。赵军远远望见，大笑不止。天刚亮，韩信摆开大将军的旗帜和仪仗，大吹大擂地开出井陉口。赵军出营攻击汉军，激战了很长时间。这时韩信、张耳假装抛弃战旗和鼓乐，逃回河边的营地。河边营地的人打开营门放他们进去，然后再和赵军激战。赵军果然倾巢出动来争夺汉军抛弃的旗帜和鼓乐，追赶韩信、张耳。韩信、张耳进入河边阵地之后，全军都殊死战斗，赵军无法打败他们。韩信先前派出的轻骑兵两千人，等到赵军倾巢出动来追逐战利品的时候，就火速冲进赵军营地，把赵军旗帜都拔掉，插上汉军的两千面红色旗帜。赵军既不能取胜，又不能俘获韩信等人，想要回营，发现军营内都是汉军的红色旗帜，大为震惊，以为汉军已经全部俘获了赵王的将领，于是军队大乱，纷纷落荒潜逃，赵将即使诛杀逃兵，也不能禁止。于是汉兵前后夹击，彻底摧垮了赵军，俘虏了大批人马，在泜水边斩杀了成安君，俘虏了赵王歇。

信乃令军中毋杀广武君，有能生得者购千金[1]。于是有缚广武君而致戏下者[2]，信乃解其缚，东乡坐，西乡对，师事之。

诸将效首虏[3]，毕贺，因问信曰："兵法右倍山陵[4]，前左水泽，今者将军令臣等反背水陈，曰破赵会食，臣等不服。然竟以胜，此何术也？"信曰："此在兵法，顾诸君不察耳。兵法不曰'陷之死地而后生，置之亡地而后存'？且信非得素拊循士大夫也[5]，此所谓'驱市人而战之'[6]，其势非置之死地，使人人自为战[7]；今予之生地，皆走，宁尚可得而用之乎[8]！"诸将皆服曰："善。非臣所及也。"

注释

①购：悬赏征求。

②致：送到。

③效：呈献，贡献。首虏：首级和俘虏。

④倍：背靠，背向。

⑤拊循：抚慰，顺从。引申为受过训练，听从指挥。士大夫：指一般将士。

⑥市人：集市上的人，指没有受过训练的士兵。

⑦自为战：各自为战。

⑧宁：怎么。

译文

韩信于是命令军中士兵不要杀广武君，有能够生俘广武君的赏赐千金。于是有人绑着广武君把他送到韩信帐下，韩信解开绑绳，让他向东坐着，自己向西坐对着他，像对待老师一样侍奉他。

众将领献上首级和俘虏，向韩信祝贺完毕之后，趁机问韩信说：“兵法上说‘布列军阵应该右方和背后靠山陵，前边和左方临近水泽’。现在将军您反而命令我们背水列阵，并说‘打败了赵军后会餐’，我们都不相信，然而结果却取得了胜利，这是什么战术啊？”韩信回答说：“这在兵法上也有，只是诸位没有留心罢了。兵法上不是说‘陷之死地而后生，置之亡地而后存’吗？况且我平时没有机会训练将士们，这就是所说的‘赶着集市上的百姓去作战’，在这种形势下非得把将士们置之死地，使每个人都为保全自己而战；如果把他们放在能逃生的地方，那就都逃跑了，怎么还能用他们去打仗呢？”将领们都佩服地说：“有道理。将军的谋略不是我们所能比得上的呀。”

于是信问广武君曰：“仆欲北攻燕[①]，东伐齐，何若而有功[②]？”广武君辞谢曰：“臣闻‘败军之将不可以言勇，亡国之大夫不可以图存’。今臣败亡之虏，何足以权大事乎[③]！”信曰：“仆闻之，百里奚居虞而虞亡，在秦而秦霸，非愚于虞而智于秦也，用与不用，听与不听也。诚令成安君听足下计，若信者亦已为禽矣。以不用足下，故信得侍耳。”因固问曰[4]：“仆委心归计[5]，愿足下勿辞。”广武君曰：“臣闻‘智者千虑，必有一失；愚者千虑，必有一得’。故曰‘狂夫之言，圣人择焉’。顾恐臣计未必足用，顾效愚忠。夫成安君有百战百胜之计，一旦而失之，军败鄗下[6]，身死泜上。今将军涉西河，虏魏王，禽夏说阏与，一举而下井陉，不终朝破赵二十万众，诛成安君。名闻海内，威振天下。农夫莫不辍耕释耒[7]，褕衣甘食[8]，倾耳以待命者。若此，将军之所长也。然而众劳卒罢，其实难用。今将军欲举倦獘之兵[9]，顿之燕坚城之下，欲战恐久力不能拔，情见势屈[10]，旷日粮竭，而弱燕不服，齐必距境以自强也。燕齐相持而不下，则刘项之权未有所分也。若此者，将军所短也。臣愚，窃以为亦过矣。故善用兵者不以短击长，而以长击短。”韩信曰：“然则何由？”广武君对曰：“方今为将军计，莫如案甲休兵[11]，镇赵抚其孤，百里之内，牛酒日至，以飨士大夫醳兵[12]，北首燕路[13]，而后遣辩士奉咫尺之书[14]，暴其所长于燕[15]，燕必不敢不听从。燕已从，使喧言者东告齐[16]，齐必从风而服，虽有智者，亦不知为齐计矣。如是，则天下事皆可图也。兵固有先声而后实者[17]，此之谓也。”韩信曰：“善。”从其策，发使使燕，燕从风而靡[18]。乃遣使报汉，因请立张耳为赵王，以镇抚其国。汉王许之，乃立张耳为赵王。

注释

①仆：对自己的谦称。

②何若：怎么样，如何。

③权：权衡。引申为计议。

④固：坚决地。

⑤委心归计：倾心听从您的计策。委，托付。

⑥鄗：地名，在今河北高邑县东南。

⑦辍耕：停止耕作。释耒 lěi：放下农具。耒，古代的一种农具，形状像木叉。

⑧褕衣：好衣裳。褕，美。

⑨倦獘 bì：疲惫困乏。

⑩情见势屈：真情暴露，威势要受到挫减。见，同“现”，出现。

⑪案甲休兵：停止战争。甲，铠甲。兵，武器。

⑫醳 yì 兵：用酒食慰劳士兵。

⑬首：向，向着。

⑭咫尺之书：指书信。咫，八寸为咫。

⑮暴：显露。

⑯喧言：指辩士。

⑰声：造出声势。

⑱从风而靡：望风而降。靡，草随风倒，引申为降服。

译文

于是韩信问广武君说："我想向北攻伐燕国，向东攻打齐国，怎么样才能建立功业呢？"广武君推辞谢罪说："我听说败军之将，没有资格说勇敢；亡国的臣子，不可以谋划国家的生存。如今我是一个失败亡国的俘虏，怎么值得找我权衡国家大事呢？"韩信说："我听说，百里奚在虞国而虞国亡国，到了秦国做大臣，却帮助秦国称霸了，并不是因为在虞国愚蠢而在秦国就聪明，而是国君用不用他、听不听他的关系。假如成安君能够听从您的计策，像我韩信也就已经被您擒获了。因为不采纳您的意见，所以我才能有机会侍奉您。"因此坚决地请问说："我倾心听从您的计策，希望您不要推辞。"广武君说："我听说'智者千虑，必有一失，愚者千虑，必有一得'。所以说，'狂夫发表的意见，圣人也会选择其中可以听从的'。只恐怕我的计策未必值得采纳，只是奉献我的愚诚。成安君本来有百战百胜的计策，一旦失误了，大军在鄗县城下失败，自己也死于泜水边上。现在将军您渡过西河，俘虏魏王，在阏与擒获夏说，一出师就攻下井陉口，不到一个早晨就打败赵国二十万大军，杀死成安君。您现在声名闻于海内，威势震动天下，农夫们感到振奋，都放下农具停止耕作，吃好的穿好的，侧着耳朵听以便等待您的命令。像这样，是将军您的长处。但是大军劳苦疲惫，事实上很难用以作战。现在将军想要率领疲惫的士兵，驻扎在燕国坚固的城墙下面，想要开战又恐怕时间拖久了而力量跟不上，不能将它拿下。实情显现，优势削弱，时间长了，粮食耗尽，而弱小的燕国不能降服，齐国必定在边境抗拒来保卫自己了。和燕国、齐国相持不下，那么汉王和项王双方的胜负就不能断定。像这样，是将军您的短处了。我比较愚钝，私下里认为这样做也是不对的。所以善于用兵的人不会用自己的短处攻击对方的长处，而都是用自己的长处攻击对方的短处。”韩信说：“那么该怎么办呢？”广武君说：“现在为将军您考虑，不如按兵不动，停止军事行动，安定赵国，抚恤阵亡将士的遗孤，百里以内的地方，每天运送粮食和酒，用来宴请将士，摆出要向北攻打燕国的架势，然后派一个辩士带着一封短信，把您的长处显露在燕国面前，燕国必然不敢不从。燕国顺从以后，再派一个辩士向东去通告齐国，齐国也必然会望风而降。即使齐国有智者，这时候也不知道怎么给齐国出主意了。像这样，那么夺取天下的大事就可以图谋了。作战本来有先虚张声势而后采取实际行动的，就是说的这种情况。”韩信说：“很好。”听从了广武君的计策，派出使者到达燕国，燕国就望风而降了。于是就派使者报告给汉王，因而请求立张耳为赵王，来镇服赵国。汉王同意了，于是就封张耳为赵王。

楚数使奇兵渡河击赵，赵王耳、韩信往来救赵，因行定赵城邑[①]，发兵诣汉[②]。楚方急围汉王于荥阳，汉王南出，之宛、叶间，得黥布[③]，走入成皋，楚又复急围之。六月，汉王出成皋，东渡河，独与滕公俱，从张耳军修武。至，宿传舍[④]。晨自称汉使，驰入赵壁。张耳、韩信未起，即其卧内上夺其印符[⑤]，以麾召诸将[⑥]，易置之[⑦]。信、耳起，乃知汉王来，大惊。汉王夺两人军，即令张耳备守赵地，拜韩信为相国，收赵兵未发者击齐。

注释

①行定：往来救赵途中，安定百姓。

②诣：到某人所在的地方。

③黥布：即英布。因为受过黥刑，所以被称为黥布。

④传舍：客馆。

⑤即：到。

⑥麾：军中指挥作战的旗子。

⑦易置：更换，调动官职。

译文

楚王项羽多次派奇兵渡过黄河袭击赵国，赵王张耳、韩信往来救援，因而在行进途中安定赵国城邑，派出军队支援汉王。楚军正在荥阳紧急围攻汉王，汉王向南突围，到达宛县、叶县这一带，得到黥布的军队，奔入成皋，楚军又急速将汉王包围。六月，汉王从成皋逃出，向东渡过黄河，只有滕公夏侯婴追随着他，依从驻扎在修武的张耳军队。到了修武，留宿在客馆里。第二天早晨，汉王自称汉王使者，驰马进入赵王军营。张耳和韩信此时还没有起床，汉王就在他们的卧室夺走了他们的印信和兵符，用指挥旗召集各营将领，进行了一些职位的变动。韩信、张耳起床，才知道汉王来了，大为震惊。汉王夺取了两人军队的指挥权，就命令张耳驻扎在赵地守备，委任韩信为赵国相国，征召赵地还没有征发的士兵去攻打齐国。

信引兵东，未渡平原[①]，闻汉王使郦食其已说下齐，韩信欲止。范阳辩士蒯通说信曰："将军受诏击齐，而汉独发间使下齐[②]，宁有诏止将军乎？何以得毋行也！且郦生一士，伏轼掉三寸之舌[③]，下齐七十余城，将军将数万众，岁余乃下赵五十余城，为将数岁，反不如一竖儒之功乎[④]？"于是信然之，从其计，遂渡河。齐已听郦生，即留纵酒，罢备汉守御[⑤]。信因袭齐历下军，遂至临菑。齐王田广以郦生卖己，乃亨之[⑥]，而走高密，使使之楚请救。韩信已定临菑，遂东追广至高密西。楚亦使龙且将，号称二十万，救齐。

注释

①平原：即平原津，由河北进入山东的重要渡口。

②独：只，只不过。间使：密使，暗中派去的使臣。

③伏轼：乘车人把身子俯在车前横木上。

④竖儒：对儒生一种蔑视的称呼。

⑤罢：撤除。

⑥亨 pēng：通“烹”，古代一种酷刑，将囚犯放在大锅中煮熟。

译文

韩信又领兵向东，还没有渡过平原津的时候，听说汉王的使者郦食其已经通过游说降服了齐国，韩信准备停止进军。范阳来的谋士蒯通劝说韩信：“将军您收到诏书攻打齐国，而汉王只不过派一个密使独自降服齐国，难道有诏书让你停止么？为什么不再前行呢？而且郦生只是一个士人，坐着车子，凭借着三寸不烂之舌，就攻下了齐国七十多座城池。将军您统率数万军队，一年多才攻下赵国五十多座城池，担任将军几年，难道还不如一个尖酸的儒生的功劳大么？”于是韩信认为他说的对，听从他的计策，最终渡过黄河。齐国已经听信了郦食其，就把郦食其留下来天天放歌纵酒，撤除了守备汉军的防御。因此韩信偷袭齐国历下的军队，最终攻打到临淄。齐王田广认为郦食其出卖自己，就把他烹杀了。自己逃亡到高密，派出使者到楚国求救。韩信已经平定临淄，于是就追杀田广到了高密西部。楚国也让龙且率领军队，号称二十万，救援齐国。

齐王广、龙且并军与信战，未合[①]。人或说龙且曰：“汉兵远斗穷战[②]，其锋不可当。齐、楚自居其地战，兵易败散。不如深壁，令齐王使其信臣招所亡城，亡城闻其王在，楚来救，必反汉。汉兵二千里客居，齐城皆反之，其势无所得食，可无战而降也。”龙且曰：“吾平生知韩信为人，易与耳③。且夫救齐不战而降之，吾何功？今战而胜之，齐之半可得，何为止！”遂战，与信夹潍水陈④。韩信乃夜令人为万余囊，满盛沙，壅水上流⑤，引军半渡，击龙且。详不胜，还走。龙且果喜曰：“固知信怯也。”遂追信渡水。信使人决壅囊，水大至。龙且军大半不得渡，即急击，杀龙且。龙且水东军散走，齐王广亡去。信遂追北至城阳⑥，皆虏楚卒。

注释

①合：交战。

②穷战：竭尽全力攻战。

③易与：容易对付。

④潍水：河流名，源于山东莒县北，流入渤海莱州湾。

⑤壅：堵塞。

⑥追北：追赶败逃的敌军。

译文

齐王田广和龙且两支部队合兵一起对战韩信，还没交锋，有人劝龙且说："汉军远离国土，拼死作战，其锋芒锐不可当。齐楚两军在本土作战，战败之后，士兵很容易逃散。不如深沟高垒，坚守不出。让齐王派出亲信大臣，去招抚已经沦陷的城邑，这些城邑的官吏和百姓知道他们的国王还在，楚军又来救援，一定会背叛汉军。汉军在两千里之外作战，齐国城邑的人又纷纷反叛他们，那势必得不到粮食，这样就能不战而令汉军投降。”龙且说：“我一向了解韩信的为人，他很容易对付。况且援救齐国，不战而使韩信投降，我还有什么功劳？如今经过战斗战胜他，齐国一半领土就可以得到，为什么要停止作战？”于是决定开战，与韩信隔着潍水摆开阵势。韩信下令连夜赶做一万多口袋，装满沙土，堵住潍水上游，带领一半军队渡过河去，攻击龙且，假装战败，往回跑。龙且果然高兴地说：“本来我就知道韩信胆小害怕。”于是就渡过潍水追赶韩信。韩信下令挖开堵塞潍水的沙袋，河水汹涌而来，龙且的军队一多半还没渡过河去，韩信立即回师猛烈反击，杀死了龙且。龙且在潍水东岸尚未渡河的部队，见势四散逃跑，齐王田广也逃跑了。韩信追赶败兵直到城阳，把楚军士兵全部俘虏了。

汉四年，遂皆降平齐。使人言汉王曰：“齐伪诈多变，反覆之国也①。南边楚②，不为假王以镇之③，其势不定，愿为假王便。”当是时，楚方急围汉王于荥阳，韩信使者至，发书④，汉王大怒，骂曰：“吾困于此，旦暮望若来佐我⑤，乃欲自立为王！”张良、陈平蹑汉王足⑥，因附耳语曰：“汉方不利，宁能禁信之王乎？不如因而立，善遇之，使自为守；不然，变生[7]。”汉王亦悟，因复骂曰：“大丈夫定诸侯，即为真王耳，何以假为！”乃遣张良往立信为齐王，征其兵击楚。

注释

①反覆之国：不守信义的国家，多次反叛。

②边：靠近。

③假王：王的代理人。

④发：打开。

⑤佐：辅佐。

⑥蹑：踩。

⑦变生：发生变故。即刘邦不能满足韩信要求的话，韩信可能背叛刘邦。

译文

汉四年，韩信终于降服和平定了整个齐国。他派使者对汉王说：“齐国狡诈多变，是个反复无常的国家，南部又和楚国交界，不设立一个暂时代理的王来镇抚，势必不能安定下来。希望允许我暂时代理齐王。”这个时候，楚军正在荥阳紧紧地围困着汉王，韩信的使者到了，汉王打开书信一看，勃然大怒，骂道：“我被围困在这里，日夜盼着你来帮助我，你却想着自立为王！”张良、陈平暗中踩汉王的脚，接着凑近汉王的耳边说：“目前汉军处境不利，怎么能禁止韩信称王呢？不如趁机册立他为王，善待他，让他自己镇守齐国。不然可能发生变乱。”汉王醒悟，又故意骂道：“大丈夫平定了诸侯，应当立为真王，何必做个暂时代理的王呢？”就派遣张良前往，册立韩信为齐王，征调他的军队攻打楚军。

楚已亡龙且，项王恐，使盱眙人武涉往说齐王信曰：“天下共苦秦久矣，相与勠力击秦[①]。秦已破，计功割地[②]，分土而王之，以休士卒。今汉王复兴兵而东，侵人之分，夺人之地，已破三秦，引兵出关，收诸侯之兵以东击楚，其意非尽吞天下者不休，其不知厌足如是甚也！且汉王不可必[③]，身居项王掌握中数矣，项王怜而活之，然得脱，辄倍约，复击项王，其不可亲信如此。今足下虽自以与汉王为厚交，为之尽力用兵，终为之所禽矣。足下所以得须臾至今者[④]，以项王尚存也。当今二王之事，权在足下[⑤]。足下右投则汉王胜，左投则项王胜。项王今日亡，则次取足下。足下与项王有故，何不反汉与楚连和，参分天下王之[⑥]？今释此时，而自必于汉以击楚，且为智者固若此乎！”韩信谢曰：“臣事项王，官不过郎中，位不过执戟，言不听，画不用[⑦]，故倍楚而归汉。汉王授我上将军印，予我数万众，解衣衣我，推食食我，言听计用，故吾得以至于此。夫人深亲信我，我倍之不祥，虽死不易。幸为信谢项王[⑧]！”

注释

①戮力：同心协力。

②计功割地：根据功劳分封土地。

③不可必：不值得信赖。

④须臾：片刻之间。

⑤权：砝码，此处指决定轻重的关键。

⑥参 sān：三。

⑦画：计策，谋略。

⑧幸：希望。

译文

楚军失去龙且后，项王害怕了，派盱眙人武涉前往规劝齐王韩信说："天下人对秦朝的统治痛恨已久了，大家才合力攻打它。秦朝破灭后，按照功劳裂土分封，各自为王，以便休兵罢战。如今汉王又兴师东进，侵犯他人的疆界，掠夺他人的封地，已经攻破三秦，又率领军队开出函谷关，收集各路诸侯的军队向东进击楚国，他的意图是不吞并整个天下，不肯罢休，他贪心不足到这步田地，太过分了。况且汉王不可信任，自身落到项王的掌握之中多次了，项王怜悯他使他活下来，然而一经脱身，就背弃盟约，再次进攻项王，如此不可亲近，不可信任。如今您即使自认为和汉王交情深厚，替他竭尽全力作战，最终还得被他所擒。您之所以能够延续到今天，是因为项王还在啊。当前刘、项争夺天下，举足轻重的是您。您向右边站，那么汉王胜，您向左边站，那么项王胜。假若项王今天被消灭，下一个就该消灭您了。您和项王有旧交情，为什么不反汉与楚联合，三分天下自立为王呢？如今，放过这个时机，而一定要站到汉王一边攻打项王，一个聪明睿智的人，难道应该这样做吗？”韩信辞谢说：“我侍奉项王，官不过郎中，职位不过是个持戟的卫士，言不听，计不用，所以我背楚归汉。汉王授予我上将军的印信，给我几万人马，脱下他身上的衣服给我穿，把好食物让给我吃，言听计用，所以我才能够有今天这个样子。人家对我亲近、信赖，我背叛他不吉利，即使到死也不会变心。希望您替我辞谢项王的盛情！”

武涉已去，齐人蒯通知天下权在韩信，欲为奇策而感动之，以相人说韩信曰[①]：“仆尝受相人之术。”韩信曰：“先生相人何如？”对曰：“贵贱在于骨法[②]，忧喜在于容色[③]，成败在于决断，以此参之[④]，万不失一。”韩信曰：“善。先生相寡人何如？”对曰：“愿少间[⑤]。”信曰：“左右去矣。”通曰：“相君之面，不过封侯，又危不安。相君之背，贵乃不可言。”韩信曰：“何谓也？”蒯通曰：“天下初发难也，俊雄豪桀建号壹呼[⑥]，天下之士云合雾集，鱼鳞杂沓[⑦]，熛至风起[⑧]。当此之时，忧在亡秦而已。今楚汉分争，使天下无罪之人肝胆涂地，父子暴骸骨于中野[⑨]，不可胜数。楚人起彭城，转斗逐北，至于荥阳，乘利席卷，威震天下。然兵困于京、索之间，迫西山而不能进者，三年于此矣。汉王将数十万之众，距巩、雒，阻山河之险，一日数战，无尺寸之功，折北不救[10]，败荥阳，伤成皋，遂走宛、叶之间，此所谓智勇俱困者也。夫锐气挫于险塞，而粮食竭于内府[11]，百姓罢极怨望，容容无所倚[12]。以臣料之，其势非天下之贤圣固不能息天下之祸。当今两主之命悬于足下。足下为汉则汉胜，与楚则楚胜。臣愿披腹心，输肝胆，效愚计，恐足下不能用也。诚能听臣之计，莫若两利而俱存之，参分天下，鼎足而居，其势莫敢先动。夫以足下之贤圣，有甲兵之众，据强齐，从燕、赵，出空虚之地而制其后，因民之欲，西乡为百姓请命，则天下风走而响应矣，孰敢不听！割大弱强，以立诸侯，诸侯已立，天下服听而归德于齐。案齐之故[13]，有胶、泗之地[14]，怀诸侯以德，深拱揖让，则天下之君王相率而朝于齐矣。盖闻天与弗取，反受其咎；时至不行，反受其殃[15]。愿足下孰虑之。”

注释

①相人：给人看相。

②骨法：人体骨骼长相。

③容色：面容，气色。

④参：参酌。

⑤少间：屏退左右。间，空隙。
⑥豪桀：豪杰。建号壹呼：建立名号，一起呼应。
⑦鱼鳞杂沓：像鱼鳞众多杂乱。
⑧熛：迸发的火焰。
⑨中野：原野之中。
⑩折北不救：受到挫败而不能自救。
⑪竭于内府：府库枯竭。
⑫容容无所倚：动荡而没有依仗。
⑬案齐之故：安抚齐国旧有的。案，通“按”。
⑭胶、泗之地：胶河和泗水流经之地，在今山东一带。
⑮反受其殃：反而受到它的祸殃。

译文

武涉走后，齐国人蒯通知道天下胜负的关键在于韩信，想出奇计打动他，就以看相的身份规劝韩信说：“我曾经学过看相技艺。”韩信说：“先生给人看相用什么方法？”蒯通回答说：“人的高贵卑贱在于骨骼，忧愁、喜悦在于面色，成功失败在于决断。用这三项验证人相万无一失。”韩信说：“好，先生看看我的相怎么样？”蒯通回答说：“希望随从人员暂时回避一下。”韩信说：“周围的人离开吧。”蒯通说：“看您的面相，位不过封侯，而且还有危险不安全。看您的背相，显贵而不可言。”韩信说：“这话是什么意思呢？”蒯通说：“当初，天下举兵起事的时候，英雄豪杰纷纷建立名号，一声呼喊，天下有志之士像云雾那样聚集，像鱼鳞那样杂沓，如同火焰迸飞，狂风骤起。在这个时候，大家关心的只是灭亡秦朝罢了。而今，楚汉纷争，使天下无辜的百姓肝胆涂地，父子的尸骨暴露在荒郊野外，数不胜数。楚国人从彭城起事，转战四方，追逐败兵，直到荥阳，乘着胜利，像卷席子一样向前挺进，声势震动天下。然后军队被困在京、索之间，被阻于成皋以西的山岳地带不能再前进，已经三年了。汉王统领几十万人马在巩县、洛阳一带抗拒楚军，凭借着山河的险要，虽然一日数战，却无尺寸之功，以至遭受挫折失败，几乎不能自救。在荥阳战败，在成皋受伤，于是逃到宛、叶两县之间，这就是所说的智尽勇乏了。将士长期困顿于险要关塞而锐气被挫伤，仓库的粮食也消耗殆尽，百姓疲劳困苦，怨声载道，人心动荡，无依无靠。以我估计，这样的局面不是天下的圣贤就不能平息这场大祸乱。当今刘、项二王的命运都掌握在您的手里。您协助汉王，汉王就胜利；协助楚王，楚王就胜利。我愿意推心置腹，披肝沥胆，敬献愚计，只恐怕您不采纳啊。果真能听从我的计策，不如让楚、汉双方都不受损害，同时保存，你和他们三分天下，鼎足而立，形成那种局面，就没有谁敢轻举妄动。凭借您的贤能圣德，拥有众多的人马装备，占据强大的齐国，迫使燕、赵屈从，出兵到刘、项两军的空虚地带，牵制他们的后方，顺应百姓的心愿，向西去制止刘、项纷争，为军民百姓请求保全生命，那么，天下就会迅速地群起而响应，有谁敢不听从！而后，割取大国的疆土，削弱强国的威势，用以分封诸侯。诸侯分封之后，天下就会感恩戴德，归服听命于齐。稳守齐国固有的疆土，据有胶河、泗水流域，用恩德感召诸侯，恭谨谦让，那么天下的君王就会相继前来朝拜齐国。我听说‘苍天赐予的好处不接受，反而会受到惩罚；时机到了不采取行动，反而要遭祸殃’。希望您仔细地考虑这件事。”

韩信曰：“汉王遇我甚厚，载我以其车，衣我以其衣，食我以其食。吾闻之，乘人之车者载人之患，衣人之衣者怀人之忧，食人之食者死人之事，吾岂可以乡利倍义乎[①]！”蒯生曰：“足下自以为善汉王，欲建万世之业，臣窃以为误矣。始常山王、成安君为布衣时[②]，相与为刎颈之交，后争张黡、陈泽之事[③]，二人相怨。常山王背项王，奉项婴头而窜[④]，逃归于汉王。汉王借兵而东下，杀成安君泜水之南，头足异处，卒为天下笑。此二人相与，天下至欢也。然而卒相禽者，何也？患生于多欲而人心难测也。今足下欲行忠信以交于汉王，必不能固于二君之相与也，而事多大于张黡、陈泽。故臣以为足下必汉王之不危己，亦误矣。大夫种、范蠡存亡越，霸句践，立功成名而身死亡。野兽已尽而猎狗亨。夫以交友言之，则不如张耳之与成安君者也；以忠信言之，则不过大夫种、范蠡之于句践也。此二人者，足以观矣。愿足下深虑之。且臣闻勇略震主者身危，而功盖天下者不赏。臣请言大王功略：

足下涉西河，虏魏王，禽夏说，引兵下井陉，诛成安君，徇赵，胁燕，定齐，南摧楚人之兵二十万，东杀龙且，西乡以报，此所谓功无二于天下，而略不世出者也。今足下戴震主之威，挟不赏之功，归楚，楚人不信；归汉，汉人震恐：足下欲持是安归乎？夫势在人臣之位而有震主之威，名高天下，窃为足下危之。”韩信谢曰：“先生且休矣，吾将念之⑤。”

注释

①乡利倍义：贪图利益而背信弃义。

②常山王：即张耳。项羽分封时，曾封张耳为常山王。

③争张黡、陈泽之事：张耳、陈馀曾为好友，共同辅助赵王歇。后来秦将章邯率大军将赵王歇和张耳围困在邯郸，张耳派张黡、陈泽突围向陈馀求救，陈馀给两人五千人马，二人战死。邯郸之围解后，张耳认为陈馀不救自己，而且杀死张黡、陈泽两人，因此十分怨恨陈馀。

④奉项婴头而窜：项婴当是项羽派遣到张耳军中的使者，被张耳杀害。

⑤将念之：我将要考虑考虑。念，考虑。

译文

韩信说：“汉王给我的待遇很优厚，他的车子给我坐，他的衣裳给我穿，他的食物给我吃。我听说，坐人家的车子，就要分担人家的祸患；穿人家的衣裳，心里要想着人家的忧患；吃人家的食物，要为人家的事业效命，我怎么能够图谋私利而背信弃义呢！”蒯通说：“你自认为和汉王友好，想建立流传万世的功业，我私下认为这种想法错了。当初常山王、成安君还是平民百姓时，结成割掉脑袋也不反悔的交情，后来因为张黡、陈泽的事发生争执，使得二人彼此仇恨。常山王背叛项王，捧着项婴的人头逃跑，归降汉王。汉王借给他军队向东进击，在泜水以南杀死了成安君，身首异处，被天下人耻笑。这两个人的交情，可以说是天下最要好的。然而到头来，都想把对方置于死地，这是为什么呢？祸患产生于贪得无厌而人心又难以猜测。如今您打算用忠诚、信义与汉王结交，一定比不上张耳、陈馀的结交更巩固，而你们之间关联的事情又比张黡、陈泽的事件重要得多，所以我认为您断定汉王不会危害自己，也错了。大夫文种、范蠡使濒临灭亡的越国保存下来，辅佐句践称霸诸侯，功成名就之后，文种被迫自杀，范蠡被迫逃亡。野兽已经打完了，猎犬就会被烹杀。以交情友谊而论，您和汉王比不上张耳与成安君；以忠诚信义而论，也赶不上大夫文种、范蠡与越王句践。从这两个事例看，足够您断定是非了。希望您仔细考虑。况且我听说，勇敢、谋略使君主感到威胁的人，有危险；而功勋卓著冠盖天下的人得不到赏赐。请让我说一说大王的功绩和谋略：您横渡西河，俘虏赵王，生擒夏说，带领军队夺取井陉，杀死成安君，攻占了赵国，以声威镇服燕国，平定安抚齐国，向南摧毁楚国军队二十万，向东杀死楚将龙且，西面向汉王捷报，这可以说是功劳天下无二，而计谋出众，世上少有。如今您具有威胁君主的威势，持有不能封赏的功绩，归附楚国，楚国人不信任；归附汉国，汉国人震惊恐惧：您带着这样大的功绩和声威，哪里是您可去的地方呢？身处臣子地位而有着使国君感到威胁的威势，名望高于天下所有的人，我私下为您感到担忧。”韩信说：“先生暂且说到这儿吧！让我考虑考虑。”

后数日，蒯通复说曰：“夫听者事之候也[1]，计者事之机也[2]，听过计失而能久安者，鲜矣。听不失一二者，不可乱以言；计不失本末者，不可纷以辞。夫随厮养之役者[3]，失万乘之权；守儋石之禄者[4]，阙卿相之位[5]。故知者决之断也，疑者事之害也，审豪氂之小计[6]，遗天下之大数，智诚知之，决弗敢行者，百事之祸也。故曰‘猛虎之犹豫，不若蜂虿之致螫；骐骥之跼躅，不如驽马之安步[7]；孟贲之狐疑，不如庸夫之必至也；虽有舜禹之智，吟而不言，不如瘖聋之指麾也’。此言贵能行之。夫功者难成而易败，时者难得而易失也。时乎时，不再来。愿足下详察之。”韩信犹豫不忍倍汉，又自以为功多，汉终不夺我齐，遂谢蒯通。蒯通说不听，已详狂为巫。

注释

①候：事物变化发展的征兆。

②机：把握事情成败的时机。

③随：顺从，安心于。厮养之役：贱役，一些琐碎的事情。

④守儋石之禄：守着微薄的俸禄。儋，同“担”。

⑤阙：同“缺”。

⑥豪氂：即毫厘。

⑦驽马：劣马。

译文

此后过了数日，蒯通又对韩信说：“能够听取别人的意见，就能预见事情发展变化的征兆，能反复思考，就能把握成功的关键。听取意见不能作出正确的判断，决策失误而能够长治久安的人，实在少有。听取意见很少判断失误的人，就不能用花言巧语去惑乱他；计谋筹划不本末倒置的人，就不能用花言巧语去扰乱他。甘愿做劈柴喂马差事的人，就会失掉争取万乘之国权柄的机会；安心微薄俸禄的人，就得不到公卿宰相的高位。所以聪明人办事坚决果断，犹豫不决是办事情的祸害。专在细小的事情上用心思，就会丢掉天下的大事，有判断是非的智慧，决定后又不敢贸然行动，这是所有事情的祸根。所以俗话说：‘猛虎犹豫不前，不如黄蜂、蝎子用毒刺去螫；骏马徘徊不前，不如劣马安然慢步；勇士孟贲狐疑不定，不如凡夫俗子决心实干，以求达到目的；

即使有虞舜、夏禹的智慧，闭上嘴巴不讲话，不如聋哑人借助打手势起作用。’这些俗语都说明付诸行动是最宝贵的。事业都难以成功而容易失败，时机难以抓住而容易失掉。时机啊时机，丢掉了就不会再来。希望您仔细地考虑斟酌。”韩信犹豫不决，不忍心背叛汉王，又自认为功勋卓著，汉王终究不会夺去自己的齐国，于是谢绝了蒯通。蒯通的规劝没有被采纳，就假装疯癫做了巫师。

汉王之困固陵，用张良计，召齐王信，遂将兵会垓下。项羽已破，高祖袭夺齐王军。汉五年正月，徙齐王信为楚王，都下邳。

信至国[①]，召所从食漂母，赐千金。及下乡南昌亭长，赐百钱，曰：“公，小人也[②]，为德不卒[③]。”召辱己之少年令出胯下者以为楚中尉。告诸将相曰：“此壮士也。方辱我时，我宁不能杀之邪？杀之无名[④]，故忍而就于此。”

注释

①国：国都，即下邳。

②小人：与大丈夫相对，当是指做不成大事的人。

③为德不卒：做好事有始无终。

④无名：没有意义。

译文

汉王被围困在固陵时，采用了张良的计策，征召齐王韩信，于是韩信率领军队在垓下与汉王会师。项羽被打败后，高祖发动突然袭击夺取了齐王的军权。汉五年正月，改封齐王韩信为楚王，建都下邳。

韩信到了下邳，召见曾经分给他饭吃的那位漂母，赐给她黄金千斤。又召见下乡南昌亭亭长，赐给百钱，说：“您，是小人，做好事有始无终。”召见曾经侮辱过自己、让自己从他胯下爬过去的年轻人，任用他做了中尉，并告诉将相们说：“这是位壮士。当他侮辱我的时候，我难道不能杀死他吗？杀掉他没有意义，所以我忍受了一时的侮辱而成就了今天的功业。”

项王亡将钟离眛家在伊庐[①]，素与信善。项王死后，亡归信。汉王怨眛，闻其在楚，诏楚捕眛。信初之国，行县邑[②]，陈兵出入。汉六年，人有上书告楚王信反。高帝以陈平计，天子巡狩会诸侯[③]，南方有云梦，发使告诸侯会陈：“吾将游云梦。”实欲袭信，信弗知。高祖且至楚，信欲发兵反，自度无罪；欲谒上，恐见禽。人或说信曰：“斩眛谒上，上必喜，无患。”信见眛计事。眛曰：“汉所以不击取楚，以眛在公所。若欲捕我以自媚于汉，吾今日死，公亦随手亡矣。”乃骂信曰：“公非长者[④]！”卒自刭。信持其首，谒高祖于陈[⑤]。上令武士缚信，载后车。信曰："果若人言：'狡兔死，良狗亨；高鸟尽，良弓藏；敌国破，谋臣亡。'天下已定，我固当亨！"上曰："人告公反。"遂械系信⑥。至雒阳，赦信罪，以为淮阴侯。

注释

①钟离眛：项羽手下名将。伊庐：地名，在今江苏灌云县东北。

②行县邑：巡视下属各县。

③巡狩会诸侯：天子每数年到各诸侯国巡行视察一次，所到之处，各国诸侯要到指定地点朝见天子。

④长者：有德行的人。

⑤陈：陈县，即今河南淮阳县。

⑥械系：用刑具捆绑。

译文

项王部下逃亡的将领钟离眛，家住伊庐，一向与韩信友好。项王死后，他逃出来归附韩信。汉王怨恨钟离眛，听说他在楚国，诏令楚国逮捕钟离眛。韩信初到楚国，巡行所属县邑，进进出出都带着武装卫队。汉六年，有人上书告发韩信谋反。高帝采纳陈平的计谋，假托天子外出巡视会见诸侯，南方有个云梦泽，派使臣通告各诸侯到陈县会合，说："我要巡视云梦泽。"其实是要袭击韩信，韩信却不知道。高祖将要到楚国时，韩信曾想发兵反叛，又认为自己没有罪；想朝见高祖，又怕被擒。

有人对韩信说："杀了钟离眜去朝见皇上，皇上一定高兴，就没有祸患了。"韩信去见钟离眜商量。钟离眜说："汉王之所以不攻打楚国，是因为我在您这里，你想逮捕我取悦汉王，我今天死，你也会紧跟着死的。"于是骂韩信说："你不是个忠厚守信之人！"于是刎颈身死。韩信拿着他的人头，到陈县朝拜高帝。皇上命令武士捆绑了韩信，押在随行的车上。韩信说："果真像人们说的：'狡兔死了，出色的猎狗就遭到烹杀；高翔的飞禽光了，优良的弓箭就被收藏起来；敌国破灭，谋臣死亡。'现在天下已经安定，我确实应当遭烹杀！"皇上说："有人告发你谋反。"就给韩信带上了刑具。到了洛阳，赦免了韩信的罪过，改封为淮阴侯。

信知汉王畏恶其能，常称病不朝从[①]。信由此日夜怨望，居常鞅鞅[②]，羞与绛、灌等列。信尝过樊将军哙，哙跪拜送迎，言称臣，曰："大王乃肯临臣！"信出门，笑曰："生乃与哙等为伍！"上常从容与信言诸将能不[③]，各有差。上问曰："如我能将几何？"信曰："陛下不过能将十万。"上曰："于君何如？"曰："臣多多而益善耳。"上笑曰："多多益善，何为为我禽？"信曰："陛下不能将兵，而善将将，此乃信之所以为陛下禽也。且陛下所谓天授，非人力也。"

注释

①朝从：朝见，觐见皇帝。

②鞅鞅：即怏怏，不满意的样子。

③从容：闲暇时。

译文

韩信知道汉王畏忌自己的才能，常常托病不参加朝见和侍行。从此，韩信日夜怨恨，在家闷闷不乐，以和绛侯、灌婴处于同等地位而感到羞耻。韩信曾经拜访樊哙将军，樊哙跪拜送迎，自称臣子。说："大王竟肯光临臣这里！"韩信出门笑着说："我这辈子竟然和樊哙这般人为伍了。"高祖曾经在休息时和韩信议论将军们的高下，认为各有优劣。高祖问韩信："像我的才能能统率多少兵马？"韩信说："陛下不过能统率十万兵马。"高祖说："你怎么样？"回答说："我是越多越好。"高祖笑着说："您越多越好，为什么还被我俘虏了？"韩信说："陛下不能带兵，却善于驾驭将领，这就是我被陛下俘虏的原因。况且陛下是上天赐予的，不是人力能做到的。"

陈豨拜为钜鹿守，辞于淮阴侯，淮阴侯挈其手[①]，辟左右与之步于庭[②]，仰天叹曰："子可与言乎？欲与子有言也。"豨曰："唯将军令之。"淮阴侯曰："公之所居，天下精兵处也；而公，陛下之信幸臣也[③]。人言公之畔[④]，陛下必不信；再至，陛下乃疑矣；三至，必怒而自将。吾为公从中起[⑤]，天下可图也。”陈豨素知其能也，信之，曰：“谨奉教！”汉十年，陈豨果反。上自将而往，信病不从。阴使人至豨所，曰：“弟举兵[⑥]，吾从此助公。”信乃谋与家臣夜诈诏赦诸官徒奴[⑦]，欲发以袭吕后、太子。部署已定，待豨报。其舍人得罪于信[⑧]，信囚，欲杀之。舍人弟上变[⑨]，告信欲反状于吕后。吕后欲召，恐其党不就[⑩]，乃与萧相国谋，诈令人从上所来，言豨已得死，列侯群臣皆贺。相国绐信曰[⑪]：“虽疾，强入贺。”信入，吕后使武士缚信，斩之长乐钟室。信方斩，曰：“吾悔不用蒯通之计，乃为儿女子所诈，岂非天哉！”遂夷信三族。

注释

①挈：抓着。

②辟：退避，屏退周围的人。

③信幸臣：亲信，宠幸的臣子。

④畔：通“叛”，反叛。

⑤从中起：从京城中起事响应。

⑥举兵：出兵。

⑦官徒奴：官府中服役的罪犯和奴隶。

⑧舍人：皇帝、诸王身边的亲近之人的通称，后为官职名。

⑨上变：向皇帝上书告发非常之事。

⑩不就：不肯就范。

⑪绐：欺骗。

译文

陈豨被任命为钜鹿郡守，向淮阴侯辞行。淮阴侯拉着他的手避开左右侍从在庭院里漫步，仰天叹息说："您可以听听我的知心话吗？有些心里话想跟您谈谈。"陈豨说："一切听任将军吩咐！"淮阴侯说："您管辖的地区，是天下精兵聚集之地；而您，是陛下信任宠幸的臣子。如果有人告发说您反叛，陛下一定不会相信；再次告发，陛下就怀疑了；第三次告发，陛下必然大怒而亲自率兵前来围剿。我为您在京城做内应，天下就可以取得了。"陈豨一向知道韩信的雄才大略，深信不疑，说："我一定听从您的指教！"汉十年，陈豨果然反叛。皇上亲自率领兵马前往，韩信托病没有跟随。暗中派人到陈豨处说："只管起兵，我在这里协助您。"韩信就和家臣商量，夜里假传诏书赦免各官府服役的罪犯和奴隶，打算发动他们去袭击吕后和太子。部署完毕，只等待陈豨的消息。他的一位家臣得罪了韩信，韩信把他囚禁起来，打算杀掉他。他的弟弟上书告变，向吕后告发了韩信准备反叛的情况。吕后打算把韩信召来，又怕他不肯就范，就和萧相国谋划，令人假说从皇上那儿来，说陈豨已被俘获处死，列侯群臣都来祝贺。萧相国欺骗韩信说："即使有病，也要强打精神进宫祝贺吧。"韩信于是进宫，吕后命令武士把韩信捆起来，在长乐宫的钟室杀掉了。韩信临斩时说："我后悔没有采纳蒯通的计谋，以至被妇女小子所欺骗，这难道不是天意吗？"于是诛杀了韩信三族。

高祖已从豨军来，至，见信死，且喜且怜之①，问："信死亦何言？"吕后曰："信言恨不用蒯通计。"高祖曰："是齐辩士也。"乃诏齐捕蒯通。蒯通至，上曰："若教淮阴侯反乎②？"对曰："然，臣固教之③。竖子不用臣之策，故令自夷于此④。如彼竖子用臣之计，陛下安得而夷之乎！"上怒曰："亨之。"通曰："嗟呼，冤哉亨也！"上曰："若教韩信反，何冤？"对曰："秦之纲绝而维弛⑤，山东大扰，异姓并起，英俊乌集。秦失其鹿⑥，天下共逐之，于是高材疾足者先得焉。蹠之狗吠尧⑦，尧非不仁，狗因吠非其主。当是时，臣唯独知韩信，非知陛下也。且天下锐精持锋欲为陛下所为者甚众，顾力不能耳。又可尽亨之邪？"高帝曰："置之⑧。"乃释通之罪。

注释

①且喜且怜：既高兴又怜悯。

②若：你。反：谋反。

③固：确实。

④自夷：自取灭亡。

⑤纲绝而维弛：比喻国家法度败坏，政权瓦解。

⑥秦失其鹿：秦朝丧失自己的统治。

⑦蹠：即盗跖。故事出自《战国策》："跖之狗吠尧，非贵跖而贱尧也，狗固吠非其主也。"

⑧置：赦罪，释放。

译文

高祖从平叛陈豨的前方回来，到了京城，见韩信已死，既高兴又怜悯他，问吕后："韩信临死时说过什么？"吕后说："韩信说悔恨没有采纳蒯通的计策。"高祖说："这个人是齐国的辩士。"就下诏书让齐国捕捉蒯通。蒯通被抓来了，高祖说："你唆使淮阴侯谋反吗？"回答说："是，我的确教过他。那小子不采纳我的计策，所以才有今天自取灭亡的下场。假如那小子用我的计策，陛下怎能够杀得掉他呢？"高祖生气地说："烹杀他。"蒯通说："唉，烹杀我冤枉啊！"高祖说："你唆使韩信造反，有什么冤枉的？"蒯通说："秦朝法度败坏而政权瓦解的时候，山东六国大乱，各路诸侯纷纷起事，一时天下英雄豪杰像乌鸦一样聚集。秦朝失去了他的统治地位，天下英杰都来抢夺它，于是才智高超、行动敏捷的人率先得到它。盗跖的狗对着尧狂叫，并不是尧不仁德，只因为他不是狗的主人。那个时候，我只知道韩信，并不知道有陛下。况且天下拿着武器想干陛下所干的事业的人太多了，只是力不从心罢了。难道您要把他们都烹杀吗？"高祖说："放了他。"就赦免了蒯通的罪过。

太史公曰：吾如淮阴[1]，淮阴人为余言，韩信虽为布衣时，其志与众异。其母死，贫无以葬，然乃行营高敞地[2]，令其旁可置万家[3]。余视其母冢[4]，良然[5]。假令韩信学道谦让[6]，不伐己功，不矜其能[7]，则庶几哉[8]，于汉家勋可以比周、召、太公之徒，后世血食矣[9]。不务出此[10]，而天下已集[11]，乃谋畔逆，夷灭宗族，不亦宜乎！

注释

①如：到，往。

②行营：四处谋求。

③令其旁可置万家：让坟墓旁边留有可以安置万户人家的地方。

④冢：坟墓。

⑤良然：确实是这样。

⑥学道谦让：学习道家的谦让精神。

⑦矜其能：慎重对待自己的才能，即恃才傲物。矜，慎重，拘谨。

⑧庶几：或许可以。

⑨血食：受享祭品。古代祭祀，宰杀牲畜做祭品，所以叫血食。

⑩务：致力于，从事。

⑪天下已集：天下已经安定。集，通“辑”，安定。

译文

太史公说：我到淮阴，淮阴人对我说，韩信即使在还是平民百姓时，他的志向就与众不同。他母亲死后，家中贫困无法安葬，可他还是到处寻找高而开阔宽敞的地方来安葬，让坟墓旁将来可以安置万户人家。我看了他母亲的坟墓，果然是这样。假如韩信能够学学道家的谦恭退让，不夸耀自己的功劳，不自恃自己的才能，那就差不多了，他对汉朝的功勋可以和周朝的周公、召公、太公这些人相比，后世子孙也就会祭祀不绝。可是，他没能致力于这样做，在天下已经安定后，还要图谋叛乱，以致宗族被诛灭，不也是应该的吗？

货殖列传

题解

《货殖列传》是司马迁为先秦和西汉前期著名的工商业者所立的类传，也是表现司马迁经济思想和物质观的重要篇章。“货殖”是指利用货物生产与交换，进行商业活动，求利以致富。全篇主要包括四个方面的内容：一是分析了工商业的发展，阐明了作者的经济观点；二是介绍了先秦著名商人的言论、活动和发家致富的事迹；三是记述了全国各地的地形特征、物产分布、交通贸易以及不同的民俗风情等；四是介绍了汉兴以来的著名工商业者经营致富的活动事迹。作者在文中探讨了工商业发展的历史，分析阐述了商业和商人的产生，以及人们追求财富的现象都是事势的必然，肯定了工商业在国计民生中的重大意义，并且指出“富无经业”“货无常主”，只要用心专一，各行各业都能致富。

本篇是我们研究先秦和西汉时期的经济思想、社会经济活动和民俗风情的重要历史文献。

《老子》曰[①]：“至治之极[②]，邻国相望，鸡狗之声相闻，民各甘其食[③]，美其服[④]，安其俗，乐其业，至老死不相往来。”必用此为务[⑤]，輓近世涂民耳目[⑥]，则几无行矣[⑦]。

注释

①引文见《老子》第八十章，文字不尽相同。

②至治：治理得极好的社会。治，与“乱”相对，指政治清明。

③甘其食：认为自家所食的东西甘美。

④美其服：认为自己穿的衣服漂亮。

⑤务：致力、追求。

⑥近世：离现在最近的时代。輓，通“晚”。涂：堵塞。

⑦几：几乎，差点。无行：行不通，无法实现。

译文

《老子》说：“太平盛世的极点，是邻近的国家互相观望，鸡鸣狗吠的声音互相听得到，各国人民都认为自家所食的东西最甘美，自己所穿的衣服最漂亮，习惯于本地的风俗，喜爱自己所从事的行业，直到老死也不互相往来。”一定要把这些作为努力的目标，到了近世，如果还这么办，那就等于是堵塞了人民的耳目，几乎是无法实行的。

太史公曰：夫神农以前[①]，吾不知已。至若《诗》《书》所述虞夏以来[②]，耳目欲极声色之好[③]，口欲穷刍豢之味[④]，身安逸乐，而心夸矜势能之荣[5]。使俗之渐民久矣[6]，虽户说以眇论[7]，终不能化。故善者因之[8]，其次利道之[9]，其次教诲之，其次整齐之[10]，最下者与之争。

注释

①神农：即炎帝，传说中的上古帝王，他教民稼穑，故称神农氏。

②《诗》：即《诗经》，是我国最早的诗歌总集。分为“风”“雅”“颂”三大类，共计三百零五篇。《书》：即《尚书》，《尚书》又称《书》《书经》，是中国上古历史文献和部分追述古代事迹的著作的汇编，分为《虞书》《夏书》《商书》《周书》。

③极：享尽。声：音乐。色：女色。

④穷：穷尽。刍豢：泛指各种家畜。刍，干草，代指吃草的牲畜，如牛羊。豢，豢养，代指吃粮食的牲畜，如猪狗。

⑤夸矜：夸耀。矜，骄傲、夸耀。势能：权势，能力。

⑥渐：浸染，影响。

⑦户说：挨家挨户地劝说。眇论：美妙的理论。眇，通“妙”，美妙，美好。

⑧善者：最好的办法。因：循，顺应，依照。

⑨利道之：因势利导。道，通“导”。

⑩整齐：整顿约束，用规章制度约束规范。

译文

太史公说：神农氏以前的事情，我是不知道的。至于像《诗》《书》所记述的虞、夏以来的情况，则是人们耳目要享尽音乐女色的美好，嘴巴想要尝遍肉食的美味，身体安于舒适快乐的环境，而心中又夸耀权势所带来的荣耀。统治者让这种风气浸染百姓已经很久了，即使用美妙的理论挨家挨户地劝说开导，最终也不能感化他们。所以，最好的办法是顺其自然，其次是因势利导，再其次是加以教诲，又其次是制定规章制度加以约束规范，最下等的方法是与民争利。

夫山西饶材、竹、榖、纑、旄、玉石[①]；山东多鱼、盐、漆、丝、声色[②]；江南出楠、梓、姜、桂、金、锡、连、丹沙、犀、玳瑁、珠玑、齿革[③]；龙门、碣石北多马、牛、羊、旃裘、筋角[④]；铜、铁则千里往往山出棋置[⑤]：此其大较也[⑥]。皆中国人民所喜好，谣俗被服饮食奉生送死之具也[⑦]。故待农而食之[⑧]，虞而出之[⑨]，工而成之[⑩]，商而通之[⑪]。此宁有政教发征期会哉[⑫]？人各任其能[⑬]，竭其力，以得所欲。故物贱之征贵[⑭]，贵之征贱[⑮]，各劝其业[⑯]，乐其事，若水之趋下，日夜无休时，不召而自来，不求而民出之。岂非道之所符[⑰]，而自然之验邪[⑱]？

注释

①饶：富有，盛产。材：木材。榖gǔ：木名，即楮树，树皮纤维可用来造纸或纺织成布。纑lú：苎麻，野麻，可以织布。旄máo：牦牛。牦牛尾上的长毛可作舞蹈道具和旌旗的装饰，是贵重的商品。

②丝：蚕丝。声色：音乐和女色。

③楠：楠木，是贵重的建筑和造船材料。梓：梓树，木材可以制作器具。桂：即木樨，是珍贵的芳香植物。连：铅矿。丹沙：即丹砂，俗称朱砂。犀：指犀牛角。玳瑁dàimào：一种爬行动物，与龟相似。甲壳可做装饰品及药用。珠玑：珍珠。圆的称珠，不圆的称为玑。齿革：象牙及皮革。

④龙门：即龙门山，在今山西河津市西北和陕西韩城市东北。碣石：即碣石山，在今河北昌黎县西北。旃裘：毛毡和皮衣。旃，通“毡”。筋角：兽筋、兽角，可用以制造弓弩。

⑤棋置：像棋子布局那样密布。

⑥大较：大略，大概。

⑦谣俗：民间风俗习惯。奉生：养生。具：器具、用品。

⑧待：依靠。

⑨虞：古代掌管山林水泽的官员，这里指开发山泽资源，从事渔猎、林木、采矿等事的人。

⑩工：工匠，手工业者。成之：制造出来。

⑪商：商人。通之：流通货物。

⑫宁：难道。政教：政令教化。发征：调发征召。期会：

约期会集。

⑬任其能：发挥自己的特长与才能。

⑭物贱之征贵：意思是物贱极必贵，所以贱是贵的征兆。征，征兆。

⑮贵之征贱：意思是物贵极必贱，所以贵是贱的征兆。

⑯劝：劝勉、努力。

⑰道之所符：与客观规律相符合。道，客观规律，此处指经济法则。

⑱自然：自然法则。验：证明。

译文

山西地区盛产木材、竹子、楮树、野麻、旄牛、玉石；山东地区多有鱼、盐、漆、丝、音乐和美女；江南地区出产楠木、梓树、生姜、桂花、金、锡、铅、朱砂、犀牛、玳瑁、珠子、象牙、皮革；龙门、碣石山以北地区盛产马、牛、羊、毛毡皮衣、兽筋兽角；铜和铁则是在周围千里之内，山中到处都是，像棋盘上的棋子那样密布。这就是各地物产分布的大致情况。这些都是中原人民所喜好的，是日常所习用的穿着、饮食、养生、丧葬的物品。因此，人们要靠农民耕种才能取得食物，要靠虞人开发山林水泽资源才能获得各种物品，要靠工匠制造才能取得器具，要靠商人贸易才能流通货物。这难道需要官府的政令教化来调发征召百姓约期会集吗？人们各自发挥自己的特长和才能，竭尽自己的力量，来取得自己所需要的东西。所以，物价贱时，人人要买，这是要涨价的征兆，物价贵时，人人不买，就是要跌价的征兆。人们各自努力从事自己的职业，乐于做自己的工作，就像水流向低处那样，日日夜夜没有休止的时候，不用征召便会自动前来，不用要求便会生产出各种物品来。这难道不是符合客观规律，顺应自然法则的证明吗？

《周书》曰[①]："农不出则乏其食[②]，工不出则乏其事[③]，商不出则三宝绝[④]，虞不出则财匮少[⑤]。"财匮少而山泽不辟矣[⑥]。此四者，民所衣食之原也[⑦]。原大则饶[⑧]，原小则鲜[⑨]。上则富国，下则富家。贫富之道，莫之夺予[⑩]，而巧者有余，拙者不足[⑪]。故太公望封于营丘[⑫]，地潟卤[⑬]，人民寡[⑭]，于是太公劝其女功[⑮]，极技巧[⑯]，通鱼盐[⑰]，则人物归之[⑱]，繦至而辐凑[⑲]。故齐冠带衣履天下[⑳]，海岱之间敛袂而往朝焉[㉑]。其后齐中衰，管子修之[㉒]，设轻重九府[㉓]，则桓公以霸，九合诸侯，一匡天下[㉔]；而管氏亦有三归[㉕]，位在陪臣[㉖]，富于列国之君。是以齐富强至于威、宣也[㉗]。

注释

①《周书》：《尚书》组成部分，载录了周代的文诰，为记周代史事之书。

②不出：不生产，不种植。

③事：指百工制作的器物。

④三宝：有各种不同的说法，此指粮食、器物、财富。绝：断绝不通。

⑤财：财物。匮：缺乏。

⑥辟：开发，开辟。

⑦原：本源，源泉。

⑧饶：财物富足，东西多。

⑨鲜：贫困，东西少。

⑩莫：没有人。予：给予。

⑪拙者：笨拙的人。不足：贫穷，不富裕。

⑫太公望：即姜太公吕尚，西周开国功臣，封于齐。营丘：古邑名，在今山东省淄博市北。

⑬潟卤 xìlǔ：不适宜耕种的盐碱地。

⑭寡：稀少。

⑮女功：亦作“女工”“女红”。指妇女所从事的纺织、刺绣、缝纫等事。

⑯极技巧：使其技巧达到极高的水平。

⑰通：流通、贩运。

⑱人物：百姓和财物。归：归向，归聚。

⑲繦至而辐凑：比喻四面八方的人踊跃投奔而来。繦至，像绳索相连一样接连而来。繦，穿钱的绳子。辐凑，形容四方人物来归，像辐之集中于毂一般。辐，车轮中间的直木。凑，聚集。

⑳冠带衣履天下：以冠带衣履供给天下。意为齐国富甲天下，所制作的冠带衣履为天下人所用。

㉑海岱之间：从东海到泰山之间，指齐地。海，指

今东海。岱，指泰山。敛袂：整理衣袖。袂，衣袖。朝：朝见，朝拜。

㉒管子：即管仲。修：修治，整顿。

㉓轻重：我国古代的一种经济理论，指国家权衡轻重所采取的一系列诸如调节商品、货币流通、控制物价和抑制物价等政治经济措施。九府：周代掌管财政的九个官府，即大府、玉府、内府、外府、泉府、天府、职内、职金、职币。

㉔匡：正，纠正。

㉕三归：指管仲有三处庭园，说明其财势超过一般大臣。

㉖陪臣：春秋时期诸侯为天子之臣，诸侯的大夫对周天子自称陪臣，大夫之家臣对诸侯亦称陪臣。这里指管仲。

㉗威：指齐威王田因齐，公元前356年至前320年在位。宣：指齐宣王田辟疆，公元前319年至前301年在位。

译文

《周书》说："农民不种植，粮食就会缺乏；工匠不生产，器具就会缺乏；商人不贸易，吃的、用的和钱财就会无法流通；虞人不开发山泽，财物就会短缺。"财物匮乏了，山林水泽就不能开发了。农、工、商、虞这四个方面，是人民穿衣吃饭的来源。来源大就富足，来源小就匮乏。上可以使国家富强，下可以使家庭富足。

贫穷或者富足，没有人能剥夺或者给予，但聪明的人总是富裕有余，而愚笨的人却贫穷不足。从前姜太公被封在营丘，那里多是盐碱地，人烟稀少，于是姜太公就鼓励妇女从事纺织刺绣，使其技巧达到极高水平，又让人们从事鱼盐贸易，结果四面八方的人民和财物都聚集到齐国，就像钱串那样络绎不绝，像车辐集毂那样聚集于此。所以，齐国制造的衣带鞋帽为天下人所用，东海、泰山之间的诸侯们都整理衣袖恭敬地去齐国朝拜。后来，齐国中道衰落，管仲重新整顿治理，设置管理财物钱币的九个府库，使齐桓公因此称霸，多次会合诸侯，使天下得到匡正；而管仲也有了三归台，地位虽然只是陪臣，却比各国的君主还要富有。从此，齐国的富强一直延续到威王、宣王时代。

故曰："仓廪实而知礼节，衣食足而知荣辱[①]。"礼生于有而废于无[②]。故君子富，好行其德；小人富，以适其力[③]。渊深而鱼生之，山深而兽往之，人富而仁义附焉。富者得势益彰，失势则客无所之[④]，以而不乐[⑤]，夷狄益甚[⑥]。谚曰："千金之子[⑦]，不死于市[⑧]。"此非空言也。故曰："天下熙熙[⑨]，皆为利来；天下壤壤[⑩]，皆为利往。"夫千乘之王[⑪]，万家之侯[⑫]，百室之君[⑬]，尚犹患贫[⑭]，而况匹夫编户之民乎[⑮]！

注释

①“仓廪实”二句：语出《管子·牧民》篇。廪，粮仓。

②有：富足，富有。无：贫困，贫穷。

③适其力：适当地用自己的能力。适，适当。

④客无所之：没有门客来往。客，门客，食客。

⑤以而：因而。

⑥夷狄：泛指少数民族。益甚：更加严重。

⑦千金之子：家有千金的子弟。指富家子弟。

⑧不死于市：不会在闹市被处死。市，指弃市，古代对因犯法而处以极刑的人，常在闹市处决，并暴尸街头。

⑨熙熙：形容拥挤、热闹的样子。

⑩壤壤：通“攘攘”，与“熙熙”同义，纷乱的样子。

⑪千乘之王：拥有千辆兵车的君王，指天子。

⑫万家之侯：享有食邑万户的封侯，指诸侯。

⑬百室之君：享有食邑几百户的封君，指大夫。

⑭尚：尚且。犹：还。患：忧虑，担心。

⑮编户之民：编入户口册的老百姓。

译文

所以说：“粮仓充实了，百姓才会懂得礼节；衣食丰足了，百姓才会知道荣辱。”礼节产生于富有而废弃于贫穷。所以，君子富有了，就喜好施行仁德；小人富有了，就会尽力做他能做的事。河水深，鱼就会在那里生长；山林深，野兽就会在那里栖身；人富有了，仁义就会依附于他。富人得了势，名声更加显赫；失了势，就没有门客来往，因而心里不高兴。这种情况在夷狄民族那里更为严重。谚语说：“家有千金的子弟，不会受刑死在闹市。”这不是空话。所以说：“天下的人，纷纷扰扰，都是为了求利而来；天下的人热热闹闹，都是为了求利而往。”那些拥有千辆兵车的君王，享有万户食邑的诸侯，享有百家封邑的大夫，尚且还害怕贫穷，何况被编入户口册内的普通平民百姓呢？

昔者越王句践困于会稽之上，乃用范蠡、计然[①]。计然曰：“知斗则修备[②]，时用则知物[③]，二者形则万货之情可得而观已[④]。故岁在金[⑤]，穰[⑥]；水，毁[⑦]；木，饥[⑧]；火，旱。旱则资舟，水则资车，物之理也。六岁穰，六岁旱，十二岁一大饥。夫粜[⑨]，二十病农[⑩]，九十病末[⑪]。末病则财不出[⑫]，农病则草不辟矣[⑬]。上不过八十，下不减三十[⑭]，则农末俱利，平粜齐物[⑮]，关市不乏，治国之道也。积著之理[⑯]，务完物[⑰]，无息币[⑱]。以物相贸易，腐败而食之货勿留[⑲]，无敢居贵[⑳]。论其有余不足[㉑]，则知贵贱。贵上极则反贱[㉒]，贱下极则反贵[㉓]。贵出如粪土，贱取如珠玉。财币欲其行如流水[㉔]。”修之十年，国富，厚赂战士[㉕]，士赴矢石[㉖]，如渴得饮，遂报强吴[㉗]，观兵中国[㉘]，称号“五霸”[㉙]。

注释

①范蠡、计然：皆为越王句践的谋臣。

②斗：战争，打仗。修备：做好准备。

③时用则知物：知道人们什么时候需要什么东西。时，时节，时候。用，用途，使用。

④形：参照，对照。

⑤岁：岁星，即木星。古人依据木星的运行方位来预测年成好坏。

⑥穰：丰收。

⑦毁：水灾。

⑧饥：饥荒，年成不好。

⑨粜 tiào：卖粮食。

⑩二十病农：每斗二十钱就会使农民受损害。病，损害。

⑪九十病末：每斗九十钱就会使商人受损害。末，指工商业，与本（农）相对。

⑫出：流出，流通。

⑬草不辟：草不除，指田地荒芜。辟，开垦，开辟。

⑭减：低于，少于。

⑮平粜：平价卖粮。齐物：调整货物价格。

⑯积著：囤积货物。著，通“贮”。

⑰务：务须，一定。完物：完好、易藏的货物。

⑱无息币：没有滞积的货币资金。息，滞积。

⑲腐败而食：容易腐败而被侵蚀。食，通“蚀”。

⑳居贵：囤积以求高价。

㉑论：议论，研究。
㉒贵上极：物价上涨到极点。
㉓贱下极：物价下跌到极点。
㉔欲：要想，想使。
㉕厚赂：重金赏赐。
㉖赴矢石：指赴战场。
㉗遂：终于。报：报仇。
㉘观兵：炫耀军威。观，显示。中国：指中原地区。
㉙五霸：春秋时期先后称霸的五个诸侯。一说指齐桓公、晋文公、楚庄公、吴王阖闾、越王句践。一说指齐桓公、晋文公、楚庄王、宋襄公、秦穆公。

译文

从前，越王句践被围困在会稽山上，于是任用范蠡、计然。计然说："知道要打仗，就要做好准备；知道人们什么时候需要什么东西，才算懂得了商品货物。善于将时间变化和供求关系二者相对照，那么各种货物的情况就可以看得很清楚了。所以，岁在金时，就会丰收；岁在水时，就会有水灾；岁在木时，就会有饥荒；岁在火时，就会干旱。干旱时，就要储备舟船以待涝；水涝时，就要储备车以待旱，这就是事物发展变化的规律。通常是每六年一次丰收，每六年一次干旱，每十二年有一次大饥荒。出售粮食，每斗二十钱就会使农民受到损害；每斗九十钱就会使商人受到损失。商人受损失，钱财就不能流通；农民受损害，田地就要荒芜。粮价每斗价格最高不超过八十钱，最低不少于三十钱，那么农民和商人都能获得利益。平价出售粮食，并调整其他货物的价格，关卡税收和市场供应都不缺乏，这是治国的道理。至于囤积货物的道理，一定要积贮完好、牢固、易储藏的货物，没有积滞的货币资金。买卖货物，凡是容易腐败、被侵蚀的物品不要久藏，不要冒险囤居以求高价。研究货物过剩或者短缺的情况，就知道物价涨跌的趋势。物价上涨到极点，就会下跌；物价下跌到极点，就会上涨。当物价高到极点时，要像抛粪土一样及时卖出；当物价低到极点时，要像收珠宝一样及时购进。货物钱币要像流水那样流通周转。”句践按照计然的策略治国十年，越国富有，用重金赏赐兵士，兵士们冒着箭矢飞石冲锋陷阵，就像口渴时得到水那样，终于向吴国报了仇，灭掉了强大的吴国，然后在中原地区检阅军队，炫耀军威，号称“五霸”之一。

范蠡既雪会稽之耻①，乃喟然而叹曰②：“计然之策七，越用其五而得意③。既已施于国，吾欲用之家。”乃乘扁舟浮于江湖④，变名易姓，适齐为鸱夷子皮⑤，之陶为朱公⑥。朱公以为陶天下之中，诸侯四通，货物所交易也。乃治产积居⑦，与时逐而不责于人⑧。故善治生者⑨，能择人而任时⑩。十九年之中三致千金⑪，再分散与贫交疏昆弟⑫。此所谓富好行其德者也。后年衰老而听子孙⑬，子孙修业而息之[14]，遂至巨万。故言富者皆称陶朱公[15]。

注释

①既：已经。雪：洗刷。

②喟然：感慨的样子。

③得意：得遂心志，实现愿望。

④扁舟：轻舟，小船。浮：漂泊。

⑤适：到……去。鸱夷子皮：范蠡的假名。鸱夷，古时皮制的用来盛酒的口袋。

⑥陶：邑名，在今山东省定陶县。

⑦积居：囤积居奇，即经商。

⑧与时逐：抓住时机追求利润。责：责求，苛求。

⑨治生：经营生计，此指经商。

⑩任时：把握时机。

⑪致：取得，得到。

⑫再：两次。与：给予。贫交：贫穷的朋友。疏昆弟：远房兄弟。

⑬听：听任，任凭。

⑭息：发展。

⑮称：称颂。

译文

范蠡已经协助越王洗刷了会稽被困的耻辱，就感慨叹息道："计然的策略有七条，越国只用了其中五条，就实现了愿望。既然施用在治国上很有效，我要用它来治家。”于是，他乘坐小船漂泊在江湖之上，改名换姓，到了齐国改名为鸱夷子皮，到了陶邑改名为朱公。朱公认为陶邑是天下的中心，与各地诸侯国四通八达，是货物交易的要地。于是就治理产业，囤积居奇，抓住时机追求利润而不责求他人。所以，善于治理产业的人，要能够选用贤人并把握时机。十九年间，他三次赚得千金财富，两次分散给贫穷的朋友和远房的兄弟。这就是人们所说的富有了就喜好去施行仁德。范蠡后来年老力衰而听任子孙，子孙继承他的事业并发展生息，终于达到了亿万家财。所以后世谈论富翁时都称颂陶朱公。

子赣既学于仲尼[①]，退而仕于卫，废著鬻财于曹、鲁之间[②]，七十子之徒[③]，赐最为饶益[④]。原宪不厌糟糠[⑤]，匿于穷巷[⑥]。子贡结驷连骑[⑦]，束帛之币以聘享诸侯[⑧]，所至，国君无不分庭与之抗礼[⑨]。夫使孔子名布扬于天下者，子贡先后之也[⑩]。此所谓得势而益彰者乎[⑪]？

注释

①子赣：即子贡，孔子弟子，善于经商。

②废著：卖贵买贱。废，卖出。著，通“贮”，囤积。鬻财：经商。

③七十子之徒：指孔子的七十余位高徒。

④赐：端木赐，即子贡。子贡是端木赐的字。饶益：

富有。

⑤原宪：字子思，孔子弟子。不厌糟糠：连糟糠都吃不饱。厌，通“餍”，吃饱。

⑥匿：隐居。

⑦结驷连骑：乘坐四马并辔齐头牵引的车子。

⑧束帛之币：指送厚礼。帛五匹为一束。每匹从两端卷起，共为十端，是互相聘问时的赠礼。帛也称为币，故称“束帛之币”。聘：聘问。享：供奉。

⑨分庭与之抗礼：以平等之礼相待。古时宾客和主人相见，分别站在庭中的两边，相对行礼。此处意为，子贡见诸侯，不行君臣之礼而行宾主之礼。

⑩先后：辅助，帮助。

⑪益：更加。彰：显著，显赫。

译文

子贡在孔子那里学成以后，回到卫国做官，他利用卖贵买贱的方法在曹国和鲁国之间做买卖，孔子的七十多位高徒中，子贡最富有。孔子的另一位高徒原宪穷得连糟糠都吃不饱，隐居在偏僻的小巷子里。子贡却乘坐四马并辔齐头牵引的车子，带着束帛厚礼去聘问、进献诸侯，所到之处，国君没有不对他以平等之礼相待的，都把他奉为上宾。孔子之所以能够名扬天下，是因为子贡在人前人后帮助他。这就是人们所说的得到形势而使得名声更加显赫吧？

白圭，周人也。当魏文侯时，李克务尽地力[①]，而白圭乐观时变，故人弃我取，人取我与[②]。夫岁孰取谷[③]，予之丝漆[④]；茧出取帛絮[⑤]，予之食[⑥]。太阴在卯[⑦]，穰[⑧]；明岁衰恶[⑨]。至午，旱；明岁美。至酉，穰；明岁衰恶。至子，大旱；明岁美，有水。至卯[⑩]，积著率岁倍[⑪]。欲长钱，取下谷[⑫]；长石斗，取上种[⑬]。能薄饮食[⑭]，忍嗜欲，节衣服，与用事僮仆同苦乐[⑮]，趋时若猛兽挚鸟之发[⑯]。故曰："吾治生产[⑰]，犹伊尹、吕尚之谋，孙吴用兵[⑱]，商鞅行法是也。是故其智不足与权变，勇不足以决断，仁不能以取予，强不能有所守，虽欲学吾术，终不告之矣。"盖天下言治生祖白圭[⑲]。白圭其有所试矣，能试有所长，非苟而已也[⑳]。

注释

①李克：应作李悝，曾为魏文侯相，行尽地力之教。务：致力于。尽地力：竭力开发土地资源。

②与：通"予"，给予。此处意为出售。

③岁孰：年成丰收。取：购入，买进。

④予：出售，卖出。

⑤茧出：蚕茧上市。

⑥食：粮食。

⑦太阴：即太岁星，也就是木星。卯：地支的第四位。古人将黄道附近的一周天分为十二等分，由东向

西配以子、丑、寅、卯、辰、巳、午、未、申、酉、戌、亥十二地支。下文中所言午、酉、子皆为地支。太阴在卯，意为太岁星运行到卯的空间，这一年叫作“太阴在卯”。

⑧穰：丰收。

⑨明岁衰恶：第二年收成不好。

⑩至卯：指太岁星复至卯宫的方位时。

⑪积著：囤积。率：大致，大体上。岁倍：每年增加一倍。

⑫欲长钱，取下谷：想要多赚钱，就买进价格低的粮食。

⑬长石斗，取上种：想要增加粮食储备，就买进上等粮食。

⑭薄饮食：不讲究吃喝。

⑮用事：所雇用的人。

⑯趋时：捕捉时机。若：好像。挚鸟：猛禽。挚，通“鸷”，凶猛。发：突然发起，迅速出击。

⑰生产：指经商致富。

⑱孙吴：孙武和吴起。

⑲祖：效法。

⑳非苟而已也：并不是马虎随便行事。苟，马虎，随便。

译文

白圭，是周人。当魏文侯在位的时候，李克正致力于充分开发利用土地资源，而白圭却喜欢观察时机的变化，所以别人不要的东西他就收购；别人收购的东西他就出售。年成丰收的时候，他就买进粮食，出售丝、漆；蚕茧结成上市的时候，他就买进绢帛棉絮，出售粮食。太岁星运行到卯位时，五谷丰收；第二年收成会不好。太岁星运行到午位时，会发生旱灾；第二年收成会很好。太岁星运行到酉位时，五谷丰收；第二年就会歉收。太岁星运行到子位时，天下大旱；第二年一定风调雨顺，有雨水。太岁星复运行至卯位时，囤积的货物大概要比往年增加一倍。想要多赚钱，就要买进价格低的粮食；想要增加粮食储备，就要买进上等粮食。他能不讲究吃喝，控制嗜好欲望，节俭衣服，与雇用的奴仆同甘共苦，捕捉赚钱的时机就像猛兽凶禽捕捉食物那样迅速敏捷。因此他说："我经商致富的事，就像伊尹、吕尚一样筹划谋略，像孙子、吴起用兵打仗及商鞅变法那样。所以，一个人的智慧不能够随机应变，勇气不能够果敢决断，仁德不能够正确取舍，刚强不能够有所坚守，这样的人，即使他想学习我经商致富的方法，我终究不会教给他的。"因此，天下的人谈到经商致富之道都效法白圭。白圭大概是有所尝试的，能够尝试而有所成就，这不是随便行事就能做到的。

猗顿用盬盐起[①]。而邯郸郭纵以铁冶成业[②]，与王者埒富[③]。

注释

①用：靠，由于。盬：古代盐池名。起：起家，发家。

②成业：成就家业。

③埒：同等，相等。

译文

猗顿是靠经营池盐起家的。而邯郸的郭纵是靠冶炼铁成就家业的，他们与王侯同等富有。

乌氏倮畜牧[①]，及众[②]，斥卖[③]，求奇缯物[④]，间献遗戎王[⑤]。戎王什倍其偿[⑥]，与之畜，畜至用谷量马牛[⑦]。秦始皇帝令倮比封君[⑧]，以时与列臣朝请[⑨]。而巴寡妇清[⑩]，其先得丹穴[⑪]，而擅其利数世[⑫]，家亦不訾[⑬]。清，寡妇也，能守其业，用财自卫，不见侵犯[⑭]。秦皇帝以为贞妇而客之，为筑女怀清台[⑮]。夫倮鄙人牧长，清穷乡寡妇，礼抗万乘[⑯]，名显天下，岂非以富邪[⑰]？

注释

①乌氏：地名，在今甘肃省平凉市西北。倮 luǒ：人名。

②及众：等到牲畜繁殖众多时。

③斥卖：拿去卖掉。

④求奇缯物：求购奇异之物和丝织品。缯，丝织品的总称。

⑤间：暗中，秘密地。遗：赠送。

⑥什倍：十倍。偿：偿还。

⑦用谷量马牛：以山谷为单位来计算马牛的数量。形容给的马牛过多，满山谷，无法用“匹”“头”计算。

⑧比封君：与封君并列。

⑨以时：按规定时间。朝请：朝见。请，谒见。

⑩巴：指寡妇清所在之邑。清：人名。

⑪先：祖先。丹穴：丹砂矿。

⑫擅：独揽。

⑬家：家产。不訾：不计其数。訾，通“赀”，计算估量。

⑭见：被。

⑮女怀清台：在今四川长寿县南。

⑯礼抗万乘：与皇帝分庭抗礼。万乘，拥有万辆兵车的君主，此指皇帝。

⑰岂非以富邪：难道不是凭借财富吗？岂，难道。以，因为，凭借。

译文

乌氏县的倮经营畜牧业，等到牲畜繁殖多了，就把它们全部卖掉，求购各种奇异之物和丝织品，暗中献给戎王。戎王用十倍的财物偿还给他，送给他牲畜，牲畜多得要以山谷为单位来计算估量牛马的数量。秦始皇让乌氏倮享受与封君同等的待遇，按规定的时间同诸大臣一起进宫朝见皇帝。而巴郡的寡妇清的祖先得到了一个朱砂矿，从那时起独揽其利益长达好几代人，家产多得无法计算。清是个寡妇，能够守住自己的家业，用钱财来保护自己，不被别人侵犯。秦始皇认为她是一位坚贞的女子，而用宾客的礼节来对待她，为她修筑了女怀清台。乌氏倮是边境地区的畜牧之长，巴郡的寡妇清是穷乡僻壤之地的寡妇，却能够和拥有万乘兵车的皇帝分庭抗礼，名扬天下，这难道不是凭借他们的财富吗？

汉兴，海内为一，开关梁①，弛山泽之禁②，是以富商大贾周流天下③，交易之物莫不通，得其所欲，而徙豪杰诸侯强族于京师④。

注释

①开关梁：开通了水陆交通要道。关，关口。梁，桥梁。

②弛：开禁，开放。山泽之禁：山泽中的出产为国家专利，严禁百姓开采。禁，禁令。

③贾：商人。周流：周行，遍行。

④徙：迁移。豪杰：豪强。诸侯：指战国时旧诸侯。强族：地方上的大族。京师：国都。

译文

汉朝兴起，天下统一，国家开放了关卡要道，解除了开采山林水泽的禁令，因此富商大贾得以通行天下，交易的货物没有不流通的，得到了他们想要的，于是迁徙地方豪杰、诸侯和大族到京城。

关中自汧、雍以东至河、华[①]，膏壤沃野千里，自虞夏之贡以为上田[②]，而公刘适邠[③]，大王、王季在岐[④]，文王作丰[⑤]，武王治镐[⑥]，故其民犹有先王之遗风，好稼穑[⑦]，殖五谷[⑧]，地重[⑨]，重为邪[⑩]。及秦文、德、缪居雍，隙陇蜀之货物而多贾[⑪]。献公徙栎邑[⑫]，栎邑北却戎翟[⑬]，东通三晋[⑭]，亦多大贾。孝、昭治咸阳[⑮]，因以汉都[⑯]，长安诸陵[⑰]，四方辐凑并至而会[⑱]，地小人众，故其民益玩巧而事末也[⑲]。南则巴蜀。巴蜀亦沃野，地饶卮、姜、丹沙、石、铜、铁、竹、木之器[⑳]。南御滇僰[㉑]，僰僮[㉒]。西近邛、笮[㉓]，笮马、旄牛[㉔]。然四塞，栈道千里[㉕]，无所不通，唯褒斜绾毂其口[㉖]，以所多易所鲜。天水、陇西、北地、上郡与关中同俗，然西有羌中之利，北有戎翟之畜，畜牧为天下饶。然地亦穷险[㉗]，唯京师要其道[㉘]。故关中之地，于天下三分之一，而人众不过什三[㉙]；然量其富，什居其六[㉚]。

注释

①河：黄河。华：华山。

②贡：贡赋，赋税。

③公刘：周的先祖，后稷的曾孙。适：到……去。邠：同“豳”，在今陕西省旬邑县西。

④大王：即周太王，古公亶父，周文王的祖父。王季：周文王的父亲。岐：岐山，在今陕西省岐山县北。

⑤作：兴建。丰：邑名，在今陕西省户县东。

⑥镐：邑名，在丰邑之东。

⑦好稼穑 sè：喜好农业生产。

⑧殖：种植。

⑨地重：以土地为重。

⑩重为邪：不敢做坏事。

⑪隙：要道。

⑫献公：指秦献公。栎邑：栎阳，在今陕西省西安市临潼区北。

⑬却：退。翟：通“狄”。

⑭三晋：战国时韩赵魏三家分晋，各自立国，故称三晋。这里指原三晋之地。

⑮孝：指秦孝公。昭：指秦昭王。

⑯因以汉都：汉朝借此而作为都城。因：凭借，沿袭。

⑰长安诸陵：指长安附近的诸皇陵。

⑱会：会聚，会合。

⑲益：更加。事：从事。末：指商业。

⑳卮：栀子，可以入药或制颜料。

㉑御：抵御。

㉒僰 bó 僮：被掠卖为奴的僰人。

㉓邛 qióng、笮 zuó：皆为古族名，国名。

㉔笮马、旄牛：笮地出产的马和旄牛。

㉕栈道：在山腰用竹木架构而成的道路。

㉖褒斜：即褒斜道。古道路名。因取道褒水、斜水两河谷得名。绾毂：控制中心部位。

㉗穷险：土地贫瘠，地势险要。

㉘要：控制，约束。

㉙人众：人口。什三：十分之三。

㉚什居其六：十成占了六成，即十分之六。

译文

关中地区从汧县、雍县以东到黄河、华山，膏壤沃野千里。从虞舜、夏禹以来实行贡赋时，将这里作为上等田地，而公刘迁居到邠地，周太王、王季迁居到岐山，周文王修建丰邑，周武王治理镐京，所以那里的人民仍然保持着先王的遗风，喜好农业，种植五谷，以土地为重，重视土地的价值，不轻易做坏事。到秦文公、德公、穆公时定都在雍邑，这里地处陇、蜀货物交流的要道，商人很多。秦献公迁都到栎邑，栎邑北御戎狄，往东与三晋相通，也有许多大商人。秦孝公和秦昭王修治咸阳，后来汉朝又以此为都城，长安附近皇陵众多，四面八方的人，像车辐一样会聚于此，地方小，人口多，所以当地的百姓越来越玩弄手段，从事商业。关中地区以南是巴郡和蜀郡。巴蜀地区也是肥沃的原野，盛产栀子、生姜、朱砂、石材、铜、铁和竹木制作的器具。巴蜀南边抵御滇、僰，僰地多出奴仆。西边邻近邛、筰，筰地出产马和旄牛。然而巴蜀地区四周闭塞，依靠千里栈道，无处不通，唯有褒斜通道控扼其口，巴蜀人民用这条通道沟通四方道路，用多余的货物来交换短缺的货物。天水、陇西、北地、上郡与关中的风俗相同，而向西有羌中的地利，往北有戎狄的牲畜，畜牧业为天下第一。可是这里土地贫瘠，地势险要，只有京城长安控制它的通道。所以，关中的土地占天下的三分之一，人口不过占天下的十分之三，然而计算这里的财富，却占天下的十分之六。

昔唐人都河东[①]，殷人都河内[②]，周人都河南[③]。夫三河在天下之中，若鼎足[④]，王者所更居也[⑤]，建国各数百千岁，土地小狭，民人众，都国诸侯所聚会，故其俗纤俭习事[⑥]。杨、平阳陈西贾秦、翟[⑦]，北贾种、代[⑧]。种、代，石北也[⑨]，地边胡[⑩]，数被寇[⑪]。人民矜懻忮[⑫]，好气[⑬]，任侠为奸[⑭]，不事农商。然迫近北夷，师旅亟往[⑮]，中国委输时有奇羡[⑯]。其民羯羠不均[⑰]，自全晋之时固已患其僄悍[⑱]，而武灵王益厉之[⑲]，其谣俗犹有赵之风也[⑳]。故杨、平阳陈掾其间[㉑]，得所欲。温、轵西贾上党，北贾赵、中山。中山地薄人众，犹有沙丘纣淫地余民[㉒]，民俗懁急[㉓]，仰机利而食[㉔]。丈夫相聚游戏，悲歌忼慨[㉕]，起则相随椎剽[㉖]，休则掘冢作巧奸治[㉗]，多美物[㉘]，为倡优[㉙]。女子则鼓鸣瑟，跕屣[㉚]，游媚贵富[㉛]，入后宫，遍诸侯[㉜]。

注释

①唐：即陶唐氏、唐尧。

②殷人都河内：殷人建都于河内地区的朝歌，在今河南省安阳市西。河内，古地区名，在今河南省黄河以北地区。

③周：此指平王东迁后的东周。东周都洛阳。河南：古地区名，在今河南省黄河以南洛阳地区，此处代指洛阳。

④若：好像。

⑤更：更迭，交替。居：建都居住。

⑥纤俭：吝啬俭省。习事：熟习世故。

⑦杨：邑名，在今山西省洪洞县东北。陈：为衍字。

⑧种：邑名，今河北省蔚县。代：县名，为代郡所治，在蔚县西南。

⑨石：石邑县，在今河北省鹿泉东南。

⑩边：接近，靠近。

⑪数：屡次，多次。寇：侵犯，掠夺。

⑫矜：崇尚。懻忮：骄横刚强。

⑬好气：喜好斗气。

⑭任侠：讲究侠义。

⑮师旅亟往：军队经常来往。师旅，军队。亟，屡次。

⑯委输：运送。奇羡：剩余，盈余。

⑰羯羠：强悍。不均：各民族杂居。

⑱全晋：春秋时，晋未三分时称为全晋。患：担忧，忧虑。僄悍：通“剽悍”，轻捷凶悍。

⑲武灵王益厉之：赵武灵王提倡胡服骑射，从而使崇尚强悍的风气进一步加强。

⑳谣俗：民俗。

㉑陈掾：经营驰逐。

㉒沙丘纣淫地：相传商纣王在沙丘扩筑苑台，荒淫作乐，恣意胡为。

㉓懁急：通“狷急”，急躁。懁，性急。

㉔仰：依靠，仰仗。机利：投机取巧以谋利。

㉕忼慨：通“慷慨”，情绪激昂。

㉖椎剽：用槌杀人，抢劫财物。

㉗掘冢：盗墓。冢，坟墓。作巧：造假。奸冶：私铸钱币。奸，私下。

㉘美物：有美色的人。

㉙倡优：古代称以音乐歌舞或杂技戏谑娱人的艺人，为娼妓及优伶的合称。倡，指歌舞艺人。优，指演戏的人。

㉚跕屣：拖着鞋子走路。

㉛游媚贵富：到处向权贵富豪游走献媚。

㉜遍：遍及，充斥。

译文

古时，唐尧定都河东，殷人定都河内，东周定都河南洛阳。河东、河内与河南这三地处于天下的中心，好像鼎的三只足，是帝王们更迭建都的地方，建国各有数百年乃至上千年，这里土地狭小，人口众多，是都城封国诸侯会集的地方，所以当地的风俗小气节俭，熟习世故。杨与平阳两邑的人民，向西可到秦和戎狄地区做生意，向北可到种、代地区经商。种、代在石邑以北，地方靠近匈奴，多次遭到掠夺。人民崇尚骄横强直，好胜，讲究侠义，不愿从事农耕、商业。但因靠近北方夷狄，军队经常来往，从中原地区运送来的物资，时有剩余。当地人民强悍，各民族杂居，三家分晋之前就已经剽悍得可怕，而到赵武灵王时，就变得更加厉害，当地的风俗至今仍带有赵国的遗风。所以杨和平阳两地的人民在这中间往来经商，能得到他们所想要的东西。温、轵地区的人民向西可到上党地区做买卖，向北可到赵、中山一带经商。中山土地贫瘠，人口众多，在沙丘一带还有纣王留下的殷商遗民，民俗性情急躁，依靠投机取巧谋利生活。男子们常常聚集在一起游戏玩耍，慷慨悲声，白天公然杀人抢劫，晚上干些挖坟盗墓、弄虚造假、私铸钱币的事，多有美色的男子，去当歌舞艺人。女子们就弹奏琴瑟，拖着鞋子，到处游走，向权贵富豪献媚讨好，有的进入后宫，遍及诸侯之家。

然邯郸亦漳、河之间一都会也[①]。北通燕、涿[②]，南有郑、卫。郑、卫俗与赵相类，然近梁、鲁，微重而矜节[③]。濮上之邑徙野王[④]，野王好气任侠，卫之风也。

注释

①漳：漳河。河：黄河。都会：都市。

②燕：汉诸侯国名，此指燕国都城蓟邑，即今北京市。涿：涿郡所治涿县，在今河北省涿州。

③微重：稍微庄重。重，庄重，端重。矜节：注重气节。矜，注重。

④濮上：即濮阳，战国时卫国都城，今河南濮阳。

译文

而邯郸也是漳水、黄河之间的一个都市。北通燕、涿，南面有郑、卫。郑、卫的风俗与赵相似，但因靠近梁、鲁，稍微庄重而又注重气节。卫国的国都曾从濮阳迁到野王，野王地区的风俗好逞意气，行侠义，这是卫国的遗风。

夫燕亦勃、碣之间一都会也[①]。南通齐、赵，东北边胡。上谷至辽东，地踔远[②]，人民希[③]，数被寇，大与赵、代俗相类，而民雕捍少虑[④]，有鱼盐枣栗之饶。北邻乌桓、夫余[⑤]，东绾秽貉、朝鲜、真番之利[⑥]。

注释

①勃：渤海。碣：碣石山。

②踔 diào 远：遥远。

③希：通“稀”，少。

④雕捍：通“刁悍”，迅捷凶猛。少虑：缺乏思考。

⑤乌桓、夫余：皆为古族名，在今东北地区。

⑥绾：系，集结。

译文

燕国故都蓟也是渤海、碣石山之间的一个都市。南通齐、赵，东北面与匈奴交界。从上谷到辽东一带，土地辽阔，人口稀少，多次遭受外族侵扰，民俗大致和赵、代地区相类似，而人民迅捷凶猛，不善于思考问题。当地盛产鱼、盐、枣、栗。北面邻近乌桓、夫余，东面处于控扼秽貊、朝鲜、真番的有利位置。

洛阳东贾齐、鲁，南贾梁、楚。故泰山之阳则鲁[①]，其阴则齐[②]。

注释

①阳：山的南面称“阳”。

②阴：山的北面称“阴”。

译文

洛阳向东可以到齐、鲁经商，向南可以到梁、楚经商。所以泰山的南面是鲁国，北面是齐国。

齐带山海[①]，膏壤千里，宜桑麻，人民多文彩布帛鱼盐。临菑亦海岱之间一都会也。其俗宽缓阔达，而足智，好议论，地重，难动摇，怯于众斗，勇于持刺[②]，故多劫人者，大国之风也。其中具五民[③]。

注释

①带山海：被山海环绕。带，围绕，环绕。

②持刺：行刺。指暗中伤人。

③五民：指士、农、商、工、贾。

译文

齐地被山海环绕，肥沃的土地方圆千里，适宜种植桑麻，人民大多从事彩绸、布帛和鱼盐生产。临淄也是东海与泰山之间的一个都市。那里风俗从容豁达，而且足智多谋，喜欢议论，乡土观念很浓重，难以动摇迁移，害怕聚众斗殴，却敢于持剑行刺，所以常有抢劫别人财物的事件发生，这是大国的风尚。当地士、农、工、商、贾五民都具备。

而邹、鲁滨洙、泗[①]，犹有周公遗风，俗好儒，备于礼[②]，故其民龊龊[③]。颇有桑麻之业，无林泽之饶。地小人众，俭啬，畏罪远邪。及其衰，好贾趋利，甚于周人[④]。

注释

①邹、鲁：古国名，在洙、泗两水流域。滨：临近，靠近。洙、泗：皆水名。

②备：完备，齐全。

③龊龊：小心谨慎的样子。

④甚：厉害，严重。

译文

而邹、鲁两地濒临洙水、泗水，还保留有周公的遗风，民俗喜好儒学，讲究礼制，所以那里的百姓小心谨慎。多经营桑麻产业，而没有山林水泽的资源。土地少，人口多，人民节俭吝啬，害怕犯罪，远避邪恶。等到后世衰败的时候，人民爱好经商逐利，比周地的人民还厉害。

夫自鸿沟以东[①]，芒、砀以北[②]，属巨野[③]，此梁、宋也。陶、睢阳亦一都会也[④]。昔尧作于成阳[⑤]，舜渔于雷泽[⑥]，汤止于亳[⑦]。其俗犹有先王遗风，重厚多君子[⑧]，好稼穑，虽无山川之饶，能恶衣食[⑨]，致其蓄藏[⑩]。

注释

①鸿沟：古代中原一条人工运河。

②芒：指芒山。砀：指砀山。

③属：连接。巨野：古泽名，在今山东省巨野县北。

④睢阳：在今河南省商丘市。

⑤作：兴起。成阳：秦县名，在今山东省鄄城县南。

⑥雷泽：古泽名，在今河南省濮阳市东南。

⑦亳：古邑名，在今河南省商丘市。

⑧重厚：庄重宽厚。

⑨恶衣食：省吃俭用。

⑩致：达到，求得。蓄藏：积蓄。

译文

从鸿沟以东，芒山、砀山以北，直到巨野，这是梁、宋地区。陶邑、睢阳也是这里的都市。从前，唐尧在成阳兴起，虞舜在雷泽打鱼，商汤在亳定都。这里的民俗还有先王的遗风，庄重宽厚，君子很多，喜好农事，虽然没有富饶的山林大川资源，人民却能省吃俭用，积蓄财富。

越、楚则有三俗。夫自淮北沛、陈、汝南、南郡，此西楚也。其俗剽轻，易发怒，地薄，寡于积聚。江陵故郢都，西通巫、巴，东有云梦之饶[①]。陈在楚夏之交，通鱼盐之货，其民多贾。徐、僮、取虑，则清刻[②]，矜己诺[③]。

注释

①云梦：古泽薮名。

②清刻：清廉严谨。

③矜：重视，注重。己诺：自己的诺言，自己所答应的事。

译文

越、楚则有三个地区的不同风俗。从淮北沛郡到陈郡、汝南、南郡，是西楚地区。这里的民俗剽悍轻捷，容易发怒，土地贫瘠，少有财物蓄积。江陵是原来楚国的国都，西面与巫县、巴郡相通，东面有云梦的富饶资源。陈在楚、夏交界的地方，流通鱼盐货物，那里的民众多经商。徐、僮、取虑一带的居民清廉严谨，重视信守诺言。

彭城以东，东海、吴、广陵，此东楚也。其俗类徐、僮。朐、缯以北，俗则齐。浙江南则越[①]。夫吴自阖庐、春申、王濞三人招致天下之喜游子弟[②]，东有海盐之饶，章山之铜，三江、五湖之利，亦江东一都会也。

注释

①浙江：即钱塘江。

②王濞：吴王刘濞。西汉诸侯王，汉景帝时，联合楚赵等七国叛乱，史称“七国之乱”，后被周亚夫击败，兵败被杀。其事详见《史记·吴王濞列传》。

译文

彭城以东，东海、吴、广陵一带，是东楚地区。这里的民俗与徐、僮一带相类似。朐、缯以北，民俗与齐地相似。钱塘江以南地区，民俗与越地相似。吴地从吴王阖闾、楚春申君和汉初吴王刘濞三人招致天下喜好游历的子弟以来，东面有富饶的海盐，还有章山的铜矿，三江五湖的资源，也是江东的一个大都市。

衡山、九江、江南、豫章、长沙，是南楚也，其俗大类西楚。郢之后徙寿春，亦一都会也。而合肥受南北潮[①]，皮革、鲍、木输会也[②]。与闽中、干越杂俗[③]，故南楚好辞[④]，巧说少信。江南卑湿[⑤]，丈夫早夭[⑥]。多竹木。豫章出黄金，长沙出连、锡，然堇堇物之所有[⑦]，取之不足以更费[⑧]。九疑、苍梧以南至儋耳者[⑨]，与江南大同俗，而杨越多焉。番禺亦其一都会也[⑩]，珠玑、犀、玳瑁、果、布之凑[⑪]。

注释

①南北潮：南指长江，北指淮河，即江淮地区。

②输会：集散。

③闽中：汉郡名，郡治即今福建省福州市。干越：古代越人的一支，分布在今浙江省。

④辞：言辞。

⑤卑湿：地低潮湿。

⑥丈夫早夭：男子短命早死，指当时江南男子一般寿命不长。

⑦堇堇：仅仅，言其少。堇，通“仅”。

⑧更费：抵偿支出。

⑨九疑：即九嶷山，又名苍梧山，在今湖南省宁远县。苍梧：汉郡名，治广信，在今广西壮族自治区梧州市。儋耳：汉郡名，郡治儋耳县，在今海南省儋州市。

⑩番禺：指今广州市。

⑪果：指龙眼、荔枝一类的水果。布：葛布。凑：会合，会集。

译文

衡山、九江、江南、豫章、长沙一带是南楚地区。这里的风俗与西楚地区大体相似。楚国从郢都迁到寿春后，寿春也成为一个大都市。而合肥南有长江，北有淮河，是皮革、鲍鱼、木材的集散地。与闽中、干越的习俗混杂，所以南楚的民众喜好言辞，巧于言说而少有信用。江南地区地势低下，气候潮湿，男子寿命不长。盛产竹木。豫章出产黄金，长沙出产铅、锡，但矿产储量很少，开采所得还不足以抵偿成本开支。九嶷山、苍梧郡以南到儋耳一带，民俗与江南地区大体相同，而多与杨越地区风俗相似。番禺也是这个地区的一个都市，是珠玑、犀角、玳瑁、水果、葛布的聚集地。

颍川、南阳，夏人之居也①。夏人政尚忠朴，犹有先王之遗风。颍川敦愿②。秦末世，迁不轨之民于南阳③。南阳西通武关、郧关，东南受汉、江、淮④。宛亦一都会也。俗杂好事⑤，业多贾。其任侠⑥，交通颍川，故至今谓之“夏人”。

注释

①夏人之居：夏人曾经居住过的地区。

②敦愿：忠厚质朴，敦厚老实。

③不轨之民：不法之民。不轨，违法叛乱。

④汉、江、淮：分别指汉水、长江、淮河。

⑤俗杂好事：民俗混杂。

⑥任侠：好行侠义。

译文

颍川、南阳是夏朝遗民居住的地方。夏人为政崇尚忠厚质朴，还有先王的遗风。颍川人敦厚老实。秦朝末年，曾迁徙不法之民到南阳。南阳西面通武关、郧关，东南面临汉水、长江、淮河。宛也是一个都市。当地民俗混杂，好事。多以经商为业。民众好行侠义，与颍川地区相交往，所以到现在还被称作“夏人”。

夫天下物所鲜所多，人民谣俗，山东食海盐，山西食盐卤[1]，领南、沙北固往往出盐[2]，大体如此矣。

注释

①盐卤：指池盐和岩盐。

②领南：即岭南。沙北：沙漠以北。

译文

天下各地的物产有少有多，人民的习俗各有不同，山东人吃海盐，山西人吃池盐，岭南、漠北本来也有许多地方出产盐，情况大体就是这样。

总之，楚越之地，地广人希，饭稻羹鱼[1]，或火耕而水耨[2]，果隋蠃蛤[3]，不待贾而足，地势饶食[4]，无饥馑之患，以故呰窳偷生[5]，无积聚而多贫。是故江淮以南，无冻饿之人，亦无千金之家。沂、泗水以北[6]，宜五谷桑麻六畜，地小人众，数被水旱之害[7]，民好畜藏，故秦、夏、梁、鲁好农而重民[8]。三河、宛、陈亦然，加以商贾。齐、赵设智巧[9]，仰机利。燕、代田畜而事蚕[10]。

注释

①饭稻羹鱼：以稻米为饭，以鱼类为菜。

②火耕：一种原始的耕作方法。烧去杂草，种植杂粮或引水种稻。水耨：一种原始的耕作方法，利用灌水除草。

③果隋：指瓜果。蠃 luó：通“螺”。蛤：蛤蜊。

④地势：地理形势。

⑤呰窳 zǐyǔ：懒惰，偷懒。偷生：苟且生活。

⑥沂：水名，泗水支流，在今山东境内。

⑦数被：多次遭受。

⑧重民：以民为重。

⑨设智巧：聪明灵巧。

⑩田畜而事蚕：种田、畜牧和养蚕。

译文

总而言之，楚越地区，地广人稀，以稻米为主食，以鱼类为菜羹，刀耕火种，水耨除草，瓜果螺蛤，不用从外地购买，就能自给自足。地理形势有利，食物富足，没有饥荒的忧虑，因此人们懒惰度日，苟且生活，没有积蓄，多数人贫穷。所以，长江、淮河以南既没有挨饿受冻的人，也没有家财千金的富户。沂水、泗水以北地区，适宜种植五谷桑麻，饲养六畜，土地狭小，人口众多，多次遭受水旱灾害，民众喜好积蓄储藏，所以秦、夏、梁、鲁地区的人们爱好农耕而又重视劳动民众。三河、宛、陈等地也是这样，还同时经营商业贸易。齐、赵地区的民众聪明灵巧，靠投机谋利生活。燕、代地区的民众以种田、畜牧、养蚕为业。

由此观之，贤人深谋于廊庙[①]，论议朝廷，守信死节隐居岩穴之士设为名高者安归乎[②]？归于富厚也。是以廉吏久，久更富，廉贾归富[③]。富者，人之情性，所不学而俱欲者也。故壮士在军，攻城先登，陷阵却敌，斩将搴旗[④]，前蒙矢石[⑤]，不避汤火之难者，为重赏使也[⑥]。其在闾巷少年[⑦]，攻剽椎埋[⑧]，劫人作奸，掘冢铸币，任侠并兼[⑨]，借交报仇，篡逐幽隐[⑩]，不避法禁，走死地如骛者[⑪]，其实皆为财用耳。今夫赵女郑姬[⑫]，设形容[⑬]，揳鸣琴[⑭]，揄长袂[⑮]，蹑利屣[⑯]，目挑心招[⑰]，出不远千里，不择老少者，奔富厚也。游闲公子，饰冠剑，连车骑，亦为富贵容也[⑱]。弋射渔猎[⑲]，犯晨夜[⑳]，冒霜雪，驰坑谷[㉑]，不避猛兽之害，为得味也[㉒]。博戏驰逐[㉓]，斗鸡走狗，作色相矜[㉔]，必争胜者，重失负也[㉕]。医方诸食技术之人[㉖]，焦神极能[㉗]，为重糈也[㉘]。吏士舞文弄法，刻章伪书，不避刀锯之诛者，没于赂遗也[㉙]。农工商贾畜长，固求富益货也。此有知尽能索耳[㉚]，终不余力而让财矣[㉛]。

注释

①廊庙：宗庙，朝堂。

②守信死节：坚守信义，死守节操。隐居岩穴之士：归隐的有才德的人。设为：设使成为。安归：归于何处。

③廉贾归富：清廉、不贪一时之利的商人，终归能够致富。

④搴：拔取。

⑤蒙：承受，冒着。

⑥使：驱使。

⑦闾巷：民间里巷，街道里弄。

⑧攻剽：抢劫财物。椎埋：杀人埋尸。

⑨并兼：强占他人财物。

⑩篡逐幽隐：在偏僻昏暗的地方拦路抢劫。篡，非法夺取。幽，昏暗。

⑪骛：马狂奔。这里指为追求财利而不惧怕死。

⑫姬：古代对妇女的美称。

⑬设形容：梳妆打扮。

⑭揳 jiá：弹奏。

⑮揄长袂：扬起长袖起舞。揄，扬起，提起。袂，衣袖。

⑯蹑利屣：穿上轻便的舞鞋。蹑，穿，踩，踏。

⑰目挑心招：用眼神挑逗，用心招引。

⑱容：显示，夸耀。

⑲弋射：用带绳的箭射。

⑳犯晨夜：起早贪黑。

㉑坑谷：沟壑溪谷。

㉒味：野味。指弋射渔猎所得鸟兽鱼类。

㉓博戏：古代一种赌博游戏。驰逐：赛马一类的游戏。
㉔作色相矜：变换脸色，争相夸耀。
㉕重失负：害怕失败、损失。
㉖医方：医生方士。方士，指从事求仙、炼丹之人。食技术：依靠技艺谋生的人。
㉗焦神：过度劳神。极能：极尽其能。
㉘糈：上等粮食，这里指丰厚的报酬。
㉙没：陷于，沉醉于。
㉚索：极力追求。
㉛让财：放弃财富。

译文

依照这样看来，贤能的人在朝堂上出谋划策，议论国家大事，坚守信义死守节操和隐居在深山中的人设法抬高自己的名声，他们到底是为了什么呢？都是为了财富。因此，清廉的官吏就能长久做官，时间长了，就会更加富贵。商人不贪一时之利，终归能够多赚钱而致富。求富，是人们的本性，不需要学习，就都会去追求。所以，军队中的勇士，打仗时攻城抢先攀登，冲锋陷阵杀退敌人，斩将夺旗，冒着箭射石击，不怕赴汤蹈火的艰难险阻，是因为重赏的驱使。那些住在民间里巷的少年，杀人埋尸，抢劫犯奸，挖坟盗墓，私铸钱币，伪托侠义，强占他人财物，不惜性命为他人报仇，在偏僻昏暗的地方拦路抢劫，不避法律禁令，像快马奔驰般往死路上跑，其实都是为了钱财罢了。如今赵国、郑国的女子，梳妆打扮得漂漂亮亮，弹琴奏瑟，舞动长袖，踩着轻便的舞鞋，用眼神挑逗，用心勾引，出外不远千里，招揽顾客不论老少，是为了财利而奔忙。游手好闲的贵族公子，装饰帽子佩剑，外出时车马排列成队，是为显示富贵的模样。猎人渔夫，起早贪黑，冒着霜雪，奔波在深山大谷，不躲避猛兽的伤害，是为了获得各种野味。赌博游戏赛马驰逐，斗鸡走狗的人，变换脸色，自我夸耀，必定要争取胜利，是因为害怕输钱。医生方士及各种靠技艺谋生的人，过度劳神，极尽其能，是为了得到丰厚的报酬。官府的吏士，舞文弄墨，玩弄法律，私刻公章，伪造文书，不怕杀头，是因为陷于他人贿赂之中而无法自拔。农、工、商、贾各业储蓄增殖，本来就是为了追求财富，增加财货。这些人都在用尽自己的智慧和才能去赚取钱财，终究是不会留有余力而放弃财富的。

谚曰："百里不贩樵[①]，千里不贩籴[②]。"居之一岁，种之以谷；十岁，树之以木[③]；百岁，来之以德[④]。德者，人物之谓也[⑤]。今有无秩禄之奉[⑥]，爵邑之入，而乐与之比者，命曰"素封"[⑦]。封者食租税，岁率户二百[⑧]。千户之君则二十万，朝觐聘享出其中[⑨]。庶民农工商贾，率亦岁万息二千[⑩]，百万之家则二十万，而更徭租赋出其中[⑪]。衣食之欲，恣所好美矣[⑫]。故曰陆地牧马二百蹄[⑬]，牛蹄角千[⑭]，千足羊[⑮]，泽中千足彘[⑯]，水居千石鱼陂[⑰]，山居千章之材[18]。安邑千树枣[19]；燕、秦千树栗；蜀、汉、江陵千树橘；淮北、常山已南，河济之间千树萩[20]；陈、夏千亩漆；齐、鲁千亩桑麻；渭川千亩竹；及名国万家之城[21]，带郭千亩亩钟之田[22]，若千亩卮茜[23]，千畦姜韭：此其人皆与千户侯等[24]。然是富给之资也，不窥市井[25]，不行异邑，坐而待收，身有处士之义而取给焉。若至家贫亲老，妻子软弱，岁时无以祭祀进醵[26]，饮食被服不足以自通[27]，如此不惭耻，则无所比矣[28]。是以无财作力，少有斗智[29]，既饶争时[30]，此其大经也[31]。今治生不待危身取给，则贤人勉焉。是故本富为上[32]，末富次之[33]，奸富最下[34]。无岩处奇士之行，而长贫贱，好语仁义，亦足羞也。

注释

①贩樵：贩卖柴。

②贩籴：贩运粮食。

③树：种植。

④来：招徕。德：仁德，德行。

⑤人物：人才。

⑥秩禄：官吏的秩品俸禄。

⑦素封：没有爵位的封君。这里指的是富商大贾，财比封君，故称“素封”。

⑧率：标准，规格。二百：二百钱。

⑨朝觐：古代诸侯朝见天子。朝，春天朝见。觐，秋天朝见。聘：古代诸侯派大夫见天子，或诸侯

之间派使节问候。享：用食物供奉鬼神或用食物招待人。

⑩万息二千：每一万钱可得二千利息。

⑪更徭：不愿服役者可出钱雇人代役，称为更徭。

⑫恣：任凭。

⑬二百蹄：一马四蹄，二百蹄即五十匹马。

⑭牛蹄角千：一牛四蹄二角，蹄角千即一百六十七头牛。

⑮千足羊：一羊四足，千足羊即二百五十只羊。

⑯泽：水泽，草泽。千足彘：彘即猪，一猪四足，千足彘即二百五十头猪。

⑰千石鱼陂：每年收鱼一千石的鱼塘。石，汉制一石为一百二十斤。陂，池塘。

⑱千章之材：有一千棵大树的森林。

⑲千树：一千棵树，约数，言其多。下同。

⑳萩：通“楸”，一种落叶乔木。

㉑名国：著名的都市。

㉒带郭：指城郊地区的田地。亩钟之田：每亩产量一钟的田地。钟，古代一种量器，合六斛四斗。

㉓若：或者。卮、茜：皆为染料植物。

㉔等：相同。

㉕市井：古代做买卖的地方。

㉖醵：凑钱饮酒聚餐。

㉗自通：自我满足。通，畅通无阻。

㉘无所比：没有什么可比的。

㉙少有：少许有钱。
㉚既饶争时：已经富足了就要追逐时机做生意。
㉛大经：基本原则。
㉜本富：从事农业生产而致富。
㉝末富：从事工商业而致富。
㉞奸富：靠作奸犯法而致富。

译文

俗话说："不到百里以外的地方去贩卖柴，不到千里以外的地方去贩卖粮食。"在一个地方居住一年，就种植谷物；居住十年，就栽种树木；居住百年，就要招徕德行。所谓德，就是人才的意思。现在有些人，没有官职俸禄或爵位封地收入，但他们生活得富有快乐，可以与有官爵的人相比，这样的人被称为"素封"。有采邑封地的人靠吃租税，每年每户缴纳两百钱。享有千户封地的封君，每年的租税收入有二十万钱，朝拜天子、礼聘诸侯和祭祀鬼神，都要从其中支出。普通百姓中从事农、工、商、贾的，有一万钱，每年也有利息两千钱，有一百万钱的人家，每年就有利息二十万钱，更徭、赋税都从这里支出。这些人，吃穿上的欲望都能得到尽可能的满足。所以说在陆地上养马五十匹，养牛一百六七十头，养羊二百五十只，在水泽里养猪二百五十头，水中占有年产千石鱼的鱼塘，山里拥有千棵成材的大树。安邑有千株枣树；燕、秦有千株栗子树；蜀郡、汉水、江陵有千株橘树；淮北、常山以南和黄河、济水之间有千株楸树；陈、夏有千亩漆树；齐、鲁有千亩桑麻；渭川有千亩竹子；以及有万户人家的著名都城，郊外有亩产一钟的千亩良田，近千亩的栀子、茜草，千畦生姜、韭菜，这样的人，他的财富可与千户侯的财富相等。可是这些富足生活的资本，不用到市上去察看，不用到外地奔波，坐在家里就可等待收益，自身有处士的名义，而又能取用享受。至于那些贫穷人家，父母年老，妻子儿女瘦弱，逢年过节没有钱祭祀聚餐，饮食穿戴不能自给，即使如此贫困，还不感到羞愧，那就没有什么可比拟的了。所以，没有钱财就只能出力谋生，稍有钱财就要用智巧去赚钱，已经富足了就追逐时机获利，这是常理。现在谋求生计，能不必冒生命危险就可取得想要的物品，那么贤人也会努力去做的。所以，靠从事农业生产而致富为上等，靠从事工商业而致富为次等，靠作奸犯法而致富是最下等的。没有隐居山野的人那样的德行，而又长期处于贫贱地位，爱好谈论仁义，也是够羞愧的了。

凡编户之民，富相什则卑下之[①]，伯则畏惮之[②]，千则役[③]，万则仆[④]，物之理也。夫用贫求富，农不如工，工不如商，刺绣文不如倚市门[⑤]，此言末业，贫者之资也。通邑大都，酤一岁千酿[⑥]，醯酱千瓨[⑦]，浆千甔[⑧]，屠牛羊彘千皮，贩谷粜千钟，薪稿千车，船长千丈[⑨]，木千章，竹竿万个，其轺车百乘[10]，牛车千两[11]，木器髹者千枚[12]，铜器千钧[13]，素木铁器若卮茜千石[14]，马蹄躈千[15]，牛千足，羊彘千双，僮手指千[16]，筋角丹沙千斤，其帛絮细布千钧，文采千匹，榻布皮革千石[17]，漆千斗，蘖曲盐豉千荅[18]，鲐鮆千斤[19]，鲰千石[20]，鲍千钧，枣栗千石者三之，狐貂裘千皮，羔羊裘千石，旃席千具[21]，佗果菜千钟，子贷金钱千贯[22]，节驵会[23]，贪贾三之[24]，廉贾五之[25]，此亦比千乘之家，其大率也。佗杂业不中什二[26]，则非吾财也。

注释

①富相什：财富相差十倍。什，即“十”。卑下：屈身，低声下气。

②伯：即“百”，百倍。畏惮：害怕。

③役：受人役使。

④仆：奴仆。

⑤刺绣文：指从事手工工艺。倚市门：临街做买卖。

⑥酤 gū：卖酒。千酿：一千瓮酒。

⑦醯 xī：醋。瓨 gāng：瓦制量器，长颈。

⑧甔 dān：坛子一类的贮物瓦器。

⑨船长千丈：所有的船总长度为千丈。

⑩轺车：小型轻便的马车。

⑪两：通“辆”。

⑫木器髹 xiū：漆器。

⑬钧：古代重量单位，三十斤为一钧。

⑭素木：未上漆的木器。

⑮躈 qiào：马的肛门。

⑯僮手指千：一百名奴婢。一人有十指。

⑰榻布：粗厚的布。

⑱蘖曲：酒曲，酿酒用的发酵剂。豉 chǐ：用煮熟的大豆发酵后制成。

⑲鲐 tái：河豚。鮆 zī：刀鱼。

⑳鲰 zōu：小杂鱼。

㉑旃席：毛毯。旃，通“毡”，毛织品。

㉒子贷：高利贷。

㉓节：节制，限制。驵会 zǎngkuài：牙商，交易中间人。

㉔贪贾三之：贪婪的商人居奇惜售，货物滞销，资金周转不灵，所得利润仅为十分之三。

㉕廉贾五之：薄利多销的商人，财物流通无滞，所得利润可达十分之五。

㉖不中什二：不能获得十分之二的利润。

译文

凡是编户的平民百姓，对财富比自己多十倍的人就会卑躬屈膝，对多百倍的人就会惧怕，对多千倍的人就要被他役使，对多万倍的人就会做他的奴仆，这是事情的常理。要由贫穷而变富有，务农不如做工，做工不如经商，刺绣文彩不如临街做买卖，这里所说的从事经商末业，是穷人致富的手段。在四通八达的大都市，每年要酿酒千瓮，醋千缸，浆水千坛，屠宰牛羊猪千头，贩卖谷物千钟，柴草千车，制造的船只总长达千丈，木材千株，竹子万株，马车百辆，牛车千辆，漆器千件，铜器千钧，原色木器、铁器和各种染料千石，马二百匹，牛二百五十头，猪羊两千头，奴仆百人，筋角、丹砂千斤，布帛、丝絮、细布千钧，彩色丝绸千匹，粗布、皮革千石，漆千斗，酒曲、豆豉千瓶，海鱼、刀鱼千斤，小杂鱼千石，腌咸鱼千钧，枣子、栗子三千石，狐、貂皮衣千件，羔羊皮千石，毛毡毯千条，各类水果蔬菜千钟，放高利贷的资金千贯，由交易的中间人经营，贪婪的商人获利十分之三，廉正的商人薄利多销，获利十分之五，他们的收益也可与有千乘战车的诸侯之家相比，这是大概的情况。除此之外的其他行业，如果利润没有十分之二，那就不是我们所说的追求财富了。

请略道当世千里之中①，贤人所以富者，令后世得以观择焉②。

注释

①略道：简略地述说、介绍。

②令：使，让。观择：观察选择。

译文

请让我简略地介绍一下当代方圆千里之内的那些贤能的人如何致富的情况，以便使后世的人得以观察选择。

蜀卓氏之先，赵人也，用铁冶富。秦破赵，迁卓氏。卓氏见虏略[①]，独夫妻推辇[②]，行诣迁处[③]。诸迁虏少有余财，争与吏，求近处，处葭萌[④]。唯卓氏曰："此地狭薄[⑤]。吾闻汶山之下[⑥]，沃野，下有蹲鸱[⑦]，至死不饥。民工于市[⑧]，易贾。"乃求远迁。致之临邛[⑨]，大喜，即铁山鼓铸，运筹策[⑩]，倾滇蜀之民，富至僮千人。田池射猎之乐，拟于人君[⑪]。

注释

①见：被。虏略：俘获，虏掠。

②辇：人推的车子。

③诣：到……去。

④葭：县名，在今四川省广元市西南。

⑤狭薄：地方狭小，土地贫瘠。

⑥汶山：即岷山。

⑦蹲鸱：大芋头。

⑧工于市：擅长做生意。

⑨临邛：县名，在今四川省邛崃市。

⑩运筹策：运筹谋划。

⑪拟于人君：能与国君相比拟。拟，比拟。

译文

蜀郡卓氏的祖先，是赵国人，靠冶炼铁致富。秦国击破赵国后，迁徙卓氏。卓氏被虏掠，只有他们夫妻二人推着小车，走到迁徙的地方。其他同时被迁徙的人，稍有多余的钱财，便争相贿赂秦国主事的官吏，要求迁徙到近一点儿的地方，都在葭萌县定居。只有卓氏说："葭萌县地方狭小，土地贫瘠，我听说汶山下面有肥沃的田野，地里长有形状像蹲伏的鸱鸟的大芋头，人们到死也不会挨饿。那里的百姓擅长做生意，容易做买卖。"于是就要求迁到远处。结果卓氏被迁到临邛，卓氏非常高兴，就在有铁矿的山里开矿炼铁，铸造铁器，用心运筹谋划，财势压倒滇蜀的居民，富有到有奴仆千人。他在田园水池享受射猎游玩的快乐，能与君主相比了。

程郑，山东迁虏也，亦冶铸，贾椎髻之民[①]，富埒卓氏[②]，俱居临邛。

注释

①椎髻：西南少数民族的发式，头上绾如椎形的发髻。

②埒：相等，等同。

译文

程郑，是从山东迁徙来的降民，也从事冶炼铸造业，把铁器产品卖给西南地区的少数民族，他的财富与卓氏相等，都居住在临邛。

宛孔氏之先，梁人也，用铁冶为业。秦伐魏，迁孔氏南阳。大鼓铸，规陂池[①]，连车骑，游诸侯，因通商贾之利[②]，有游闲公子之赐与名[③]。然其赢得过当[④]，愈于纤啬[⑤]，家致富数千金，故南阳行贾尽法孔氏之雍容[⑥]。

注释

①规：规划治理。

②因：凭借，依靠。

③赐：施舍。名：名声，声望。

④赢得过当：赢利很多，超过了所投入的本钱。

⑤愈于纤啬：胜于吝啬小气的商人。纤啬，小气吝啬。

⑥法：效仿。雍容：举止大方，从容不迫。

译文

宛地孔氏的祖先，是梁人，以冶铁为业。秦国攻占魏国后，把孔氏迁到南阳。他大规模地从事冶炼铸造业，并规划开辟池塘养鱼，乘着成群结队的车马，与诸侯交游，借此开通经商的便利，博得游闲公子乐善好施的美名。但是他赢利很多，超出了他所花费的本钱，胜过吝啬小气的商人，家中的财富多达数千金。所以，南阳人做生意都效法孔氏的举止大方和从容不迫。

鲁人俗俭啬，而曹邴氏尤甚，以铁冶起，富至巨万。然家自父兄子孙约[①]，俯有拾，仰有取[②]，贳贷行贾遍郡国[③]。邹、鲁以其故多去文学而趋利者[④]，以曹邴氏也。

注释

①约：家规。

②俯有拾，仰有取：俯有所拾，仰有所取。意思是一举一动都要有所得，一切经营都要获利。

③贳 shì：赊欠。 贷：借入。

④去：放弃，丢弃。

译文

鲁人风俗节俭吝啬，而曹县的邴氏尤其厉害，他靠冶铁起家，财富多达亿万钱。可是，家中从父兄到子孙都遵守这样的家规：俯有所拾，仰有所取，一举一动都要有所得，要获利。他家的租赁、放债、经商遍及各郡国。邹、鲁地区之所以有很多人放弃文学而追财逐利，是因为受到了曹地邴氏的影响。

齐俗贱奴虏[①]，而刀间独爱贵之[②]。桀黠奴[③]，人之所患也，唯刀间收取，使之逐渔盐商贾之利，或连车骑，交守相[④]，然愈益任之。终得其力，起富数千万。故曰“宁爵毋刀”[⑤]，言其能使豪奴自饶而尽其力。

注释

①贱：贱视，鄙视。

②爱贵之：喜爱、重视他们。

③桀黠奴：凶暴狡猾的奴仆。

④交守相：与郡守、国相相结交。

⑤宁爵毋刀：宁愿放弃官爵，也不要放弃到刀家为奴。

译文

齐地风俗是鄙视奴仆，而刀间却偏偏爱护重视他们。凶悍狡猾的奴仆，是人们所担忧的，只有刀间收留他们，让他们去追逐渔盐买卖的利益。有的人出门乘坐成队的车马，结交郡守、国相，刀间更加信任他们。刀间终于靠这些人的力量而发家致富，财产多达数千万钱。所以有人说“与其出外求官爵，还不如在刀家为奴”，说的是刀间能使豪奴为自己的富足而竭尽其力。

周人既纤[①]，而师史尤甚，转毂以百数[②]，贾郡国，无所不至。洛阳街居在齐秦楚赵之中[③]，贫人学事富家，相矜以久贾，数过邑不入门，设任此等[④]，故师史能致七千万。

注释

①既纤：原本很吝啬。既，本来。纤，节俭，吝啬。

②转毂：车辆载货。

③街居：处在四通八达的大街上。

④设：设法，筹划。任：任用。此等：此辈，这类人。

译文

周人原本就很吝啬，而师史尤为厉害，他载运货物的车辆数以百计，到各郡国经商，无处不到。洛阳处在齐、秦、楚、赵四地的中心，城中的穷人多到富家学做生意，常以自己在外经商时间长相互夸耀，多次路过乡里却不入家门。能设法任用这样的人，所以师史能致富达七千万钱。

宣曲任氏之先①，为督道仓吏②。秦之败也，豪杰皆争取金玉，而任氏独窖仓粟③。楚汉相距荥阳也，民不得耕种，米石至万，而豪杰金玉尽归任氏，任氏以此起富。富人争奢侈，而任氏折节为俭，力田畜④。田畜人争取贱贾⑤，任氏独取贵善⑥。富者数世。然任公家约，非田畜所出弗衣食⑦，公事不毕则身不得饮酒食肉。以此为闾里率⑧，故富而主上重之。

注释

①宣曲：地名，在今陕西省西安市西南。

②督道：一说地名，一说仓名。

③窖：贮藏。

④力田畜：致力于耕种和养殖牲畜。

⑤贱贾：价钱便宜。

⑥贵善：价钱贵而质量好。

⑦弗：不。

⑧率：表率，榜样。

译文

宣曲任氏的祖先，担任督道仓的管理员。秦朝败亡的时候，地方豪杰都争夺金银珠宝，只有任氏用地窖储藏米粟。后来，楚汉两军在荥阳相持对抗，农民无法耕种，米价每石涨到一万钱，任氏卖谷，豪杰的金银珠宝全都归于任氏，任氏因此发了大财。一般富人都争相奢侈，而任氏放下架子崇尚节俭，致力于农耕畜牧。田地、牲畜，一般人都争相购买便宜的，任氏却买进价钱贵而质量好的。任家富有延续了好几代。然而任氏订下家规，不是自家农田畜牧出产的物品不穿不吃，公事没有做完，不能饮酒吃肉。凭借这个，他成为乡里的表率，因此他富有，同时皇上也尊重他。

塞之斥也[①]，唯桥姚已致马千匹[②]，牛倍之，羊万头，粟以万钟计。吴楚七国兵起时，长安中列侯封君行从军旅，赍贷子钱[3]，子钱家以为侯邑国在关东[4]，关东成败未决[5]，莫肯与。唯无盐氏出捐千金贷[6]，其息什之[7]。三月，吴楚平。一岁之中，则无盐氏之息什倍，用此富埒关中[8]。

注释

①斥：开拓。

②桥姚：人名，姓桥名姚。致：得到，取得。

③赍贷子钱：借高利贷。

④子钱家：放高利贷的人。

⑤关东成败未决：指汉中央政权与吴楚七国在函谷关以东地区的战争还没有分出胜负。

⑥无盐：复姓。捐：捐助。

⑦其息什之：其利息为十倍。

⑧富埒关中：富可与关中相匹敌。埒，等于，相等。

译文

边疆地区开拓之际，只有桥姚已经有马千匹，牛两千头，羊一万只，粮食要以万钟计算。吴楚七国起兵作乱的时候，长安城中的列侯封君要随军出征，需要借高利贷。放高利贷者认为列侯封君的食邑封国都在关东，而关东的战事胜负尚未确定，没有人肯把钱借贷给他们。只有无盐氏拿出千金放贷，其利息是本钱的十倍。三个月后，吴、楚被平定。一年之中，无盐氏获得了十倍于本金的利息，因此成为可以与关中富豪相匹敌的富人。

关中富商大贾，大抵尽诸田[1]，田啬、田兰。韦家栗氏，安陵、杜杜氏[2]，亦巨万。

注释

①诸田：姓田的那些人家。

②杜杜：前一个指杜县，后一个指姓氏。

译文

关中地区的富商大贾，大都是姓田的那些人家，如田啬、田兰。还有韦家的栗氏、安陵和杜县的杜氏，家产也有亿万钱。

此其章章尤异者也[1]。皆非有爵邑奉禄弄法犯奸而富，尽椎埋去就[2]，与时俯仰[3]，获其赢利，以末致财，用本守之，以武一切，用文持之[4]，变化有概[5]，故足术也[6]。若至力农畜，工虞商贾，为权利以成富[7]，大者倾郡[8]，中者倾县，下者倾乡里者，不可胜数。

注释

①章章：显著。

②椎埋：应作“推理”，推测事理，研究市场供求。
③与时俯仰：一举一动都要紧跟时势变化。
④用文持之：用文明的方式保持下去。
⑤概：节度，限度。
⑥足术：值得记述。术，通“述”，记述。
⑦为权利以成富：运用权谋并能抓住有利时机发财致富。
⑧倾：超过。

译文

以上所说的这些都是非常著名、特别突出的。他们都不是靠爵位封邑、俸禄收入或者作奸犯法而发财致富的，全都能够推测事理，决定进退取舍，随机应变，获得赢利。以经营工商末业发财致富，用农耕本业保家守财，靠武力获取一切，用法律政令等文明方式保持，变化多端而又不失节度，所以是值得记述的。至于那些致力于农业、畜牧业、手工业、渔猎业、商业的人，凭借权势取利而成为富人，大富压倒一郡，中富压倒一县，小富压倒乡里的，更是多得不可胜数。

夫纤啬筋力[①]，治生之正道也，而富者必用奇胜[②]。田农，掘业[③]，而秦扬以盖一州[④]。掘冢，奸事也，而田叔以起。博戏，恶业也，而桓发用富。行贾[⑤]，丈夫贱行也[⑥]，而雍乐成以饶。贩脂[⑦]，辱处也[8]，而雍伯千金。卖浆，小业也，而张氏千万。洒削[9]，薄技也[10]，而郅氏鼎食[11]。胃脯[12]，简微耳，浊氏连骑[13]。马医，浅方[14]，张里击钟[15]。此皆诚壹之所致[16]。

注释

①纤啬筋力：节俭勤劳。

②用奇胜：出奇制胜。

③掘业：笨重的行业。掘，通“拙”。

④盖：冠，压倒。

⑤行贾：游街串巷叫卖。

⑥贱行：低贱的行业。

⑦贩脂：贩卖油脂。

⑧辱处：耻辱的事情。

⑨洒削：磨刀。

⑩薄技：微不足道的技能。

⑪鼎食：古代贵族列鼎而食，形容富家饮食奢侈。

⑫胃脯：熟羊肚干。

⑬连骑：马队相连。言富人出行车马成行。

⑭浅方：浅薄的技术。

⑮击钟：古代贵族吃饭的时候要鸣钟奏乐以助食。

⑯诚壹：专一。

译文

节俭勤劳，是谋生的正道，但想要成为富有的人还必须出奇制胜。种田务农，是笨重的行业，而秦扬却凭借它成为一州的首富。盗墓，是奸邪的事情，而田叔却靠它起家。赌博，是恶劣的行业，而桓发却靠它致富。游街串巷叫卖，是男子汉认为低贱的行业，而雍乐成却靠它发财。贩卖油脂，是耻辱的事情，而雍伯却靠它赚到了千金。卖浆水，是小生意，而张氏却靠它赚了一千万钱。磨刀，是微不足道的技能，而郅氏却靠它富到能列鼎而食。卖羊肚儿，是微不足道的事，而浊氏却靠它富至拥有成队的车马。给马治病是浅薄的技术，而张里却靠它富到钟鸣而食。这些人都是诚心专一才致富的。

由是观之，富无经业[①]，则货无常主，能者辐凑[②]，不肖者瓦解[③]。千金之家比一都之君，巨万者乃与王者同乐。岂所谓“素封”者邪？非也？

注释

①经业：常业。经，固定的。

②辐凑：像车辐一样聚集而来，指集聚财富。

③瓦解：倾尽家财。

译文

由此看来，致富并不是要靠固定的行业，财货也没有一定的主人，有本领的人能够集聚财富，没有本领的人就会家财倾尽。有千金的人家比得上一个都市的封君，有亿万家财的富豪就能像国君一样享乐。这不就是人们所说的“素封”者吗？难道不是吗？

图书在版编目（CIP）数据

史记译注 / （西汉）司马迁著；纪丹阳译注. —北京：北京联合出版公司，2015.7（2023.8重印）

ISBN 978-7-5502-3955-5

Ⅰ.①史… Ⅱ.①司… ②纪… Ⅲ.①中国历史－古代史－纪传体②《史记》－译文③《史记》－注释
Ⅳ.①K204.2

中国版本图书馆CIP数据核字（2015）第143116号

史记译注

作　　者：（西汉）司马迁
译　　注：纪丹阳
出 品 人：赵红仕
选题策划：梁明德　邵鹏军
责任编辑：王　巍
特约编辑：苑浩泰
封面设计：格林文化
版式设计：格林文化

北京联合出版公司出版
（北京市西城区德外大街83号楼9层　100088）
天津丰富彩艺印刷有限公司　新华书店经销
字数161千字　960毫米×640毫米　1/16　印张23.5
2015年9月第1版　2023年8月第3次印刷
ISBN 978-7-5502-3955-5
定价：54.00元